분노조절하기

그레고리 L. 얀츠 박사의 주요저작

- God Can Help You Heal
- Happy for the Rest of Your Life
- Healing the Scars of Emotional Abuse
- Healthy Habits, Happy Kids: A Practical Plan to Help Your Family
- Hope, Help, and Healing for Eating Disorders
- Moving Beyond Depression: A Whole-Person Approach to Healing
- The Body God Designed: How to love the body you've got while you get the body you want
- The Molding of a Champion: Helping your child shape a winning destiny
- The total temple makeover: How to turn your body into a temple you can rejoice in
- Thin over40: The simple 12-week plan
- Too close to the flame: recognizing and avoiding sexualized relationships
- Turning the tables on gambling: hope and help for an addictive behavior

© 2009 by Gregory L. Jantz

Published by Revell
a division of Baker Publishing Group
P.O. Box 6287, Grand Rapids, MI 49516-6287
www.revellbooks.com

Previously published under the title Every Woman's Guide to Managing Your Anger

# CONTROLLING YOUR ANGER BEFORE IT CONTROLS YOU

마음치유 1

## 분노조절하기

그레고리 L. 얀츠 박사, 앤 맥머리 지음
이유선 옮김

# CONTENTS

역자 서문
감사의 글
서문

### PART 1. 분노의 뿌리

1장  분노의 역할
: 분노가 용납되는 때는 언제인가? | 21

2장  파괴적인 분노의 뿌리
: 무엇이 죄책감과 수치심, 그리고 두려움을 일으키는가? | 41

## PART 2. 분노의 가지들

3장  실현되지 못한 기대가 어떻게 분노에 영향을 미치는가? | 71
4장  평가가 왜 문제인가? | 95
5장  평가는 사람에게 어떤 스트레스를 주는가? | 121
6장  왜 나는 삶이 불공평할 때에도 화를 내서는 안 될까? | 147
7장  왜 우리는 원만한 관계가 될 수 없을까? | 173
8장  나는 나의 몸과 화해할 수 있을까? | 201

## PART 3. 분노 뿌리 뽑기와 가지치기

9장  수용의 힘 배우기 | 233
10장  용서의 힘 경험하기 | 253
11장  긍정, 희망, 기쁨의 힘으로 살기 | 281
12장  하나님의 능력에 의존하기 | 303

| 역자 서문 |

본서 『분노조절하기』(Controlling Your Anger Before It Controls You)는 '분노'가 한 인간의 삶에, 특히 사랑과 숭고함의 모성적 화신이 되어야 할 여성에게 얼마나 심각하고 파괴적인 해악과 폐해를 끼치게 하는지, 저자의 수많은 경험적인 사례들과 심층적인 연구를 통해 그 실태와 위태로운 병리성을 하나씩 해명하고자 한다. 저자는 본서에서 '분노'에 의해 삶을 잠식당하고 '분노'가 그녀의 삶을 지배함으로써, 고통의 노예로 살아가는 여성에 대해 안타까움과 연민으로 가득한 부성애적 시선을 일관되게 견지하고 있으며, 충실한 성경적 이해를 기반으로 하는 성경구절과 말씀의 인용을 통해, '분노'가 여성에게 어떻게 침륜과 절망의 늪이 되어 가는지 심층적으로 분석하고, 분노를 극복하는 지혜로운 방법과 대안을 신앙적인 토대와 정초를 통해 경험적이고 실천적인 방법으로 제시하고 있다.

저자인 그레고리 L. 얀츠 박사(Gregory L. Jantz)는 상담가이면서 동시에 약물의존성 병리학의 전문가로서 북미지역에서 널리 알려진 뛰어난 심리치료사일뿐만 아니라, 출판된 관련서적이 수십 종에 이르는 저명한 저술가이기도 하며, "희망의 처소"라는 이름으로 잘 알려진 정신건강과 약물의존성 병리치료시설인, "The Center for Counseling and Health Resources"(상담과 의료지원센터, 위싱턴주 에드먼즈시 주재)의 설립자이기도 하다.

얀츠 박사는 분노가 인간의 건강한 삶에 얼마나 심각한 병폐와 병리적인 요소로 작용하는 지를 자신의 그동안의 수많은 치료와 상담의 사례들을 통해서 이론적으로 정립하고 개념화하는 것에 매우 강렬한 의욕을 보이고 있을 뿐만 아니라 '분노'에 대한 이해의 새로운 지평을 열고 있는 것으로 판단된다. 즉 본서는 하나의 추상적인 이론으로부터 새로운 주장과 이론을 제기하는 방식이 아니라 수많은 상담과 치료의 실천적인 사례들을 분석하고 재구성함으로써 경험적이고 체험적인 방식을 통하여서 '분노'라는 현상과 병리성을 심리상담적인 영역 안에서 독립적이며, 새로운 경험과학적인 이해와 발견의 병리현상으로 해명을 시도하려는, 열정과 정념으로 가득한 책이라고 말할 수 있다.

'1부 분노의 뿌리, 2부 분노의 가지들, 3부 분노 뿌리 뽑기와 가지치기'라는 순서로 구성된 이 책의 탁월함은 첫째, '분노'라는 심리적인 현상을 그저 이론적이고 심리적인 현상으로만 해석하지 않고 자신의 오랜 상담과 치료적인 과정을 통하여서 경험한 문제의식에 입각한 전인격적인 치료와 해법을 제시하고자 하는 점이다. 즉 본서를 읽고 있노라면 저자인 얀츠 박사의 인격과 애정을 담은 호소와 충고를 곳곳에서 만나게 될 것이다.

둘째, 본서는 심리상담적인 영역의 저술이지만, 저자는 그저 심리상담적인 한계 안에서 문제를 해명하고 있지 않다. 심리학에서는 결코 말할 수 없는 종교적인 영역인 영혼의 좌소를 말하고자 한다. 그러므로 설령 기독교적인 신앙인이 아니다 하더라도 절대적인 의존, 궁극적인 관심인 영혼의 초월의 관점으로 '분노'의 원인과 해결책을 모색해보는 존재론적인 지평을 넓히는 계기가 될 수도 있을 것이다.

셋째, 저자가 서문에서도 밝히고 있듯이 사실, 본서는 여성의 존재, 삶, 영혼을 '분노'라는 치명적인 병에서 건져내고 치료하려는 의도에서 쓰여진 책이라고 말해도 과언이 아니다. 저자는 여성 안에 내재된 '분노'를 다룸으로, 여성 안의 '분노'가 단지 여성만의 것이 아니라 여성이라는 존재성의 파괴와 파멸로 나타나는 인간의 가학적이고 폭력적인 죄와 악에 의한 것임을 심리상담학적인 영역 안에서 해명을 시도하고자 하는 점이다.

무지함과 안일한 의식을 일깨울 수 있는 기회가 되었고, 부족한 지력임에도, 영혼의 성찰과 몰입의 책을 선택해주시고 감히 번역할 수 있도록 허락해주신 은혜출판사에 진심으로 감사함을 전하고자 한다.

"나는 옥합을 깨뜨렸습니다. 그러자 옥합 안에서 비상하는 향기들의 정화는 어느새 내 영혼과 더불어 한 방울의 향기로운 기름이 되었고 그분의 상흔 속으로 들어가 체액이 되었고 핏방울이 되었습니다. 나는 비로소 그에게로 나아가 그의 발을 적시는 향기로운 존재가 된 것입니다"(막 14:3).

역자 이유선

| 감사의 글 |

　라퐁(Lafon)이 나의 아내가 된 것이 얼마나 큰 하나님의 축복인가를 나는 매일 매일 감사하며 살아가고 있다. 라퐁 없는 나의 삶을 상상할 수 없듯이, 그녀의 도움 없이 이 책을 쓴다는 것도 상상할 수 없는 일이다. 그녀는 내 삶의 공명판일 뿐만 아니라, 내 생애 수많은 영역을 늘 같이 해온 진정한 나의 동반자이다. 그녀는 언제나 나와 함께했으며, 진정으로 나를 사랑해준 사람이다.

　나는 또한 자기를 되찾기 위한 긴 여행에, 기꺼이 나를 초대해준 많은 여성들에게도 무한한 감사를 드리고자 한다. 때로는 낯설고 생소한 방법을 제안해야만 했고, 때로는 만만찮은 장애물 때문에 난감한 상황에 빠지기도 하고, 때로는 어떤 길이 옳은 길인지를 고심해야 하는 힘겨운 여정이었지만, 그 여정은 언제나 그녀들과 함께했기 때문에 체험할 수 있었던 귀한 행운이라고 생각한다. 나는 이 여정 속에서 결코 잊을 수 없는 신비로운 경험과 경이로운 하나님의 역사하심을 목격하고 증언할 수 있는 존재가 된 것을 하나님께 감사드린다.

워싱턴 주, 에드먼즈에서
그레고리 L. 얀츠 박사

| 서문 |

당신이 부당하게 대우받고 있다고 느낀 적이 없는가? 그것은 정말 어쩔 수 없는 일이라고 생각하는가? 당신을 배려하고 관심을 표명하는 사람이 어디에도 없지만, 당신은 다른 누군가를 돌봐야만 하는 스트레스를 받은 적이 있는가? 이런 상황 때문에 마음이 언짢고 불편하지만 달리 어떻게 해볼 도리가 없는 박탈감에 시달린 적은 없는가? 항상 시간을 빼앗는 무책임한 요구, 무례한 행동, 배려 없는 말의 횡포 앞에서 자제력을 잃을 만큼 심한 상실감을 경험한 적은 없는가?

정말로 참을 수 없을 만큼 화가 난 적이 있는가? 그리고 그것 때문에 죄책감을 느낀 적이 있는가?

여성들은 왜 그리 자주 화를 내는지 의문을 가져본 적이 있는가? 여성들은 왜 그렇게 자주 화를 내고, 소리를 지르고 잔소리를 쏟아내고 울부짖으며 가혹한 최후통첩을 통고하는 것일까? 같은 주제임에도 불구하고 여성의 주장과 남성의 주장이 왜 그렇게 다른지 궁금해본 적이 있는가? "무엇이 그녀를 그렇게 미치도록 만드는가?", "무엇이 나를 이토록 분노하게 만드는가?"에 대해 정말로 궁금해본 적이 없는가?

"경멸당한 여성의 분노만큼 격렬한 것은 지옥에도 없다"라는 말이 있지만, 여성들은 단지 실패한 관계들뿐만 아니라 그 외의 수많은 문제들에 대해서도 곧잘 화를 내곤 한다. 문화수준, 생활의 필요, 몸의 상태, 그리고 영적인 기대가 자신의 뜻대로 되지 않아서 화가 날 때, 그녀들은 자신이 소망하고 만족하는 존재와는 무려 수억 광년이나 멀리 떨어진 것처럼 느낄 뿐 아니라, 자신을 말할 수 없이 불행한 사람으로 느낀다.

제니스(Janice)는 대기업의 중견 관리자로 일하고 있었다. 그러나 최근 회사규모가 축소됨으로, 그녀의 업무도 지난 8년 전에 했었던 단순한 비서 역할로 축소되었다. 또한 그 업무는 그녀가 그전에 했던 일에 비해 매일, 매주, 매달 해야 할 일이 훨씬 더 많은 양으로 불어나 있었다. 지속적인 업무 강도가 그녀를 압박했다. 그녀가 지난주에 이미 받은 두 가지의 업무 외에도 당장에 끝내야 하는 새로운 업무가 매번 주어질 때마다 속이 끓어올랐지만, 겉으로는 한 번도 내색하지 않았다. 그녀는 자라면서 분노를 함부로 드러내지 말아야 하는, 예의바른 태도를 가져야 한다고 배웠다. 그래서 일을 하면서 언제나 공손한 태도를 유지하려고 애썼다. 집으로 퇴근하는 차 안에서 그녀는 그날 함께 일했던 상사, 동료, 그리고 그 외의 사람들에게 소리를 지르는 상상을 계속했다. 그녀는 지쳤고, 좌절감에 빠졌으며, 덫에 걸린 기분으로 집에 도착했다. 그녀는 가족들에게 화를 내고 싶지는 않았지만, 도저히 참을 수가 없었다. 지금 그녀는 가족들에게 화를 낸 것 못지않게 스스로의 죄책감에 시달리고 있다. 그녀는 지금 "어떻게 해야 항상 분노에 사로잡힌 상태에서 벗어날 수 있을까?"라는 문제를 심각하게 고민하고 있다(제니스는 지난 수년 동안 나와 함께 작업하며 만났던 실제적인 인물 중 한 명이며, 본서에서 당신들이 만날 수 있는 수많은 여성 중 한 명이다. 물론 사생활의 보호를 위하여 그녀의 이름은 가명을 사용했으며, 상황도 약간 변조했다).

에이미(Amy)는 세 자녀의 어머니로, 자녀들은 네 살부터 아홉 살 반의 나이 차이가 난다. 약 일 년 전에 이혼한 그녀는, 전남편 폴에 대한 분노와 싸우고 있다. 그것은 매주 수요일과 주말에만 아이들을 돌보는 것이 폴에게 너무나도 유리하다고 생각되었기 때문이다. 아미는 여전히 아이들 양육에 중요한 책임을 지고 있지만, 폴은 아이들을 병원에 데리고 가거나 사소한 일을 돌봐주는 것에, 그리고 아이들의 숙제를 도와주거나 집안일을 돕도록 아이들을 가르치는 것에 애쓰는 것 같아 보이지 않았다. 폴이 아이들과 놀기로 약속이 되어있을 때에도, 스케줄에 문제가 생기면 언제나 전화를 해서 취소하였다. 폴은 항상 설명만 늘어놓았다. 결국 에이미는 전화통에 대고 폴에게 소리를 지르지 않을 수가 없게 되는 것이다. 그녀는 아이들 앞에서만큼은 그 사람 때문에 미치지 말아야겠다고 스스로에게 약속했지만, 그 약속은 부질없이 깨어지고 만다. 에이미는 자신의 분노를 조절하는 것을 포기했는지도 모른다. 아이들이 폴에게 갈 준비를 하거나 돌아올 때면 자신의 분노가 아이들에게 걷잡을 수 없이 쏟아져 나오고 마는 것을 막을 수가 없었다. 에이미는 자신의 분노가 아이들 때문이 아니라는 것을 잘 알지만, 분노는 더욱 강렬해져 마침내 아이들에게까지 몰려가 철썩거리고 있었다. 그녀는 스스로 생각한다. "어떻게 해야 항상 분노에 사로잡힌 상태에서 벗어날 수 있을까?"

메릴린(Marilyn)의 예를 다시 보자. 그녀의 아이들은 이미 다 자랐다. 그녀는 안정적인 경제상황에 있으며, 좋은 친구들을 가지고 있고, 다양한 활동을 즐기고 있다. 겉보기에 그녀의 삶은 안정된 것처럼 보인다. 그러나 그녀는 자신의 삶에 만족해야 함에도 불구하고 사실은 그렇지가 않다. 외식을 하러 나가면 그녀는 항상 식당 음식에 대해 불평을 늘어놓거나, 물건을 사러 가게에 가더라도 서비스가 너무 느려 터졌다고 비난하기 일쑤였다. 그녀의 지속적인 불평은 그녀와 함께 영화를 관람하는 것조차 불가능하게 만드는 요인이었다. 그녀의 친구들은 그녀에게 지난 불쾌한 일들에 대해 결코 토로할 수가 없었다. 그것은 그녀들이 오늘 무슨 기분 나쁜 일이 있었는지 그녀에게 말하게 되면 15분 동안이나 그녀들의 행동에 무엇이 문제인지 가르치려 하거나, 그것을 고치기 위해서 무엇을 해야 하는지 꼬치꼬치 간섭하는 것이 두려웠기 때문이다. 메릴린에게 소소한 일상의 대화는 존재할 수가 없다. 메릴린에게 분노를 표출하지 않아도 될 만큼 소소한 것은 없다. 그녀의 남편은 저녁에 방영하는 히스토리 채널(History Channel)을 시청하고 있어서 그녀의 저녁 뉴스 논평을 들을 수가 없다. 두 사람은 그렇게 저녁시간을 보내거나 그녀의 남편은 조용히 서재로 나가서 ESPN을 시청한다. 그녀의 생각에 자신의 태도에는 전혀 문제가 없다고 생각한다. 그녀는 무조건 남을 비난하는 것도 아니며, 다만 사리분별이 분명할 뿐이다. 그녀는 결코 이유 없이 화를 내는 사람도 아니며, 다만 자기주장이 조금 강할 뿐이라고 생각한다. 그녀는 상황에 대하여 낙담이나 절망적인 태도를 보이는 것이 아니라, 항상 문제 해결사 역할을 하려고 할 뿐이다. 그녀는 자신에 대하여 부정적인 것이 아니라 조금 더 현실적일 뿐이라고 생각한다. 그러나 그녀의 머릿속에는 결국 자신의 주변에 즐거운 일이 하나도 존재하지 않는다는 결론에 도달하게 된다. 그녀의 가족들은 생각한다. "우리가 어떻게 하면 그녀의 일상에 가득 찬 분노를 멈추게 할 수 있을까?"

집 안팎에서 해결해야 하는 소소한 일과 교회와 공동체, 가족과 경제적인 문제, 아이들 양육과 같은 힘겨운 부담을 여자들은 어떻게 그렇게 잘 감당하고 있는가? 라는 것은 정말 놀라운 일이 아닐 수 없다. 이러한 정신적 압박이 일상적인 것이 되는 상황으로 내몰리면서, 여자들의 자기 치유와 성찰적인 자존감은 마침내 한계에 다다르게 된다. 시간이 흐를수록 매번 다가오는 새로운 책임감, 끝없이 쌓이는 일들은 결국 분노와 원망이 내면에 자리 잡게 하는 원인을 제공한다. 그리고 그러한 여성들의 자기 인식은 마치 순교자들의 숙명처럼 고착되고 만다.

건강한 자아로의 회복을 가로막는 과거의 상처와 고통은 현실에서도, 심한 압박과 힘겨움, 좌절을 또다시 일으키는 원인이 된다. 즉 치료되지 않은 오래된 상처는 사라지지 않고 지금 여기서 발생되는 문제들과 함께 어우러져 더 심각한 상처가 되는 것이다. 손상되고 상처 입은 과거는 청산되지 않은 채 지금까지 이어져 끊임없이 내면의 상처를 심화시키고 있는 것이다. 상처를 입을 때마다 분노가 당신을 지배할 수밖에 없는 구조적인 모순이 되고 있다.

분노는 피할 수 없는 인생의 공세(攻勢)로부터 자신을 방어하기 위한 과잉감정으로, 강력한 능력을 가지고 있다. 그러나 투약이 단기간에만 효과가 있는 것처럼, 분노도 자주 사용할수록 거의 소용 없게 된다. 자기방어를 위해 끊임없이 분노를 표출하고, 그 분노의 강도가 점점 더 강해지게 된다면 어떻게 할 것인가? 분노가 온종일 당신의 의식을 지배하고 있다면 도대체 어떻게 해야 할까?

『분노조절하기』(*Controlling Your Anger Before It Controls You*)로 당신을 초청하기를 원한다. 본서는 보편적인 관점과 영적인 관점을 아우르는 종합적이고 좀 더 진솔한 방식으로 분노를 해명하고자 한다. 왜 하필이면 여자들일까? 그렇다면 남자들은 화를 내지 않는 것일까? 물론 남자들도 분명히 화를 낸다. 그러나 본서의 관심은 여성들을 짓누르고 있는 분노와 그 상황에 대한 이해를 돕고 문제를 해명하고자 한다. 여자들이 화를 내는 독특한 이유가 있다. 이러한 측면에서 당신은 평화롭고 만족스러운 삶을 살기위해, 분노를 극복하기 위한 독특한 원천을 당신의 내면에 잘 배치할 필요가 있다.

그동안 사람들은 대체적으로 분노가 발생하는 합리적인 원인에 대한 명백한 사례를 제시한 바가 없다. 분노의 불행한 진실에 관해 증언하는 그 어떠한 역사적이고 소박한 해명조차도 없었다. 단순히 과거를 반추하는 것처럼, 분노란 그저 내면에서 혼하게 일어나는 어떤 감정처럼 그 문제와 원인을 쉽게 포착할 수 있는 그런 간단한 것이 결코 아니다. 제니스, 에이미, 메릴린처럼, 당신도 아마 "어떻게 해야 항상 분노에 사로잡힌 상태에서 벗어날 수 있을까?"라는 질문으로 지쳐가고 있는지도 모른다. 당신이 다 기억할 수 없을 만큼 수없이 이 질문을 자신에게 던지고 있지만, 여전히 해답은 없는 상태이다. 이 해답을 위해 이제 당신은 자신의 내면보다 오히려 외부에서 답을 찾아야 할 때가 된 것이다. 본서를 통하여 분노에 대한 성경적 관점과 대안이 당신의 불행과 고통, 그리고 비탄과 분노를 극복할 수 있는 힘이 될 것이라고 기대한다. 당신은 성경적인 진리를 통하여서 분노를 극복할 수 있는 동기와 용기, 깨달음, 체험의 가치 있는 사례들을 접하게 될 것이다.

- 여자들의 분노의 원천
- 과거 상처의 고통과 분노로부터 자유로운 삶 살아가기
- 현재의 어려움과 난관을 감당하기 위한 실천적인 방법과 적절한 대안
- 어떻게 하나님의 은혜가 현재와 과거의 고통을 감사와 기쁨으로 변하게 하는지
- 분노가 일으키는 것이 무엇이든지 간에, 어떻게 삶에 대해 낙관적이고, 희망적인 기쁨의 태도를 불러일으킬 수 있을까?

본서는 여자들의 영적, 육체적, 관계적, 감정적 측면 모두에서 통찰력을 제공함

으로 여성의 분노 해결을 위한 대안을 제시하고자 한다. 또한 본서는 "왜?"(why)에 대한 대답뿐 아니라, "그래서 그것에 대해 내가 무엇을 해야 하는가?"라는 대답까지 제공할 것이다.

본서의 여성 독자들이 "이봐요, 그렇지만, 당신은 남자일 뿐이잖아요! 당신이 여자들의 분노에 관해 뭘 알겠어요?"라고 반문하리라는 것도 충분히 알고 있다. 사실 그렇기도 하다. 나는 여자가 아니다. 그렇지만, 나는 한 여자와 결혼을 했고, 수십 년을 함께 살고 있다. 하나님의 언약인 "한 몸"으로 나와 나의 아내 라퐁은 25년 가까이 살고 있다. 나는 지금까지, 친밀함과 투명함, 그리고 정직함을 통해 여자들을 이해하는 사역을 이행해 왔으며, 그 과정을 성공적으로 수행할 수 있었음에 항상 감사하고 있다. 나는 항상 여자들 사이에서 자랐다. 특히 엄마인 주디(Judy)의 영향을 많이 받으며 자랐다. 특히 강조하고 싶은 점은 나는 지난 25년 동안 전문상담가로서 살았으며, 그러한 시간들을 통해 남자들보다 더 많은 시간을 여자들과 함께 있었다는 것이다. 그동안의 나의 경험을 통해 알게 된 것은 여자들은 남자들보다 훨씬 더 심도 있는 상담을 한다는 것이다. 물론 오해하지 않기를 바라는 점은, 수년에 걸쳐 남성들과도 많은 상담을 진행했다는 점이다. 그러나 내게 훨씬 더 많은 상담의 기회가 된 것은 그 남자들의 동역자인 그들의 어머니, 여동생, 아내, 그리고 여자 친구였다. 내 작업의 주된 동료들은 결국 여자들이었다.

나는 지난 시절 초등학생부터 노년에 이르기까지 모든 연령대의 여성들을 상담했다. 나는 또한 그들의 고통의 눈물을 보았고, 그들의 이야기를 들었다. 그리고 그들의 진실을 경험했으며, 그들의 회복을 도울 수 있었다. 물론 그들의 분노도 함께 느꼈다. 그들의 분노가 바르게 조절되었을 때, 분노는 그들의 삶에 효과적이었고, 정화시켰으며, 동기부여와 힘이 되었다. 그러나 분노조절에 실패하게 되었을 때, 분노는 중독성을 가지게 되었으며, 계속 지속되었고, 소외와 병든 심지어는 파괴적인 모습까지도 갖게 되었다. 그러나 많은 여자들은 자기의 분노를 어떻게 효과적으로 조절하고 절제하는가를 한 번도 배운 적이 없었다. 오히려 여자들은 분노를 감추고, 부정하고, 무시하라고 배웠다. 더 심각한 것은 분노를 폭발시키거나 키우고, 그것을 주변에 있는 사람들을 조종하는데 교묘하게 이용한다는 것이다.

그렇다면, 당신은 어떠한가? 본서에서 나는 당신의 분노를 포기하라고 요구하지 않는다. 분노는 당신의 그동안의 경험에서 발생되는 것이다. 내가 당신에게 요청하고 싶은 점은 다음과 같다.

- 분노의 진실을 받아들여라.
- 분노가 어디서부터 발생하는지 조사해 보라.
- 당신이 분노를 어떻게 사용하고 있는지 솔직해져라.
- 변화에 자신을 개방하라.
- 용서하려는 의지를 가져라, 당신 자신에게조차도.
- 분노를 그냥 두도록(let it go) 노력하라.
- 분노 외에 다른 것을 느끼려 노력하라.

나의 소망은 당신이 의지를 갖고 다음 페이지로 거침없이 나아가는 것이다. 여기에 일상화된 짜증, 좌절감, 격렬한 분노에 붕괴되고 있는 파괴적인 삶으로부터의 구원이 있다. 여기에 희망과 기쁨, 긍정적 마음에서 흘러넘치는 은혜의 샘물로, 삶에 대한 기대로 충만한 삶이 있다. 이러한 삶이 당신이 원하는 의미 있는 삶이 아닐까!

Controlling Your Anger Before It Controls You

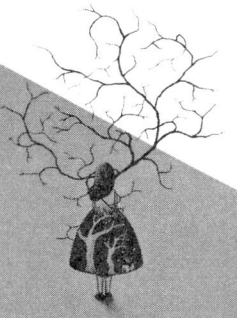

# PART 1

# 분노의 뿌리

제1장  분노의 역할
: 분노가 용납되는 때는 언제인가?
제2장  파괴적인 분노의 뿌리
: 무엇이 죄책감과 수치심, 그리고 두려움을 일으키는가?

# 1

## 분노의 역할

: 분노가 용납되는 때는 언제인가?

"네가 분하여 함은 어찌 됨이며 안색이 변함은 어찌 됨이냐"(창 4:6)

    분노가 삶의 일부분인 것은 명백하다. 대부분의 사람들은 일상 속에서 어느 정도의 분노를 경험한다. 가끔, 분노는 상황에 적절한 역할을 하기도 하지만 그렇지 않은 경우가 더 많다. 대부분의 사람들은 분노를 조절하는 적절한 균형 감각이 부족하다. 즉 정말로 화를 내야 할 때와 화를 내면 안 되는 상황에 대한 합리적인 판단이 결여되어 있다. 당신의 삶에서 분노를 다 몰아낼 필요는 없다. 그럴 수도 없지만 말이다. 분노는 당신의 삶에서 항상 동반되는 자연스러운 감정의 표출이며, 하나의 정서적인 반응이라고 말할 수 있다. 분노에 대한 합리적인 태도는 우리들의 삶 속에서 과도하지 않은, 적절한 한도 내에서 분노의 역할을 조절하고 통제하는 것이다. 만약 당신이 이러한 적절한 범위와 한도를 파악하는 것이 쉽지 않다면, "보다 큰 권능"이신 하나님이 정해주신 분노의 영역과 범위를 제안하고자 한다. 하나님은 분노에 합당한 것들의 목록을 우리에게 주셨다. 그 목록은 그다지 길지 않은 편이다.

# 분노의 힘

분노의 적절성 여부는, 분노를 표출하는 행위 그 자체가 문제가 되는 것이 아니라, 분노가 발생되는 상황의 적절성과, 분노를 표출하는 방법의 타당성 여부에 있다. 하나님은 구약성경에서, 특히 인간들의 불순종에 대해 항상 분노를 표출하신다. 불순종하는 인간을 다스리시는 하나님이 그 상황에서 분노하실 수밖에 없는 것은 그렇게 놀랄 만한 일이 아니다. 하나님도 분노하신다. 그리고 인간 또한 분노할 수 있도록 허락하셨다. 하나님과 인간의 분노 역할은 창세기에서부터 이미 나타나고 있으며, 이 원리는 성경 전체를 지배하는 맥락이다. "분노하다, 성난, 격노, 그리고 격분"이라는 단어는 성경에 약 600회 정도 나타난다. 이러한 분노에 대한 성경의 언급들을 확인하면서 나는 분노에 대한 말씀 속의 이미지와 그 동의어적 표현에 충격을 받았다. 성경에서 분노는 강력한 권능이며 역동적인 감정의 표출이다. 분노가 표출될 때, 분노를 표출하는 존재나 그 분노의 대상은 항상 엄청난 변화를 경험할 수밖에 없었다. 다시 말하자면, 분노는 매우 효과적이다. 분노라는 표현과 그 동의어들이 어떻게 표현되고 있는지 살펴보면 다음과 같다.

- 심히 노한지라(창 39:19)
- 그 노여움이 혹독하니(창 49:7)
- 심히 노하여(출 11:8)
- 그 진노가 그들을 지푸라기 같이 사르니이다(출 15:7)
- 나의 노가 맹렬하므로(출 22:24)
- 내가 진노로 너희에게 대항하되(레 26:28)
- 그의 노를 일으키면(신 4:25)
- 너희에게 진노하사(신 7:4)
- 여호와께서 또 진노와 격분과 크게 통한하심으로(신 29:28)
- 사울이 요나단에게 화를 내며(삼상 20:30)
- 여호와를 노엽게 하였으니(왕상 14:22)

- 나를 격노하게 하였음이라 내가 내린 진노가 꺼지지 아니하리라(왕하 22:17)
- 우리 하나님 여호와께서 우리를 찢으셨으니(대상 15:13)
- 나의 노여움을 이 곳에 쏟으매(대하 34:25)
- 그의 콧김에 사라지느니라(욥 4:9)
- 그가 진노하심으로 산을 무너뜨리시며(욥 9:5)
- 하나님이 진노를 돌이키지 아니하시나니(욥 9:17)
- 나를 향하여 진노를 더하시니(욥 10:17)
- 그는 진노하사 나를 찢고 적대시 하시며(욥 16:9)
- 그때에 분을 발하며 진노하사(시 2:5)
- 여호와여 진노로 일어나사(시 7:6)
- 그들이 죄악을 내게 더하며 노하여(시 55:3)
- 주의 분노를 그들의 위에 부으시며(시 69:24)
- 진노의 연기를 뿜으시나이까(시 74:1)
- 누가 주의 노여움의 능력을 알며(시 90:11)
- 그럴지라도 여호와의 진노가 돌아서지 아니하며(사 9:12)
- 혁혁한 진노로(사 30:30)
- 내가 넘치는 진노로(사 54:8)
- 내가 노함으로 말미암아 무리를 밟았고(사 63:3)
- 이는 나의 진노의 맹렬한 불이(렘 15:14)
- 진노로 자신을 가리시고 우리를 추격하시며(애 3:43)

말씀 속에서 분노는 지나가는 곳마다 모든 것을 무너뜨리고 불태우는 맹렬한 불꽃으로 묘사된다. 또한 분노는 파괴적인 변화를 수행하는 하나님의 대리자로 묘사되기도 한다. 솔직히, 나는 하나님이 우리들에게 그렇게 강력한 감정 표현으로 자신의 신실하심을 보이시는 것에 대해 매우 놀랐다. 여전히 분노는 나와 당신의 삶에 활동하도록 하나님이 부여하신 역할이 있다. 문제는 그 역할이 무엇인지를 밝히는 것이다. 도전은 하나님이 부여하신 역할의 범위 이내에 당신의 분노를 포함시키는 것이다.

## 하나님의 분노 목록들

당신은 내가 앞서 기록한 것을 기억하는가? 그것은 분노해도 되는 적합한 목록이나 당신은 그 목록의 내용들을 지시할 수 없다. 만약 당신이 내게 분노해도 되는 10가지 목록을 말해보라고 요구한다면 나는 주저하지 않고 속사포처럼 말할 자신이 있다. 나는 내 자신을 정말 화나게 하는 것에 대해 누구보다 잘 알고 있다. 그러나 나를 분노하게 하는 이 목록이 정말로 화를 내야만 하는 정당한 것인가에 대하여서는 사실 그다지 자신이 없다. 아마도 나의 분노 목록은 이 땅에 존재하는 분노의 원천이라기보다는 나와 내 인격을 보여주는 것일지도 모른다. 궁극적인 분노의 목록은 나에게 속한 것이 아니다. 이는 하나님께 있다. 어떤 분노가 타당하며 용납될 수 있는가는 하나님이 결정한다. 당신의 분노가 얼마나 합당한지, 얼마나 정당한지, 당신이 느끼는 분노가 얼마나 명백한가와는 관계없이, 분노의 타당성은 하나님의 궁극적인 판단에 달려있는 것이다. 당신의 분노가 얼마나 격렬하든지 간에, 당신의 분노의 강도와 깊이가 그 문제에 대한 하나님의 판결의 승전보가 될 수 없다. 그렇다면, 분노에 대한 하나님의 판단의 기준은 무엇인가? 하나님은 도대체 무엇으로 분노의 정당화의 기준을 삼으시는가? 성경말씀으로 다시 돌아가 보자! 그리고 말씀 속에서 하나님이 스스로 분노하시는 것이 무엇인가를 살펴보자!

- *사람들은 자신들의 삶의 유익을 위하여 하나님의 계획을 거부한다.* 출애굽기 4장에서, 하나님은 모세가 자신을 위하여 해야 할 일이 있음을 말씀하신다. 그러나 모세는 왜 그가 하나님의 사역에 합당하지 않은지 변명을 늘어놓은 후에 완곡하게 하나님의 소명을 거절한다. 모세는 하나님의 계획에 대한 반대론자가 되어 하나님의 진노를 사고 말았다.

- *사람들은 하나님을 거역하고 자기에게 주어진 능력을 자신의 안락을 위해 사용한다.* 특히 구약성경에서, 수많은 나라와 통치자들은 하나님의 말씀과 뜻을 끊임없이 거역함으로 하나님의 분노를 불러일으킨다.
- *사람들은 의도적으로 하나님의 계명을 불복종한다.* 사람들이 하나님께 불복종하고 하나님의 계명을 의도적으로 무시하고자 할 때, 하나님은 자신의 맹렬한 분노를 표출하신다.
- *사람들은 하나님을 배척한다.* 이스라엘 백성들이 이집트에서 탈출하여 광야에서 생사의 곤경에 빠졌을 때 하나님은 그들에게 하늘로부터 내려온 만나를 주셨다. 그러나 그들은 만나를 싫증내고 노예의 삶으로 억압받는 이집트를 "더 좋은 삶"으로 미화하며 하나님께 불평을 쏟아놓기 시작했다. 그리고 그들은 매일 똑같은 만나를 먹는 것을 너무나도 지겨워하며 하나님의 백성이 되는 것을 거부했다. 그들은 하나님의 백성이 되는 것뿐만 아니라 하나님과 관련된 모든 것들을 지겨워하며 싫어했다. 그들은 하나님이 관여하지 않는 새롭고 신선한 것을 원했다. 이것은 하나님을 분노하게 만드는 것이었다.
- *사람들은 하나님을 신뢰하지 않았다.* 하나님이 주시겠다고 약속하신 땅을 정찰하기 위하여 12명의 정탐꾼을 가나안 땅에 보냈을 때, 10명의 정탐꾼은 그 땅을 정복할 수 없다는 부정적인 내용을 보고했다. 그러나 나머지 2명의 정탐꾼인 여호수아와 갈렙은 하나님이 이루어주시겠다는 약속을 믿고 가나안 정복에 대한 긍정적인 정탐 내용을 보고했다. 그럼으로 하나님은 맹렬한 분노와 함께 여호수아와 갈렙을 제외한 10명의 정탐꾼 편에 선 부족들에게는 약속하신 땅에 그들의 후손이 들어가는 것을 거절하셨다(민 32장).
- *사람들은 우상을 숭배하였다.* 하나님께서 그의 백성들에게 가나안 땅을 주셨을 때도 그들의 의로움 때문이 아니었다. 여전히 그들의 본성이 우상을 숭배하는 악한 본성의 존재들이었음에도 불구하고 하나님께서 특별히 허락하신 것으로, 절대적인 은혜의 선물인 것이다. 그럼으로 하나님은 끊임없이 우상숭배에 참여하지 말 것을 요구하시며, 경고하신다. 그들이 하나님의 말씀을 거

역하고 계속적으로 우상을 숭배하게 됨으로 하나님은 진노하셨고, 그들 이스라엘과 유다 모두 포로가 되고 만다(신 32:16).

- *사람들은 다른 존재를 억압한다.* 하나님은 속이는 저울로 사람들을 속이거나(잠 11:1), 어떤 방식으로든지 고아와 과부 같은 약자를 이용하며 사람들을 착취하고 억압하는 것을 원하지 않으신다. 마태복음 18장에서, 예수님은 그의 주인이 기회로 제공한 용서를 그의 동료 종을 억압하는 것으로 사용한 무자비한 종의 이야기를 이 예로 사용하셨다.

- *사람들은 항상 하나님을 배반한다.* 구약성경에서 가장 슬픈 이야기 중 하나는 솔로몬의 이야기이다. 내가 언급하고자 하는 솔로몬의 이야기는 지혜롭고 탁월했던 초기의 솔로몬의 행적이 아니라 그가 이스라엘의 왕이 된 이후, 우상숭배의 죄를 저지르는 그의 후처들로 말미암아 결국 영적으로 타락하고만 만년의 솔로몬의 행적이다. 열왕기상 11:9은 솔로몬의 영적인 상태에 대하여 이렇게 말한다. "솔로몬이 마음을 돌려 이스라엘의 하나님 여호와를 떠나므로 여호와께서 그에게 진노하시니라 여호와께서 일찍이 두 번이나 그에게 나타나시고" 하나님은 특히 하나님이 어떤 분인지 잘 알고 있는 사람이 하나님을 배반했을 때 진노하신다.

- *사람들은 하나님의 말씀 속에서 살아가는데 실패한다.* 하나님은 언제나 자신의 말씀을 이루시고 모든 약속을 지키신다. 그러므로 당신이 그러한 하나님의 신실하심을 추구하지 않을 때 하나님은 분노하신다. 이것은 특히 당신이 하나님의 이름으로 서원하고 약속했을 때 더욱 그러하다. "네가 하나님께 서원하였거든 갚기를 더디게 하지 말라 하나님은 우매한 자들을 기뻐하지 아니하시나니 서원한 것을 갚으라"(전 5:4).

위에 언급한 하나님의 분노 목록이 당신의 분노 목록에 대해 제시하고자 하는 바가 무엇일까? 과연 당신의 분노 목록이 하나님의 분노 목록에 비추어 합당하다고 인정받을 만한 것이 있다고 생각하는가? 위에 언급된 하나님의 분노 목록은 하나님이 분노할 수밖에 없는 "의로운" 분노의 명백한 상황적 예시라는 점을 나는 확신한다. 분명, 하나님은 그의 계획하심이 인간들의 심한 반대에 부딪칠 때, 또한 그분의 뜻이 인간들의 악한 욕망으로 방해를 받으며 그의 신실하심이 거절당했을 때, 인간들이 그분의 계명에 복종하지 않았을 때, 그리고 하나님을 사랑하는 사람들이 절망에 빠졌을 때, 하나님은 분노하신다. 하나님은 악이 득세하고 선이 조롱당할 때, 그리고 죄가 만연하여 인간이 타락에 무감각해지고 거룩한 맹세가 무기력하게 붕괴되고 말 때, 하나님은 또한 그의 분노를 발하신다. 만물의 창조주이신 자신을 경배하지 않고, 스스로 만든 무익한 우상에게 나아가 그것을 숭배하고 의지할 때에 하나님은 인간에게 맹렬한 분노를 발하신다.

## 적정한 분노의 때는 언제인가?

또한 하나님은 인간들이 자신의 뜻을 따르지 않고 옳지 않은 길을 가고자 할 때 분노하신다. 그러므로 하나님의 분노는 세상에서 인간들의 행위가 옳지 않을 때, 그 악함을 경고하시는 경보체계이다. 그러나 하나님의 분노와 인간의 분노에는 명백하게 다른 체계가 존재한다. 하나님의 분노는 언제나 의로운 행위를 목적에 둔다. 인간과 하나님의 분노를 비교해본다면 중요한 차이가 있다. 그것은 하나님의 분노는 자기 자신의 내면적 모순 때문이 아닌 "의로움"을 향한 것이라면, 인간의 분노의 원인은 "의로움" 때문이 아닌 언제나 자기의 내면적 모순 때문이라는 것이다. 하나님은 언제나 의로운 분이시기 때문에 자신의 분노의 타당성을 생각할 필요가 없다. 그러나 인간은 자신의 분노가 항상 옳은 것만이 아니라는 것을 잘 알기 때문에 당신이 분노한다면, 그 분노의 동기와 이유와 행동에 대한 정당성을 숙고해야만 한다.

내가 보고 경험한 분노의 몇 가지 사례들이 아래에 있다. 내가 제시하는 분노의 사례를 통하여 당신의 분노가 과연 정당화될 수 있는지 당신의 분노의 목록을 하나님의 분노의 견본과 비교해 보기를 원한다.

신용카드 계산기가 제대로 작동하지 않아서 그 가게의 점원이 당신의 신용카드 번호를 입력하는데 무려 15분씩이나 시간을 소모하고도 계산이 끝나지 않고 있다면, 그래서 또 다른 약속에 늦어진다면 당신이 그 점원에게 분노하는 것은 정당한 것일까?

라디오를 통해 부모에게 학대받고 불쌍하게 죽은 어린아이의 이야기를 듣고 그 아이의 부모에 대하여 참을 수 없는 분노가 일어난다면 그 분노는 정당한 것일까?

당신이 온종일 일에 시달리다가 집에 돌아와 겨우 신문을 펼쳐 들었을 때, 거의 한 시간 반 동안이나 텔레비전을 보고 있던 당신의 배우자가 당신에게 마실 물을 달라고 요구한다면 당신이 화를 내는 것은 정당한 것일까?

당신이 기독교인 것을 잘 아는 동료가 당신 앞에서 외설적인 표현을 자주 사용하거나 하나님과 예수를 빗댄 조롱과 욕설을 반복해서 사용한다면, 당신이 분노하는 것은 정당한 것인가?

당신의 십대 자녀가 저녁에 숙제한다며 친구의 집에 갔다 온다고 말했는데 시간이 지나도 오지 않고, 아이는 당신의 전화에 응답하지 않는다. 당신은 언제 집에 돌아오는지 시간을 확인하기 위해 친구의 집에 전화로 확인한다. 뿐만 아니라 친구 집에서 저녁 내내 숙제했다는 핑계가 거짓말로 드러났다. 이때 당신이 분노하는 것은 정당한 것인가?

당신이 출근하기 위하여 고속도로에서 제 차선으로 차를 운전을 하고 있을 때, 3차선의 한 차량이 램프로 진입하기 위하여 당신의 왼쪽 차선에서 갑자기 대각선으로 급작스러운 끼어들기를 시도한다면, 당신이 분노하는 것은 정당한 것인가?

당신은 늦게까지 남아 청소를 도울 수 있느냐는 교회의 요청을 받아들였다. 당신은 대략 밤 9시쯤 청소를 마칠 수 있을 것으로 생각하였다. 그러나 너무 늦게 시작되어 밤 9시 40분이 지나도 끝날 기미가 보이지 않았다. 청소를 도울 사람이 적어도 여섯은 될 것이라고 이야기를 들었지만, 실제로는 자신을 합쳐 단지 세 사람뿐이었으며, 자신에게 도움을 요청한 사람조차 보이지 않았다. 원래 예정된 대로라면 20분이면 끝날 수 있는 청소를 거의 한 시간 이상을 하고 있었다. 이대로라면 당신이 집에 도착하는 시간이 거의 밤 11시가 넘을 것이며, 아침에 일찍 일어나서 처리해야 할 일에도 적잖게 부담이 될 것이다. 과연 당신은 이러한 상황에서 분노하는 것이 정당한 것인가?

위의 이야기들을 읽으면서 당신은 각각의 상황들이 당신이 분노하기에 정당한지 그렇지 않은지에 대하여 아마 즉시 반응을 보일 수 있을 것이다. 이러한 상황에 대한 나의 첫 번째 태도는 어떠한지 살펴보자.

- 신용카드 계산기가 제대로 작동하지 않아서 그 가게의 점원이 당신의 신용카드 번호를 입력하는데 무려 15분씩이나 시간을 소모하고도 계산이 끝나지 않고 있다면, 그래서 또 다른 약속에 늦어진다면 당신이 그 점원에게 분노하는 것은 정당한 것일까?

    이것은 당혹스러운 일이기는 하지만 분노할 일은 아니다. 그 점원에게 화를 낼 일은 아니다. 신용카드 계산기가 잘 작동하지 않고 문제를 일으키는 것이 그 점원의 실수는 아닌 것이다.

- 라디오를 통해 부모에게 학대를 받고 불쌍하게 죽은 어린아이의 이야기를 듣고 그 아이의 부모에 대하여 참을 수 없는 분노가 일어난다면 그 분노는 정당한 것일까?

    내가 이 책을 쓰고 있을 때 실제로 이 사건이 일어났고 나는 라디오에서 이 사건을 들으면서, 단지 희생자의 이름만 바뀔 뿐, 불행하게도 우리에게는 너무나도 빈번하게 일어나는 끔찍한 사건이라고 생각했으며, 나는 분노했다. 그 젖먹이의 불행한 운명이 온종일 나를 괴롭혔다.

- 당신이 온종일 일에 시달리다가 집에 돌아와 겨우 신문을 펼쳐 들었을 때, 거의 한 시간 반 동안이나 텔레비전을 보고 있던 당신의 배우자가 당신에게 마실 물을 달라고 요구한다면 당신이 화를 내는 것은 정당한 것일까?

    당신의 가족들이 자신의 일에 너무 몰두하고 있어서 당신에게 관심을 갖지 않는다면 확실히 화가 날만하다. 그러나 이것 때문에 분노하는 것이 바람직한 것일까? 그렇지 않다. 내가 그 입장이 되고 아내인 라퐁이 나에게 그렇게 요구했다면, 나는 기꺼이 일어나서 물을 떠다 주거나 아니면 라퐁에게로 가서 스스로 물을 떠 마실 수 있도록 부드럽게 설득할 것이다.

- 당신이 기독교인 것을 잘 아는 동료가 당신 앞에서 외설스러운 표현을 자주 사용하거나 하나님과 예수를 빗댄 욕설을 반복해서 사용한다면, 당신이 분노하는 것은 정당한 것인가?

  만약 내가 이 상황에 놓인다면, 아마도 나는 화를 낼 것이 분명하다. 어떤 사람이 내 앞에서 고의적으로, 특히 하나님과 예수님을 비하하는 노골적인 표현과 외설적인 태도를 보이는 것을 정말로 나는 싫어한다.

- 당신의 십대 자녀가 저녁에 숙제한다며 친구의 집에 갔다 온다고 말했는데 시간이 지나도 오지 않고, 아이는 당신의 전화에 응답하지 않는다. 당신은 언제 집에 돌아오는지 시간을 확인하기 위해 친구의 집에 전화로 확인한다. 뿐만 아니라 친구 집에서 저녁 내내 숙제했다는 핑계가 거짓말로 드러났다. 이때 당신이 분노하는 것은 정당한 것인가?

  십대 아이가 내 자녀라면 나는 화를 내게 될 것이다. 화를 내는 이유는 그가 거짓말을 하고 있기 때문이다. 또한 내가 화를 내는 이유는 그가 어디에 있는지 알 수 없어서 너무나 속이 상한다는 점이다. 그렇지만 부모에게 있어서 분노와 걱정은 좋은 조합이 아니다.

- 당신이 출근하기 위하여 고속도로에서 제 차선으로 차를 운전을 하고 있을 때, 3차선의 한 차량이 램프로 진입하기 위하여 당신의 왼쪽 차선에 갑자기 대각선으로 급작스러운 끼어들기를 시도한다면, 당신이 분노하는 것은 정당한 것인가?

  고속도로에서 램프의 출구로 나가기 위하여 어떤 차가 내 앞에서 갑자기 끼어들기를 시도한다면, 약간은 짜증스러울 수도 있다. 그러나 이것은 단지 약간 신경을 예민하게 하는 일이기는 하지만, 분노할 일은 아니다.

- 당신은 늦게까지 남아 청소를 도울 수 있느냐는 교회의 요청을 받아들였다. 당신은 대략 밤 9시쯤 청소를 마칠 수 있을 것으로 생각하였다. 그러나 너무 늦게 시작되어 밤 9시 40분이 지나도 끝날 기미가 보이지 않았다. 청소를 도울 사람이 적어도 여섯은 될 것이라고 이야기를 들었지만, 실제로는 자신을 합쳐 단지 세 사람뿐이었으며, 자신에게 도움을 요청한 사람조차 보이지 않았다. 원래 예정된 대로라면 20분이면 끝날 수 있는 청소를 거의 한 시간 이상을 하고 있었다. 이대로라면 당신이 집에 도착하는 시간이 거의 밤 11시가 넘을 것이며, 아침에 일찍 일어나서 처리해야 할 일에도 적잖게 부담이 될 것이다. 과연 당신은 이러한 상황에서 분노하는 것이 정당한 것인가?

    이러한 상황은 더 빈번할 수도 있지만, 적어도 한 달에 한 번씩은 교회에서 일어나는 일이기도 하다. 물론 당신이 봉사하려고 생각한 것보다 더 많은 시간을 소비해야 하고 도와주는 사람은 턱없이 부족하다면, 분명 화가 날 수도 있는 일이기도 하다. 그런 상황이라면 나 또한 화가 나겠지만, 이쯤에서 그 사건을 마음에서 털어버리는 것이 좋겠다고 나 자신을 다독거릴지도 모른다. 그리고 다음에 또 이런 제의를 받는다면 나는 좀 더 신중하게 숙고할 것이다.

자! 위의 사례들에 대하여 내가 반응한 것을 집계하면 세 가지 사례에 대해서는 "화를 내는 것이 합당하다"였고 나머지 네 가지의 사례에서는 "화를 내면 안 된다"였다. 당신의 생각은 어떠한가? 이 사례들을 다시 한 번 살펴보고 좀 더 숙고하는 시간을 가지기를 원한다.

신용카드가 오작동한 낭패스러운 사건에서 나는 "그것은 분노할 일이 아니라 당혹스러운 것이다"라고 말은 했지만, 이것이 과연 내 마음의 솔직한 표현이었을까? 혹시 분노에 대한 또 다른 표현은 아니었을까? 아마도 나는, 그 점원의 한심한 일처리 때문에 약속에 늦을지도 모르는 것에 대해 화를 내는 내 모습이 바람직하지 않다는 것을 잘 알고 있기 때문에, "당혹스러운"이란 표현을 사용했는지도 모른다. 그러나 사실은 화를 내고 있었던 것이다. - 어쩌면, 처리해야 할 일에 비해 배정한 시간이 너무 부족하여 조급해져 계산이 지연된 것과 그러한 상황과 함정에 빠진 자신에 대한 분노를 그 점원에게 전가하려고 하는 속셈이었을 지도 모른다.

학대받은 아이의 불쌍한 사망사건에서, 나의 분노는 매우 직설적이다. 누구라도 이러한 사건을 알게 되면 분노와 격분에 휩싸이게 될 것이다. 그러나 이 사건이 왜 우리를 분노하게 하는지에 대하여 모르는 사람은 없겠지만, 과연 누구에게 화를 내는 것이 정당한가에 대하여 아는 것은 그렇게 쉬운 일이 아니다. 만약 그 아이의 부모가 정신질환이 있거나, 아이가 받은 학대가 실제로 아이의 죽음에 얼마만큼의 영향을 끼쳤는지에 대한 해명은 그렇게 간단한 문제가 아니다. 또한 설사 부모의 학대로 아이가 죽었다 하더라도 나중에 그 부모가 진정으로 후회하고 뉘우친다면 어떻게 할 것인가? 아마도 나는 여전히 분노에 휩싸여 있을 것이다. 그리고 내가 정말로 알고 싶은 바는 왜 아이를 죽게 할 수밖에 없었는가이다.

게으른 배우자의 물심부름의 사례에서, 나는 화가 난 것이 아니라 단지 약간 짜증이 났을 뿐이라고 말했다. 그렇지만 이 표현이 얼마나 정직한 것일까? 사실 짜증은 분노의 또 다른 표현이 아닌가! 그 상황에서 기분이 어떠했는지에 대해 솔직하게 표현해야 한다면, 조금은 짜증이 났다고 말할 수밖에 없다. 그러나 내가 일터에서 돌아와 언제부터 그 자리에 있었는지도 모르는, 그런 이기적인 배우자의 기가 막히는 무관심에 대하여 분노가 치밀어 오른다고 차마, 말하고 싶지는 않은 것이다. 나는 언제든지 다른 사람을 위해 희생할 수도 있다고 생각하지만, 이런 상황이 내게 닥친다면 자신을 희생하는 것에 정말로 만족할 수 있을까? 이해할 수 없는 부조리한 요구에도 그럴 수 있을까? 그렇다면 부적절한 요구에 순응하지 않고 저항하는 것은 합당한 것인가? 물론 이런 일들이 흔히 발생하는 것은 아니다. 실제로 나에게 그런 일이 일어났을 때도 나는 쉽게 그렇게 하지 않았다. 오히려 나는 "피곤해"라고 말했다. 실제로는 "하고 싶지 않아"라고 말하고 싶지만 "알았어"라고 말해야만 하는 상황에 놓이게 될 때, 어쩌면 우리는 분노할지도 모른다. 그리고 그 분노는, 곧 죄책감이 되는 것이다.

　무례한 직장동료의 사례에서, 분노를 표현하는 것은 마땅하다고 생각한다. 그러나 어떻게 하는 것이 분노를 표현하는 가장 적절한 방법일까 하는 점이 문제이다. 이러한 무례한 사람에게 분노를 표출한다고 해서 그 사람의 태도가 진정으로 변화할 것이라고 기대할 수 있는가? 그렇지 않다면 분노를 표출하는 것이 내가 그 사람에게 가장 원하는 것인가? 저급한 말을 함부로 사용하며 하나님의 이름을 훼손하는 태도는 당신의 분노를 촉발시키기에 마땅한 일이지만, 분노가 그의 위악한 기질을 변화시킬 수 있을까? 분노가 그의 무례한 말과 행동을 제압할 수 있는 가장 즉흥적인 방법일 수도 있지만, 그의 노골적인 반신앙적인 태도를 바꿀 수 있는 가장 효과적인 대안과 동기부여로서 또 다른 방법이 될 수도 있다. 어느 것이 그 사람의 변화에 더 효과적일까? 분노는 그 무례한 동료에게 바로 타격을 줄 수 있지만 기도는 동료 문제를 하나님께 의뢰하는 것이다. 그 동료에게 분노를 표출하는 것이 마땅한 것일까? 아니면 그러한 문화적인 상황에 대해 분노하는 것이 더 합당한 것인가?

　사라진 십대 자녀에 대하여 생각해 보자! 이것도 또한 충분히 나를 분노하게 만들 수 있는 일이다. 대담하게도 면전에서 자신이 오늘 밤에 있을 곳이라고 한 장소가 거짓이었음이 밝혀진다면 그의 가증스러움에 분노하지 않겠는가? 나는 자녀에게서 진실한 이야기를 듣기를 기대했지만, 결국 그의 말이 거짓이었음이 밝혀진다면 아마도 나는 배신감에 치를 떨지도 모른다. 물론, 내가 가장 우려하는 바는 아이가 지금 어디서 무엇을 하고 있는지 내가 전혀 모르고 있다는 것이며, 이 부분은 나를 매우 당혹스럽게 만드는 것이기도 하다. 내가 우리 아이의 친구 집에 아이를 찾기 위해 전화했을 때, 아이가 그곳에 없다는 사실 외에는 아이의 행적에 관하여 아는 게 하나도 없다는 것이 나를 곤혹스럽게 만들었다. 즉 다른 아이의 부모들은 우리 아이가 나를 속이고 있다는 것을 이미 알고 있었고, 정작 나는 그 아이가 아직도 어디에서 무엇을 하고 있는지 전혀 모른다는 사실이다. 지금 나에게 명백한 건, 그가 내 전화를 받지 않고 있으며, 어쩌면 그 아이는 내가 알고 싶지 않은 곳에 있을지도 모른다는 추측 외에는 아는 것이 하나도 없다는 것이다. 이는 나를 매우 두렵게 만든다. 나는 화가 나고 초조하며, 그 아이의 안전에 대한 불안과 걱정 때문에 전전긍긍하고 있다. 마치 유독물질이 수면 위에서 끊임없이 부글거리며 끓어오르는 것처럼 주체할 수 없는 격렬한 감정이 내 마음속에서 맹렬하게 타오르고 있다.

야비하고 무례한 끼어들기 차량의 사례에서 나는 화가 난 것이 아니라 약간 짜증이 났고, 신경이 예민해졌다고 말했다. 그러나 처음에는 약간 신경이 예민해졌다고 말하긴 했지만, 실제로는 짜증이 확 밀려오게 된다. '저런 미친놈이 다 있나!' 라고 속으로 소리를 지르고 있다. 그런 무례한 끼어들기가 내 차와 충돌할 위험을 초래하고, 결국 사고의 원인이 되는 것이 아닌가 말이다. 내가 조심하지 않았다면 어떻게 되었을까? 생각하면 할수록 점점 더 그 차량 운전자에 대한 짜증이 밀려온다. 내가 표현한 짜증이란 결국, 분노의 또 다른 말임을 부정할 수가 없다. 실제적인 손실을 입은 것도 아니고, 단지 몇 초도 안 되는 짧은 순간에 지나간 일로, 앞으로 다시 볼 일이 없는 낯선 사람에게 화를 내는 것이 얼마나 쓸모없는 짓인가를 물론, 나는 잘 안다. 이러한 일에 대한 합리적인 대처가 어떠해야 하는지 머리로는 충분히 이해하지만, 이러한 순간이 또 닥친다면 화를 내지 않고 견디기가 힘들 것이다. 불쾌한 감정은 냉정한 판단보다 훨씬 길고 강한 여운이 되어 나를 오랫동안 괴롭히게 될 것이다.

무책임한 교회 청소봉사의 사례는 그저 우연히 그렇게 된 일일 뿐이다. 그리고 약간은 피곤했던 일일 수도 있다. 교회는 언제나 자원봉사의 역할이 항상 분담되어 있고, 봉사는 누구나 하게 된다. 나에게 처음 청소봉사를 요청했던 사람은 그 일을 하게 될 사람이 총 여섯 명인 것으로 알고 있었지만, 결국 세 사람은 나타나지 않았을 뿐이다. 내가 청소봉사에서 화가 난 것은 바로 이러한 점 때문이 아닐까? 어쨌든, 분명한 것은 다음번에 또다시 이런 제안이 온다면 아마도 나는 "못해요"라고 말할 것이다.

## 분노의 다음 단계

위에서 가정한 분노의 다양한 이야기들을 통해 분노라고 불렀던지 그렇지 않았든지 간에 나는 분노의 여러 유형을 경험했다. 위에서 언급한 유형들이 다 분노할 만한 정당성이 있는 것일까? 대답은 "아니요"이다. 그렇다면 그 가운데 분노를 촉발시키는 유형이 존재하는 가에 대한 대답은 "그렇다"이다. 화를 내는 것은 죄인가라는 물음에, 내 대답은 "그렇지 않다"이다. 당신이 분노하는 것이 죄인가 아닌가에 대한 판단은, 단순히 분노 그 자체가 아니라 분노와 더불어서 당신이 저지르는 어떠한 행위에 의해 결정되는 것이 옳다고 나는 생각한다. 즉 분노를 어떻게 조절하고 통제하는가의 과정이 분노가 죄로 진행되는 경로가 될 수 있다. 창세기의 예를 보자. 아담의 큰아들 가인이 화가 났을 때 어떤 일을 저지르게 되었는지 살펴볼 수 있다.

> "그가 또 가인의 아우 아벨을 낳았는데 아벨은 양 치는 자였고 가인은 농사하는 자였더라 세월이 지난 후에 가인은 땅의 소산으로 제물을 삼아 여호와께 드렸고 아벨은 자기도 양의 첫 새끼와 그 기름으로 드렸더니 여호와께서 아벨과 그의 제물은 받으셨으나 가인과 그의 제물은 받지 아니하신지라 가인이 몹시 분하여 안색이 변하니 여호와께서 가인에게 이르시되 네가 분하여 함은 어찌 됨이며 안색이 변함은 어찌 됨이냐 네가 선을 행하면 어찌 낯을 들지 못하겠느냐 선을 행하지 아니하면 죄가 문에 엎드려 있느니라 죄가 너를 원하나 너는 죄를 다스릴지니라 가인이 그의 아우 아벨에게 말하고 그들이 들에 있을 때에 가인이 그의 아우 아벨을 쳐죽이니라"(창 4:2-8).

위의 사례가 가인의 분노의 진행 경로이다. 자신의 제사가 하나님께 열납되지 못하고 아벨의 제사만 열납되자 가인은 화가 났다. 하나님은 가인에게 말씀하시기를 "네가 선을 행하면 어찌 낯을 들지 못하겠느냐 선을 행하지 아니하면 죄가 문에 엎드려 있느니라 죄가 너를 원하나 너는 죄를 다스릴지니라"라고 말씀하셨다. 그러나 가인은 분노를 주체할 수 없었고 그 분노는 결국 그의 동생을 살해하는 동기가 되었다. 가인이 하나님의 말씀을 귀담아들었다면, 그는 그의 분노의 경로에서 "무엇이 옳은 것인가"라는 삶의 결단과 방향전환의 기회로 삼을 수 있었을 것이다. 그렇지만 가인은 먼저 분노부터 폭발시키게 됨으로, 걷잡을 수 없는 분노의 화염에 휩싸여 결국 동생까지 살해하는 파멸적인 결과를 초래하고 말았다.

분노가 무서운 것은 분노가 터져 나올 때 분노로만 그치지 않고 심각한 죄로 진행될 수 있다는 것이다. 당신의 분노가 활화산처럼 폭발할 때 이 분노를 어떻게 할 것인가에 대한 통제력과 결단력이 없다면, 당신도 가인이 될 수 있다는 점이 무서운 것이다.

하나님의 분노는 그 대상과 상황에 대하여 명확하시며, 또한 언제나 의로우시다. 그분은 인간의 마음을 감찰하시고 모든 상황을 다 알고 계신다. 그가 심판하실 때에 그분의 심판은 언제나 정당하며 의로우시다. 어떤 상황이라도 하나님은 항상 신실하게 판결하신다. 그러나 인간들은 하나님과 같이 명확하게 판단할 수 있는 능력이 없다. 즉 분노가 발생할 수밖에 없는 가장 간명한 상황에서조차, 사람들은 관용이 필요한 사람들에게 용서와 자비와 은혜를 베풀려고 하지 않는다. 그 결과 분노의 문제는 처음 촉발되었던 것보다 조금씩 더 복잡한 양상으로 전개되는 것이다.

## 자아를 위한 분노의 목록

나는 당신이 분노에 관한 당신 자신만의 목록을 만들어 보기를 원한다. 당신의 삶에는 어떠한 분노의 경험이 있는가? 다시 한번 성경에서 뽑은 분노의 표출방식에 대한 목록을 살펴보자.

- 심히 노한지라(창 39:19)
- 그 노여움이 혹독하니(창 49:7)
- 심히 노하여(출 11:8)

- 그 진노가 그들을 지푸라기 같이 사르니이다(출 15:7)
- 나의 노가 맹렬하므로(출 22:24)
- 내가 진노로 너희에게 대항하되(레 26:28)
- 그의 노를 일으키면(신 4:25)
- 너희에게 진노하사(신 7:4)
- 여호와께서 또 진노와 격분과 크게 통한하심으로(신 29:28)
- 사울이 요나단에게 화를 내며(삼상 20:30)
- 여호와를 노엽게 하였으니(왕상 14:22)
- 나를 격노하게 하였음이라 내가 내린 진노가 꺼지지 아니하리라(왕하 22:17)
- 우리 하나님 여호와께서 우리를 찢으셨으니(대상 15:13)
- 나의 노여움을 이곳에 쏟으매(대하 34:25)
- 그의 콧김에 사라지느니라(욥 4:9)
- 그가 진노하심으로 산을 무너뜨리시며(욥 9:5)
- 하나님이 진노를 돌이키지 아니하시나니(욥 9:17)
- 나를 향하여 진노를 더하시니(욥 10:17)
- 그는 진노하사 나를 찢고 적대시 하시며(욥 16:9)
- 그때에 분을 발하며 진노하사(시 2:5)
- 여호와여 진노로 일어나사(시 7;6)
- 그들이 죄악을 내게 더하며 노하여(시 55:3)
- 주의 분노를 그들의 위에 부으시며(시 69:24)
- 진노의 연기를 뿜으시나이까(시 74:1)
- 누가 주의 노여움의 능력을 알며(시 90:11)
- 그럴지라도 여호와의 진노가 돌아서지 아니하며(사 9:12)
- 혁혁한 진노로(사 30:30)
- 내가 넘치는 진노로(사 54:8)
- 내가 노함으로 말미암아 무리를 밟았고(사 63:3)

- 이는 나의 진노의 맹렬한 불이(렘 15:14)
- 진노로 자신을 가리시고 우리를 추격하시며(애 3:43)

어떤 분노가 당신을 더 끓어오르게 만드는지 위에 언급한 동의어적 표현 5가지만 뽑아보자.

1.
2.
3.
4.
5.

지금 당신을 분노하게 하는 것들을 한번 떠올려 보라. 그리고 위의 표현들을 당장 적용할 수 있는 분노의 상황을 5가지만 뽑아보자

1.
2.
3.
4.
5.

사회적으로 흔히 일어나는 부조리 중에 당신을 가장 격노하게 만드는 사례 5가지를 순서대로 서술해 보라.

1.
2.
3.
4.
5.

자신의 가까운 주변에서 일어나는 사건들 중에 당신을 분노하게 만드는 것 5가지만 뽑아서 서술해 보라.

1.
2.
3.
4.
5.

분노가 당신을 지배하고 있을 때, 당신은 하나님과 좀 더 가까워지고 있다고 느끼는가? 아니면 멀어지고 있다고 느끼는가? 그렇다면 왜 그런가?

하나님은 당신이 분노를 체험하고 그것을 조절할 수 있는 능력과 함께 당신을 창조하셨다. 즉 당신은 자신의 분노를 적절하게 조절할 수 있는 능력을 겸비한 동기부여자인 것이다. 그럼으로 당신은 이러한 강력한 도구를 소유한 존재로서 이 도구를 어떻게 적절하게 사용하며, 얼마나 가치 있게 다루어야 하는지를 배울 필요가 있다. 오직 하나님, 그분의 사역과 인격적인 존재성만이 우리에게 분노를 어떻게 다루시는지 가장 적절한 사례와 모범을 제시하신다. 인간은 분노를 제대로 다루지 못할 뿐 아니라 오히려 부적절하게 이용함으로써 그 기능을 망치고 있다. 분노에 대하여 야곱은 이렇게 우리들에게 권면하다. "내 사랑하는 형제들아 너희가 알지니 사람마다 듣기는 속히 하고 말하기는 더디 하며 성내기도 더디 하라 사람이 성내는 것이 하나님의 의를 이루지 못함이라"(약 1:19-20). 세상은 당신에게 분노에 대한 온갖 종류의 부정적인 동기를 제공하게 될지도 모른다. 그럼으로 분노가 일어날 때에 당신에게는 세속이 아닌, 하나님만이 당신 삶의 안전한 안내자가 되어야만 한다. 내가 분노하게 될 때 어떻게 하는 것이 가장 적절한가에 대한 세속적인 목록은 복잡다단할 뿐 아니라 하나님께서 중요하게 생각하시는 분노의 목록과는 전혀 다르게 구성되어 있다. 당신에게 가장 중요한 점은 당신이 지금까지는 세속적인 분노 목록 안에서 영향을 받으며 살아왔음을 인정하고, 어떻게 하면 이제부터는 하나님의 분노 목록 안에서 하나님의 다스림을 받으며 살아가는가 이다.

하나님 아버지, 당신의 분노하심은 언제나 의로우심을 고백합니다. 저희가 분노에 휩싸일 때마다 당신의 긍휼하심으로 저희 죄를 용서하여 주옵소서. 맹렬한 분노가 타오른다 하더라도 분노하지 말아야 할 때를 구별할 줄 아는 능력을 저희에게 주시고, 언제나 평안함이 저희 마음에 깃들게 하여 주옵소서. 또한 정말로 분노가 필요한 때가 어느 때인지 깨달을 수 있는 의로운 마음을 허락하여 주옵소서. 그리하여 저희의 태만함이 하나님 앞에서 온전하게 드러나게 하옵소서. 저희 분노가 하나님이 쓰시는 능력이 되어 하나님의 일을 이루게 하옵시고 저희 삶의 거룩한 목적이 되게 하옵소서. 결단코 저희의 분노가 당신의 거룩한 뜻을 훼방하는 악한 것이 되지 않게 하옵소서.

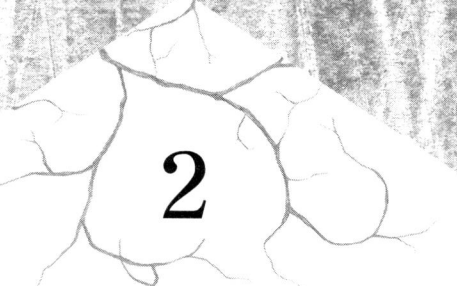

## 2

## 파괴적인 분노의 뿌리

: 무엇이 죄책감과 수치심, 그리고 두려움을 일으키게 하는가?

"급한 마음으로 노를 발하지 말라
노는 우매한 자들의 품에 머무름이니라"(전 7:9)

설령, 분노에 긍정적인 측면이 있다고 하더라도 분노의 본질은 여전히 파괴적이다. 파괴적이며 해로운 분노의 본성은 많은 부분에서 사람들의 생명을 심각하게 단축시키는 부정적인 역할을 한다. 분노를 키우는 뿌리에는 죄책감과 부끄러움, 그리고 두려움이 존재한다. 이러한 독이 있는 넝쿨손같이 뻗어있는 뿌리들의 정체를 깨닫고 각성함을 통해 비로소 당신은 그것들을 찾아내고 뿌리를 뽑아내며, 제거할 수 있게 된다.

멜린다(Melinda)는 논쟁하는 것을 즐기는 여자이다. 멜린다에게는 어떤 주제도 좋은 논쟁거리가 된다. 그녀에게 논쟁이란, 누구와 어떤 주제로 논쟁을 하는지가 그다지 중요하지 않다. 논쟁을 시작하기 전에 멜린다는 이미 논쟁을 위한 만반의 준비를 갖추고 있다. 그녀 친구들이 늘 말하는 것처럼, 수많은 논쟁을 이끌어온 멜린다는 논쟁에 "타고난 여자"이다. 어떤 상황과 어떤 사람도 멜린다를 능가할 만큼 논쟁의 대가는 없었다. 실제로 멜린다는 논쟁에서 여지없이 그런 능력을 폭발시킨다. 멜린다의 기질이 강렬한 붉은 색과 같아서 자신의 분노를 맹렬하게 쏟아 붓는 성향이라면, 달라(Darla)는 멜린다와 달리 옅은 푸른색의 소심한 방식으로 자신의 분노를 표출한다.

달라는 어떤 종류의 분노도 표현하지 않는다. 대신에 그녀는 어려움과 문제들을 대수롭지 않게 넘어간다. 그리고 가끔 깊은 한숨과 함께 그녀의 소망을 표현한다. 그녀는 세계가 다소 다르더라도, 심지어 아니어도 받아들여야 한다고 생각한다. 달라는 자신에게 발생하는 문제와 난관을 자꾸 미봉하며 자기 속에 발생하는 분노의 결과를 과소평가하는 경향이 있다. 달라는 자기 스스로와 타인으로부터 발생하는 분노를 끊임없이 피하려고만 한다. 그녀는 항상 그런 태도를 취하고 있다.

두 명의 다른 기질의 여자들에게 두 가지 형태의 분노의 방법이 존재한다는 것을 알 수 있다. 멜린다에게서 분노 표출 방식은 논쟁을 통하여 외부로 발산하는 것이라면, 달라의 분노 표출 방식은 자기파열적이다. 멜린다는 자신을 향한 모든 종류의 모욕과 갈등의 발생 가능성을 미리 포착하면, 즉각, 자기방어적인 무기인 분노를 가동시키고 포착되는 모든 적대적 대상에게 분노의 포화를 쏟아 붓게 된다. 달라는 분노를 자기 내부 깊숙한 곳으로 숨기고, 겉으로는 매사에 긍정적이고 항상 밝은 모습을 보이려고 애쓴다. 기질이 다른 이 두 사람은 각각 자기의 방식대로 분노를 소비하고 하고 있다. 다만 분노를 표출하는 방식이 다를 뿐이다.

## 감춰진 분노

"포튜나튜가 아무리 심한 말을 하여도 꾹 참고 왔지만, 이번에 다시 모욕을 하려고 할 때, 나는 복수할 생각을 하지 않을 수 없었다. 당신은 내 성질을 잘 알고 있을 터이므로 내가 무슨 협박을 하였으리라고 생각하지 않을 것이다."

위의 이야기는 1846년에 출판된 소설가 에드가 알란 포우(Edgar Allan Poe)의 단편소설 『아몬틸라도의 술통』(Cast of Amontillado)의 첫 부분이다. 이 소설의 내용은 살인이 계획되고, 계획된 살인은 마침내 행동으로 옮겨지게 되는, 감춰진 분노에 관한 것이다. 주인공 몬트레소르(Montressor)는 이탈리아의 어느 이름 없는 시골 출신의 귀족 포튜나튜(Fortunado)에게 끊임없이 모욕과 수모를 당하게 된다. 몬트레소르(Montressor)는 축제가 한창 흥청거리는 동안 희귀한 포도주인 아몬틸라도를 맛보게 해주겠다고 포튜나튜를 땅굴 속으로 유혹한다. 굴 안쪽 깊숙한 곳으로 유인한 몬트레소르는 반쯤 취한 포튜나튜를 굴속의 움푹하게 들어간 자리에 있던 U자형 철못에 재빨리 쇠사슬로 묶어버린다. 그리고 그가 죽도록 내버려둔 채 굴의 입구를 벽돌로 쌓고 회를 발라 봉인해버린다. 왜 포튜나튜는 그의 동료를 살해할 의도를 가지게 된 것일까? 몬트레소르의 분노는 그의 마음속에 매우 집요하고 매우 강력한 비밀스러움으로 간직하고 있었기 때문에 그 의도가 결코 포튜나튜에게 들키지 않을 수 있었다.

> "나는 언제나 언행에 있어서 포튜나튜에게 내 호의에 대하여 의심할 여지가 없게 행동했다. 나는 여느 때와 마찬가지로 그의 앞에서 웃음을 지어 보였다. 그는 내 웃음이 그에게 복수하기 위한 것인지 알 리가 없었다."

분노가 감추어져 있기 때문에 해가 없는 것이 아니며, 분노가 수면 밑에 가라앉아있기 때문에 조절이 가능한 것도 아니다. 에드가 알란 포우의 소설 주인공처럼, 감추어진 분노가 오히려 죽음을 부를 수도 있다. 몬트레소르는 시간이 지날수록 점점 더 포튜나튜를 혐오하게 되었고, 이러한 감추어지고 내면화된 분노는 마침내 그를 살해하고자 하는 행동을 실행에 옮기는 동기가 되었다.

물론 위의 이야기는 실화가 아니다. 오늘날, 타인에 대한 적대감을 털어놓거나 솔직하게 고백하는 사람을 쉽게 찾아볼 수 없다. 또한 살인을 저지를 만큼 상대에 대한 심각한 적대감을 고백하는 사람은 더더욱 없는 실정이다. 그러므로 더욱 위험한 상태가 지속되는 것이다. 하나님은 당신이 저지르는 악한 행동에 대해서도 관심이 많지만, 당신의 마음속에 은닉한 죄에 대해서도 관심이 많으시다. 사도 요한은 말씀을 통하여서 이러한 점을 지적한다.

> "그 형제를 미워하는 자마다 살인하는 자니 살인하는 자마다 영생이 그 속에 거하지 아니하는 것을 너희가 아는 바라"(요일 3:15).

즉 하나님은 분노가 미움으로 바뀔 때, 그것을 살인과 동일하게 취급하신다. 당신이 마음속에서 악한 것을 계획할 때 그것은 곧 그렇게 행동하는 것이 되는 것이다. 마태복음 5:28에서 예수님도 이 점을 명확히 하신다. "나는 너희에게 이르노니 음욕을 품고 여자를 보는 자마다 마음에 이미 간음하였느니라" 당신은 당신 자신의 행동에 책임을 져야 하는 것처럼 당신의 생각에도 책임을 져야 하는 것이다. 비록 당신이 당신의 마음속에 은닉된 분노가 현실 속에서 행동으로 표출되지 않는다 하더라도 당신의 삶 속에서 감추어진 분노를 인식하고 그 위험성을 깨닫는 것이 무엇보다 중요한 일이다.

달라는 항상 분노를 마음에 감추고 있다. 그녀는 절대로 자신의 분노를 밖으로 드러내지 않았다. 그녀의 마음속에서는 '싫어', '정말 싫어' 라고 소리를 지르고 있지만, 현실에서는 그 반대로 언제나 얌전하게 "그렇게 할게" 라고 말할 뿐이다. 심리상담사는 달라가 겉으로는 순종적인 것처럼 보이지만 실은 그녀가 매사에 의욕이 없다는 것을 발견했다. 확실히, 그녀는 주어진 일에 순종적이었다. 그러나 그 일을 제때 해내거나 완벽하게 끝마치는 경우가 드물었다.

달라는 일찍 오라고 하면 일찍 오고 늦게까지 남아 있으라고 하면 군말 없이 그렇게 했다. 사람들과 어울리는 것을 좋아하는 그녀는 어쩌면, 그러한 과정을 통하여 사람들과의 관계에 적응하면서 정신적으로 안정감을 되찾으려고 하는 기대가 있는 것처럼 보였다. 심리상담사는 시간에 구애받지 않는 쉬운 일부터 시작할 수 있도록 그녀를 배려해보기로 했다. 그러나 얼마간의 시간이 지나자 달라보다 늦게 일을 시작한 사람들이 곧 달라를 추월했고 좀 더 높은 단계의 공정으로 옮겨갔다. 불경기 때라면 달라의 무능함은 아마도 해고 일 순위가 되었을 것이다. 주어진 일이 조금만 복잡하거나 다양해지면 그녀는 의욕을 상실했고 겨우겨우 참아내다가 마침내 포기하고 말았다.

달라는 자라면서 정숙한 여자는 분노를 함부로 드러내서는 안 된다고 배웠다. 그의 아버지는 이러한 생각을 절대로 거역할 수 없는 매우 명확하고 강력한 가치가 되도록 그녀에게 강요했다. 그녀는 입 밖으로 말 한마디 꺼내지 않으면서도 자신의 요구를 관철하고 불평을 전달하는 엄마의 전략적인 방법을 지켜보며 자라왔다.

그러나 그러한 엄마의 전략적인 태도를 통해 하기 싫은 일을 하겠다고 말하는 엄마의 이중성이 달라에게는 오히려 더 깊은 혼란을 일으키도록 만들었다. 아버지가 정말로 해결하기를 원하는 일이 생길 때, 엄마는 그 일이 자신에게 얼마나 힘겨운 일인가를 꾸며 보이거나 아니면 아주 천천히 일을 처리해나가는 것이 엄마의 저항 방식이며, 자신을 지탱하는 방법인 것을 달라는 또한 알게 되었다. 자신을 매사에 느려터진 여자쯤으로 아버지가 생각하도록 만든 것이 엄마가 자신을 지키기 위한 효과적인 전략이라는 것을 알게 된 달라는, 자신도 또한 그런 전략적인 태도를 취함으로써 비슷한 별명이 붙게 된 것에 대하여 아무런 죄책감도 느끼지 않게 된 것이다.

달라는 언제나 자신이 아버지가 생각하는 것보다 훨씬 더 똑똑하고 뛰어나다는 생각으로 자신의 행동을 정당화했다. 이런 생각은 아버지가 자신에게 어떤 일을 부여하든지 간에 충분히 자신의 의도된 태도를 반영한 방식으로 일을 느리게, 느리게 해나가지만, 논쟁이 시작되면 자신의 모든 힘을 쏟아붓듯이 아버지에게 달려들어 자신의 주장을 관철했고, 그것은 곧 그녀의 말할 수 없는 짜릿한 쾌감이 되었다. 초등학교 시절, 그녀는 평소의 학습태도 때문에 성적이 형편없을 것으로 생각한 아버지가 성적표를 받을 때마다 자신의 예측을 빗나가는 뛰어난 성적을 받은 것에 대하여 깜짝깜짝 놀라게 하곤 했다.

달라가 성인이 되고 처음으로 직업을 가졌을 때, 특이하게도 그녀는 자신의 재능을 감추는 직업을 택했다. 그녀는 철저하게 자신의 재능을 감추고 아무도 그것을 알아채지 못할 수 있는 일을 택한 것이다. 그러나 또 한편으로는, 자신의 능력으로는 감당할 수 없는 일이 부여되지는 않을지, 항상 두려움에 시달여야만 했다. 어린 시절부터 자신이 한 번도 인정한 적이 없는 자신의 가치와 능력에 대한 아버지의 낮은 평가가 결국 자신에 대한 오인을 고착시키는 결과를 초래한 것이다.

그녀는 심리상담사가 그녀의 잠재적인 능력을 오판하게 만들고 그들을 당황하게 함으로 자신이 무능하지 않으며, 오히려 그들을 능가할 만큼 유능하다는 것으로 자신의 행동과 삶에 대한 태도를 정당화하며, 그녀의 방식대로 아주 천천히 일을 수행하고 있는 것이다. 그것이 곧 그녀의 삶에서의 쾌감이 되었다. 달라는 자신의 그러한 행위가 분노의 또 다른 방식의 표출이라고 생각하지 않는다. 그녀는 분노를 미소 뒤에 감추면서 자기 자신이 매우 똑똑하고 뛰어난 존재라고 생각한다. 그녀는 이러한 행동이 자기를 방어하는 가장 탁월한 방법이라고 생각할 뿐, 자신의 삶에 어떤 해가 되는지에 대하여 결코 생각하지 않고 있다.

분노를 표출하는 것이, 곧 분노의 해소는 아니다. 오히려 분노를 표출하는 것은 자신의 내면에 큰 구멍을 내는 것이며, 이 구멍은 당신의 자아를 침식시키는 더없이 해로운 일이 된다. 분노가 실제로 존재한다는 것을 과연 증명할 수 있는가? 혹은 분노의 존재를 설령 인정한다 하더라도 분노가 그렇게까지 인간의 삶에 강력한 힘을 행사할 수 있는가? 라는 의문을 제기할 수도 있지만, 우리의 삶에서 분노의 영향력은 생각 이상으로 매우 강력한 결과를 초래할지라도 사람들은 엄연히 존재하는 분노의 영향력에 대하여 오히려 거부하거나 부정하려고까지 한다. 그러나 분노의 영향력은 그것 자체의 파괴력뿐만 아니라 예측할 수 없는 강력한 이차적인 결과를 불러온다.

시애틀에 있는 하버뷰 메디컬 센터(Harborview Medical Center)의 롤랜드 마리우(Roland Mairuo) 박사는 분노의 영향력에 대한 지난 20여 년의 임상결과를 통해, "분노는 억압이나 조절이 불가능한 매우 강력한 모방성의 메커니즘을 가지고 있다. 분노를 회피하려고 노력하면 할수록 그것을 위하여 더 많은 시간과 에너지를 허비해야 한다는 것이다. 이것이 분노의 역설인 것이다"라고 분노의 파괴적인 영향력에 대하여 말하고 있다. 설령 당신이 분노를 효과적으로 감춘다고 하더라도 당신은 여전히 분노가 필요로 하는 에너지와 시간을 빼앗기지 않을 수 없게 된다. 내가 관찰한 예들을 통하여 감추어진 분노의 영향력이 얼마나 강력하고 명백한지를 한번 살펴보도록 하자.

**끝내야 하는 일들에 대한 미적거림, 특히 하기 싫거나 원하지 않는 일을 해야 할 때** 기분에 따라, 분노를 표출하기 위한 의도된 상황과 환경을 무수히 많이 만들어 낼 수 있다. 굳이 분노를 밖으로 표출하지 않는다 하더라도 당신은 여전히 자신이 해야 할 일을 제때에 완전하게 종결하지 않는 것과 같은 방법으로 감추어진 당신의 분노와 소통하고 있는 것이다. 꼭 말이 아니더라도 당신은 자신의 행동을 이용하여 누군가에게 자신의 감출 수 없는 분노를 표출하고 있는 것이다.

**습관적인 지각** 사람들은 행동을 통해 자신의 기분이 어떠한지를 나타내려 한다. 야고보서에서 야곱은 믿음에 관하여 말하기를, 그가 믿음의 사람인지 아닌지를 알 수 있는 방법은 그의 행위를 통해서 알 수 있다고 했다. 분노에도 똑같이 적용될 수 있을 거라고 나는 생각한다. 그 사람이 화가 난 상태인지 아닌지를 사람들이 말하지 않더라도 그의 행위를 보면 충분히 감지할 수 있는 것이다. 따라서 지금 어떤 사람들이 제시간에 도착해야 함에도 불구하고 항상 지각하게 되는 것은 시간에 대한 치밀한 의식을 가져야 할 필요성을 느끼지 못하기 때문이다. 즉 그들이 정말로 제시간에 도착하기를 원하는 일이 있다면 결코 늦지 않았을 것이다. 정말로 자신이 필요로 하는 일에 사람들은 목숨을 걸고 시간을 지킨다. 그러나 그렇지 않은 일에 대해서는 어떤 핑계와 이유로도 지각을 정당화하려고 할 것이다.

**빈정거림, 냉소주의, 혹은 건방진 태도** 이런 방식은 종종 능숙한 말의 기교, 재치 있는 언변에 의해 가벼운 농담의 방식으로 행해진다. 그러나 이러한 방식은 내면의 깊은 상처가 있거나 분노가 내재화된 사람들이 자신의 분노를 직설적으로 표현하지 못할 때 나타나는 것이다. 이러한 방식은 분노를 "느껴도 못 느끼는 척하는 것"으로 포장하고 있기 때문에 오히려 더 큰 적대감을 내면화할 수 있다. 누군가로부터 분노의 말을 들었을 때, 사람들은 그 분노와 맞닥뜨리는 위험성을 피하기 위하여 그들의 분노를 자신의 내면에 은닉을 시도함으로 당장의 파국을 회피하려고 한다. 즉 자신의 분노를 강력하게 발산하는 분노의 발화자가 되는 것을 막고 자신의 진실한 감정의 발산을 저지하기 위해 빈정거림, 냉소주의, 건방짐으로 자신을 포장하는 것에 집중하는 것이다. 냉소적이고 경박한 농담은 자신의 내면에서부터 외부로 끓어오르는 분노를 어떻게 하든지 간에 방어하려는 자구책인 셈이다.

==지나치게 과잉된 친절, 지속적인 환호(위장된), "쓴웃음을 지으며 참는" 모습을 보이지만, 내면에서는 여전히 타오르는 분노== 이것은 전형적인 수동적 공격성 행동이다. 나의 가장 최근 친구인 신디아 로랜드 맥클루어(Cythia Rowland-McClure)는 내가 지금까지 들은 것 중 가장 전형적인 수동적 공격성의 특징을 하나의 비유로 나에게 말해 주었다. 그것은 마치 주인의 얼굴을 핥고 있는 개가 다리에 오줌을 싸는 것과 같은 격이라고 하였다. 그러한 유형의 극단적인 사례는 『아몬틸라도의 술통』(Cast of Amontillado)이라는 단편소설의 주인공으로 나오는 몬트레소르이다. 그는 수동적 공격성을 가지고 있다. 그는 포튜나튜 앞에서 웃음을 보이고 그와 함께 어울리면서도 내면적으로는 그를 죽이려 하는 생각의 끈을 절대 놓지 않고 있다. 수동적 공격성이 일상에서 가장 빈번하게 발생하는 측면은 자신의 삶과 사람들에 대한 불만이 다양한 유형으로 형태화되는 것이다. 수동적 공격성 행동의 목적은 분노를 제거하는 것이 아니라 내면에 쌓는 것이다. 실제로 이러한 유형의 사람들은 그들의 불만스러운 삶과 상황, 사람에 대한 적대감을 자기 속에 쌓아가는 것으로 거의 모든 시간과 진력을 소진하게 되는, 결코 밝힐 수 없는 분노의 삶을 살고 있다.

==빈번한 한숨== 한숨이란 내적인 불안과 혼란스러움이 외형적, 가시적 형태로 나타나는 것이다. 이것은 단순히 몸으로 표현되는 내면화된 분노의 신호일 뿐 아니라 자기를 둘러싼 사람들을 향해 감지되기를 원하는 본능적 노출이다. 당신이 누구나 느낄 수 있을 만큼 강한 한숨을 쉬게 된다면, "왜, 무슨 문제라도 있는 거니?"라고 당신 주위의 사람들은 반응하게 될 것이다. 그럴 때, 내면에만 분노를 쌓는 사람들은 그저 "아니"라고 무심하게 대답하면서도 결코 한숨을 쉬는 것을 멈추지 않는다. 이러한 현상은 그가 설령 분노를 밖으로 표출하지 않고 내면에 쌓기만 한다 하더라도 분노의 신호인 한숨은 자신의 의지와 상관없이 저절로 흘러나오게 되는 것이다.

**상대를 가해하면서도 미소 짓기** 이것은 짙은 먹구름으로 뒤덮인 어려운 상황 속에서도 한줄기 햇빛을 기대하는 건강하고 용감한 자아를 지칭하는 것이 아니다. 분노를 내면에 감추는 사람은 감당할 수 없는 폭풍과 곧 들이닥칠 홍수 같은 위태로운 자신의 상황을 결코 인정하려 들지 않는 현실 도피적인 태도를 보이게 된다. 그들은 자신의 고통의 크기를 축소시키거나 하찮은 것으로 치부하려는 시도를 한다. 물론 이러한 시도는 자신에게 올바른 것이 아니며, 그들의 힘겨운 상황의 현실을 직시하고 해결하는 것에 전혀 도움이 되지 않는다. 다윗이 감당할 수 없는 사울의 억압과 그에 대한 투쟁의 자리로 내몰리게 되었을 때 오직 하나님을 의지하고 매달렸던 것처럼 피할 수 없는 분노의 고통이 우리를 지배하고 엄습할 때 당신에게도 하나님을 의지하는 것보다 더 좋은 방법은 없다. 다윗은 시편에서 그가 직면한 문제들에 대하여 담담하게 표현하고 있다. 그는 자신의 문제를 미화하지 않는다. 시편 69편에서 다윗의 고백을 들어보자.

"하나님이여 나를 구원하소서 물들이 내 영혼에까지 흘러 들어왔나이다" (1절).

"내가 부르짖음으로 피곤하여 나의 목이 마르며 나의 하나님을 바라서 나의 눈이 쇠하였나이다" (3절).

"오직 나는 가난하고 슬프오니 하나님이여 주의 구원으로 나를 높이소서" (29절).

"내가 노래로 하나님의 이름을 찬송하며 감사함으로 하나님을 위대하시다 하리니" (30절).

나는 자기 생애 가장 큰 어려움과 고통에 처한 다윗이 자기의 상황을 미화하고 고통을 축소하기 위해 사람들 앞에서 미소로 자기를 기만하고 있다고 생각하지 않는다. 또한 하나님 앞에 자신의 상태를 솔직히 고백하는 것이 하나님에 대한 믿음 없는 모습이라고 치부할 수 없다. 하나님 앞에 자신의 절망과 고통을 솔직하고 간절하게 토로함으로 다윗은 오히려 하나님에 대한 그의 사랑과 믿음이 더욱 강해졌음을 시편 69:30에서 고백하고 있다. 하나님은 당신이 마치 의로운 일을 위하여서 핍박받는 것처럼 자신의 삶 속에서 발생되는 고통을 부인할 것이라고 기대하지 않으신다. 자신의 고통을 내면에 감추고 겉으로는 괜찮은 척하는 행위는 단지 자기의 의로움을 주장하는 교만에 지나지 않다.

**과잉통제된 단조로운 언어습관** 자신의 말을 절제하고 조절하는 것은 매우 바람직한 일이다. 베드로전서 3:10은 "그러므로 생명을 사랑하고 좋은 날 보기를 원하는 자는 혀를 금하여 악한 말을 그치며 그 입술로 거짓을 말하지 말고"라고 말하고 있다. 당신은 이 말씀의 강조점이 "악한 말"에 있을 것이라고 쉽게 생각할 수 있겠지만, 나는 오히려 "거짓을 말하는 입술"이라고 하는 말씀을 더 강조하고자 한다. 이것은 당신의 말의 배후에 숨겨진 진의에 대하여 말하고자 하는 바가 아니다. 말투를 엄격하게 통제하고 감정을 배제한 당신의 어투는 분노의 감정을 드러내지 않으려고 하는 나름의 전략이 될 수도 있지만, 그 방식으로는 분노의 문제를 해결하는 것에 전혀 도움이 되지 않는다. 그 방식은 오히려 상처를 더 곪게 만드는 분노의 잠복을 더 강하게 야기할 뿐이다.

**빈번한 불안감과 악몽** 당신의 분노가 훨씬 더 깊은 무의식의 세계로 가라앉게 되면, 그것을 표현할 수 있는 적절한 영역을 찾아다닌다. 당신이 자신의 분노를 인정하든 하지 않든지 간에 분노는 결국 의식의 수면 위로 떠오르게 된다. 당신이 잠들었을 때 꿈은 흔히 그러한 분노의 표출을 위한 통로가 된다. 깨어있을 때 당신은 자신의 분노를 감출 수 있지만, 꿈은 당신의 분노를 진실하게 드러나게 만드는 통로가 된다.

**쉽게 잠들지 못하거나 숙면에 어려움, 꼬리를 무는 상념 때문에 쉽게 잠들지 못하는 상태** 해소되지 않는 분노는 지속적인 짜증으로 표출된다. 내면화된 분노는 반복적인 짜증이 되고 어느 순간부터 짜증이 일상을 지배할 뿐 아니라 자신의 성격으로 고착된다. 당신의 분노가 해결되지 않은 채 잠복되는 기간이 길어질수록, 혼자 있게 될 때마다 당신의 내면에서 타오르는 분노의 절규는 점점 더 크고 거칠게 된다. 분노가 폭발되는 곳에는 잠도, 휴식도, 평안함도 존재하지 않는다.

**권태로움, 무관심, 열정을 보였던 일조차 흥미와 의욕의 상실(분노의 내면화로 생긴 우울증에 의한)** 내면에 쌓이는 분노는 내외면적인 영역에서 임계치에 도달하게 되고 결국은 폭발하게 된다. 분노가 내면을 파열하게 될 때 우리는 그것을 우울증이라고 부른다. 분노에 의한 내면의 고통이 너무나 커지게 되면 우울증이 발생하게 되는데, 이 우울증은 자신의 인지 영역 안에서 도저히 감당할 수 없는 것들에 대하여 극단적인 무관심으로 일관하는 증후를 보이게 된다. 그러나 자신의 주변에서 발생하는 것들에 대한 극단적인 무관심은 자신의 내면화된 분노의 파열에 대처하는 효과적인 방법처럼 보인다. 하지만 실상은 단지 분노를 미봉하려는 무의미한 자구책일 뿐이다. 우울증이 주도하는 분노 미봉책은 행복감, 즐거움, 기쁨의 감정도 함께 봉인하게 된다. 극단적인 무관심의 방식으로도 분노는 결코 사라지지 않는다. 오히려 우울증을 더 심화시키게 될 뿐이다.

**활동성의 둔화 (특히 자신이 하기 싫어하는 일을 할 때)** 이것은 일을 마지못해서 하는 것과 유사한 것으로 당신의 삶에 대한 의지와 태도를 방해하고 점진적으로 악화시킨다. 자신이 하기 싫은 일을 하게 되면, 당신은 의도적으로 자신의 발전을 방해하는 방식으로, 최초의 분노의 표출의 방식인 혐오와 반감이 여전히 당신의 의식을 지배하게 된다. 즉 이것은 완강한 저항의 방식을 통하여 당신 자신의 발전을 방해하려는 일종의 자기 태업과 같은 것이다.

**빨리 지치거나 피곤해 함** 분노는 매우 휘발성이 강한 소모적인 감정이다. 분노를 발하는 것은 심적인 힘을 매우 많이 소진하는 일이다. 심지어 분노를 내면에 은닉하는 일조차 힘과 노력을 많이 필요로 하는 일이다. 당신이 자신의 분노를 내면에 은닉하는 것에 집중하면 할수록 평온하고 단순한 일상을 사는 것이 점점 더 힘들어지게 된다.

**만성적인 과다한 짜증과 조급함** 분노를 내면화하는 것과 그것을 계속 유지하려는 시도는 당신의 내부 안에 엄청난 압력을 만든다. 이 압력은 일상적인 생활 가운데, 공공장소에서 마치 물이 새듯이 시시때때로 짜증을 발산하게 만든다. 자신의 상담사에게조차 자신의 내면을 드러내지 않았던 사람이 직장동료에게 아주 사소한 부분에서조차 속내가 들키게 된다면 그는 아마도 굉장한 분노를 표출하게 될지도 모른다. 회사에서 자신에게 부과된 과도한 업무에서 벗어나고 싶은 당신의 의식은 꼭 해야 할 과제를 잊어버린 자녀에게 짜증이 섞인 분노의 호통으로 나타나게 된다. 일하는 과정에서 심한 압박을 받은 사람은 자신의 분노를 운전 중에 함부로 끼어드는 운전자에게 욕설로 보복하려고 한다. 깊은 분노의 샘에서 흘러나오는 짜증과 분노는 자신의 일상과 생활을 조금씩 젖게 만드는 일종의 밸브와 같은 방식으로 작동한다. 이것은 "짜증지수가 매우 높은 어떤 상황"을 끊임없이 만들어내게 된다. 짜증지수가 높은 사람들은 일상의 틈바구니와 호주머니 속에서 분출하기를 기다리는 일종의 화산과 같은 존재들이다.

**안면경련, 간헐적인 다리떨기, 습관적인 주먹 움켜쥐기, 그리고 무의식적인 틱 현상들** 다시 말하지만, 분노는 매우 소모적인 감정이다. 심지어 분노가 내면의 바닥에 가라앉아 있을 때라도 그 상태를 유지하기 위해 발산되는 에너지의 소모는 필수적이다. 중년의 여자들은 그의 부모로부터 분노를 외부로 표출하는 것이 부적절한 것으로 배웠다. 분노를 함부로 표현하는 것은 사람들에게 반감을 줄 뿐 아니라 그녀들의 불안정한 감정과 치부를 드러내는 것으로 인식되어 왔다. 그러므로 여성의 분노는 조롱거리가 되었고 버려야만 하는 것이 되었다. 반면에 남성들의 분노는 결단력과 담대함의 상징으로 여겨졌다. 분노한 여성의 모습은 앵앵거리거나 쫑알대는 것처럼 그려진다. 여성의 분노는 그저 존중받지 못할 행동처럼 여겨져 왔다.

여기 내가 자랄 때 들었던 자장가의 한 소절이 있다. 노래의 1절의 내용은 이런 것이다.

> 사내아이는 무엇으로 만들었지?
> 개구리와 달팽이, 그리고 강아지의 꼬리
> 그것으로 사내아이를 만들었지

그리고 2절은 또한 이렇게 되어있다.

> 여자아이는 무엇으로 만들었지?
> 설탕과 향신료, 그리고 모든 멋진 것
> 그것들로 여자아이를 만들었지

소년들은 달팽이를 찾기 위해 땅을 헤집고 강아지와 뒹굴며, 더러운 짓을 하고 욕을 하며, 화를 내는 것도 당연히 용납되었다. 소녀는 설탕과 향신료, 그리고 모든 멋진 것으로 만들어진 존재여서 그녀들에게 분노는 좋은 것이 될 수 없었다. 설령 화를 낸다 하더라도 겉으로 내색해서는 안 되는 것이었다. 소녀들은 분노를 마음속에 감추게 되었고 마치 분노가 존재하지 않는 것처럼 행동했어야만 했다. 그러므로 소녀들의 분노는 온통 마음속을 채우고 있는, 감추어진 어떤 것이 된 것이다. 달라와 같은 소녀는 분노를 폭발시켰을 때 당해야 하는 부조리한 취급과 상황을 피하기 위하여, 분노가 치밀어 오르더라도 그러한 감정들을 회피하는 방법을 배울 수밖에 없었다.

상담을 통하여 감추어진 분노가 명백하게 들어난 한 사례를 소개한다면, 섭식장애를 가진 한 여성의 예를 통해서이다. 많은 경우의 섭식장애자들 중에, 특히 거식증은 자기혐오와 분노가 내면적으로 강하게 표출된 한 형태이다. 거식증은 자기 자신에 대한 격렬한 분노와 혐오가 역설적이게도 자기의식을 공격하여 음식을 거부하게 하는 기제를 형성하게 만든 특이한 병리적 증세이다.

## 분출하는 분노

멜린다는 자신의 내면에 분노를 키우고 있지는 않았다. 설령 그런 일이 생기더라도 의식적으로 거부했다. 멜린다는 언제나 어떤 상황에서도 자신의 분노를 마음껏 발산해버린다. 분노는 그녀에게서 자신을 표현하는 한 가지 방법이 되었다. 물론, 당신이 멜린다에게 무언가를 요청한다면 그녀는 분노로 반응하지 않을 것이다. 다만 또 다른 어떤 사람과 상황이 자신을 분노하게 만들고 있다고 대답할 뿐이다. 그녀는 사람들의 노골적인 공격, 무례함, 근시안적인 태도, 이기심, 실수, 어리석음, 부주의함 때문에 화를 낼 수밖에 없는 상황에 놓이게 된다고 주장한다. 그러므로 그녀에게서 자신의 분노는 충분히 해명이 가능한 일이며, 정당하다는 것이다. 그녀는 자신이 스스로 화를 내는 것은 아니라는 태도이다. 그녀는 어쩔 수 없이 화를 낼 수밖에 없는 그런 상황에 내몰리게 된다는 것이다. 이것이 바로 그녀 자신의 분노에 대한 자기 정당화의 방법이다.

화를 냄으로써 그녀는 비로소 자신이 강력한 힘을 소유한 무적의 사람이 되는 느낌을 받는다. 그래서 멜린다는 자신의 분노를 표출하는 것이 문제를 일으키는 행동이라고 생각하지 않는다. 멜린다의 이러한 왜곡된 의식은 어린 시절 그녀에게 발생했던 어떤 내면적 손상 때문이다. 어린 시절, 멜린다는 무거운 책임감, 죄책감, 마음의 손상, 무기력함을 감당하며 자라왔다. 다섯 살 때부터, 가족이 도시로 이주했던 열두 살이 될 때까지 그녀는, 그녀의 할아버지로부터 성적인 학대에 시달렸다.

매력적인 소녀였던 멜린다는 오빠와 남동생 사이에 첫 딸로 자랐다. 부모님은 할아버지가 창립한 가업에서 일하고 있었다. 할머니에서부터 삼촌에 이르기까지 그 누구도 할아버지의 권위에 도전하는 사람은 없었다. 그의 말과 기분이 곧 법이며 규칙이었다. 멜린다에 대한 할아버지의 성적 학대는 때로는 할아버지의 건강 여부에 따라 때로는 멜린다의 이해관계와 필요에 따라 수년간 지속되었다.

그녀의 엄마는 멜린다에게 발생하고 있는 일에 대하여 어렴풋이 눈치를 채기 시작했지만, 정작 멜린다는 자신에게 일어난 끔찍한 일에 대해 처음에는 말하기가 너무나 무서웠고, 나중에는 수치스러워서 차마 말할 수가 없었다. 또한 할아버지의 성적 학대와 그에 따르는 보상은 어느샌가 "예쁘고 사랑스러운 작은 공주"가 되어 받는 달콤한 사탕과 선물처럼 멜린다에게는 떨칠 수 없는 강한 유혹이 되었다. 점차 성숙해지는 멜린다에 대한 할아버지의 성적 학대는 훨씬 더 노골적이 되었다. 멜린다는 할아버지의 부도덕한 요구에 자신을 희생함으로 가족의 행복과 평안을 지킬 수 있다고 자신의 상황을 합리화했다. 성적 학대에 시달리는 시간이 길어질수록 멜린다의 내면에는 부당한 할아버지의 성적 학대에 대한 분노가 조금씩 커져 마치 덫에 걸린 듯한 자기의 모습을 혐오하게 되는, 부정적 자아의 투사가 발생하게 된 것이다.

그녀가 열두 살이 되고 음모가 생기며 생리를 곧 시작할 무렵 갑자기 그녀에 대한 할아버지의 성적 학대와 심지어 그녀에 대한 애착도 사라졌다. 할아버지의 건강이 갑자기 악화되었으며, 동시에 그의 가업도 급격하게 기울어져 갔다. 그의 가족들은 생계를 위하여 어쩔 수 없이 할아버지를 떠나 다른 도시에서 새로운 출발을 준비해야만 했다. 그의 가업을 떠나 다른 도시로 이주하는 멜린다의 부모에게 할아버지는 격노했다. 죽은 지 몇 년이 지나서야 그녀의 할아버지가 그들의 부모에게는 아무것도 남겨준 것이 없었다는 것을 알게 되었고, 자신들을 향한 할아버지의 너무나도 강한 반감이 그들 가족을 실망과 우울함에 빠뜨렸다.

멜린다는 자신이 그동안 참아낸 모든 수모와 노력이 다 헛되었다는 것을 깨달았다. 그녀의 가족들과 마찬가지로 자신의 수모로 점철된 희생조차도 할아버지에게서 거부당했다는 사실이 말로 표현할 수 없는 배신감이 되어 자신에게로 돌아왔다. 그녀가 할아버지에게 당했던 수모와 수치를 가족을 위한 희생으로 생각하며 자신을 위로해왔던 자기의 행위가 결국은 참을 수 없는 역겨운 것으로 판명된 것이다. 자신을 성적으로 학대했던 할아버지가 죽음으로서, 자기혐오와 수치를 해결받아야 하는 대상도 함께 사라지게 된 것이다. 분노를 해결해야 할 대상과의 대결도, 문제 종결의 기대도 다 사라진 것이다.

그러나 멜린다는 자신 속에 풀어버려야 할 많은 분노가 여전히 존재한다는 것을 잘 알고 있었다. 멜린다는 자신이 아무것도 할 수 없었던, 그러한 모호하고 예민했던 상황 속으로 다시는 들어가고 싶지 않았다. 악한과 다를 바 없는 대상에게 순진무구한 신뢰를 보내는 부모의 그러한 경솔함이 멜린다는 싫었다. 학대받고 수치를 당했던 경험은 사람에 대한 신뢰를 거부하게 되었고, 세상을 향해 나아갈 때도 다른 누군가의 도움을 거부하고 스스로의 힘으로 할 수 있는 일을 찾아 학교로

갔다. 멜린다는 건축가가 되었다. 건축이 가진 엄격한 한계와 가장 적합한 규격, 빈틈없는 정교함이 그녀를 매혹시켰다. 건축은 힘겨웠던 어린 시절의 그것과는 전혀 다른 즐거움을 그녀에게 선사했다. 건축이 주는 질서와 균형이 그녀를 매료시켰다.

관계에 대한 불신과 친밀감에 대한 두려움을 가지고 있었던 멜린다는 강한 분노와 강력한 개성으로 사람들과 일정한 거리를 두었다. 그녀의 분노는 학교에서 보다 좋은 성적을 내는 것 외에 아무것에도 관심을 두지 않게 만들었다. 그녀는 전문적인 영역에서 모든 사람의 기대치를 능가하는 탁월한 경쟁력을 갖추기 위해 자신을 맹렬하게 불태우는 냉혹하고 끈질긴 욕망의 노예가 되게 만들었다. 인간관계에 있어서 그녀의 분노는 자신이 또다시 이용당할 수도 있다고 생각하는 모든 관계의 가능성으로부터 자신을 철저하게 보호하기 위해 방어적인 태도를 보였다. 그러나 이러한 그녀의 태도는 자신이 정말로 힘들고 약해져 함께 할 사람이 필요할 때조차 사람을 소외시키는 결과를 초래하게 되었다.

창세기의 가인의 예와 같이 멜린다는 자신의 분노를 격발시키고 있다. 나이가 들수록 멜린다는 자신의 분노를 점점 조절하지 못하는 상황에 빠지게 될 것이다. 나이가 들수록 자신의 분노가 자신의 삶을 긍정적으로 조절하고 자기발전의 동력이 될 수 없다는 것을 알게 되며, 오히려 점점 더 부정적 파괴적이 된다는 것을 깨닫게 될 것이다. 멜린다에게 정말로 심각한 문제는 그녀가 그녀의 할아버지 앞에서 벌거벗겨졌던 것처럼 분노로 자신을 감추지 않으면, 그녀는 항상 벌거벗겨지고 치부가 노출된, 너무나 연약하고 예민한 자아로 남겨지게 된다는 점이다.

## 죄책과 수치심

당신이 마음에 상처받았을 때 분노하는 것은 너무나 당연한 일이다. 분노는 상처받는 상황에 반응하는 하나의 신호이다. 분노는 당신이 위험에 직면했다고 느낄 때 행동하는 동기요인이다.

분노라는 것이 행하도록 의도되었다는 면에서 긍정적이다. 그러나 분노가 두려움, 수치심, 죄책감 등 부정적인 측면에 의해 자극받을 때는 훨씬 더 복잡한 양상을 보일 수도 있다. 두려움, 수치, 죄책감의 파급적인 힘에 의해 전달되는 분노의 강도는 그것이 내면에 은닉되든지, 주변을 향해 마구 발산되든지 간에 당신의 삶을 짓누르는 압박이 될 것이다.

죄책감이 일으키는 수치심처럼 자의식과 자아존중감을 붕괴시키는 것은 없다. 죄책감은 자의식을 무자비하게 먹어치운다. 죄책감은 항상 당신 속에 존재하는 모든 꿈과 모든 좋은 덕목들을 독성으로 오염시키는 배후로 작용한다. 죄책은 언제나 당신이 마땅히 지니고 있어야 할 잠재적 가능성과 능력을 훨씬 더 약화시키는 파괴적인 자기 인식이다. 수치심이란 당신에 대한 판단이 언제나 최악일 수밖에 없다는 것이 사실이라는 것을 인정하는 것이다. 죄책과 수치심은 스스로에 대한 자신감의 결핍 때문에 당신 자신이 탁월해질 수 있는 능력을 마침내 제거해 버린다. 자신의 힘으로 어찌할 수 없는 상황과 사건 때문에 생긴 죄책감과 수치심이 자신의 삶을 서서히 망가뜨리고 있는 한 가여운 여자를 생각하면 지금도 참을 수 없이 화가 난다. 죄책과 수치심을 유발시키는 것은 성적이거나 육체적이거나 혹은 감정적인 학대이건 간에 가해자가 취하는 전형적인 전략이다. 죄책감은 "이런 형편없는 실수를 하다니"라는 말로 당신의 내면을 강타한다. 또한 수치심은 "너는 정말 한심한 인간이야"라는 말로 당신을 정죄한다. 죄책감과 수치심은 당신이 이러한 내면의 고통에서 벗어날 수 있는 모든 가능성을 제거해버린다. 그 대신에 보호 장치 없이 이 모든 고통을 고스란히 감당하도록 당신의 내면을 짓누른다.

물론 내 말의 의도를 오해하지 않았으면 한다. 당신이 삶 속에서 저지른 실수를 통해 죄책감을 느끼는 것은 당연하다. 당신이 실수를 저질렀고 그것이 명백히 문제가 된다는 것을 알게 된다면 그것에 대해 죄책감이 드는 것은 당연하다. 예레미야 31:19에서 예레미야는 "내가 돌이킨 후에 뉘우쳤고 내가 교훈을 받은 후에 내 볼기를 쳤사오니 이는 어렸을 때의 치욕을 지므로 부끄럽고 욕됨이니이다 하도다"라고 말하고 있다. 죄책감의 가장 적절한 때는 당신이 그것에 관하여 뉘우친 후이거나 혹은 내가 무엇인가 잘못하고 있다는 성찰이 지나간 후에 느껴지는 것이 마땅하다. 수치심은 뉘우침, 삶의 태도의 전환, 이전보다 더 옳은 일을 하고자 결단하는 강력한 동기요인이다.

당신에게 아무런 잘못이 없는데도 불구하고 수치심과 죄책감이 부여되는 것은 도대체 무슨 연유인가? 누군가의 잘못된 행동 때문에 죄책감과 수치심이 유발되는 이유는 무엇인가? 누군가가 올바르게 해야 할 일을 하지 않으려고 할 때 죄책과 수치심으로 당신 자신이 부담감에 짓눌리는 이유는 무엇일까? 당신이 죄책감과 수치심을 느낄 때, 그것은 당신 자신의 약점, 어리석음, 부주의함, 무능함 때문에 분노로 이어지기가 쉽다. 죄책은 자신의 잘못에 대해 또다시 비난을 가할 수 있는 모든 부정적인 말들을 너무나 잘 알고 있다. 수치심은 우리가 한 노력보다 훨씬 더 많이, 더 뛰어나게 하지 못한 것에 대해 고발한다. 수치심은 우리 자신의 무능함에 대한 고발자이다.

아이들은 종종 다른 사람들의 잘못된 행위를 통해 죄책과 수치심의 짐을 감당하는 경향이 있다. 아이들은 예민하고 순수하기 때문에 그들이 부모로부터 들은 말들을 그대로 받아들이게 된다. 아이들은 어떤 부정적인 사건을 경험하게 되면 본능적으로 자기의 일처럼 받아들이게 되고, 그들이 그런 행동을 하든지 그렇지 않든지 간에 그것에 대해 예민하게 반응하게 된다. 예를 들자면, 이혼한 집안의 아이들은 종종 부모의 이혼이 마치 자기의 잘못 때문인 것처럼 받아들여 내면화하게 된다.

이러한 내면화 과정을 통해서 아이들은 어떻게든 자신이 그 문제를 해결하려고 하는 매우 강한 의지를 발산하는 것을 발견할 수 있다. 아이들의 내면된 책임감은 "내가 좀 더 잘했으면 부모님들이 다투지 않았을 텐데"라든가 "내가 좀 더 공부를 잘했더라면 아빠가 집을 나가지 않았을 텐데"와 같은 전혀 자신들이 통제할 수 없는 현실적 문제를 해결하려는 강한 의지를 나타내곤 한다. 아이들이 다른 사람들의 죄책감과 수치심을 지게 될 때, 아이들은 자신에게 부과된 고통에 대한 책임을 받아들인다. 아이들은 이렇게 책임을 받아들임으로 그 상황을 조정하려고 노력한다.

　단지 어린 소녀에 불과한 멜린다는 놀랍게도 할아버지에게 당한 성적 학대를 혼자서 감내하기로 스스로 결정한 것이다. 그녀에게 발생한 끔찍한 심리적 손상과 분노를 감당해야 하는 책임감 때문에, 그녀는 자신에게 일어난 부조리한 학대에 대한 분노를 다른 사람에게 표출하지 않고, 자기 속에 내면화한 것이다. 조금씩 나이를 먹고 좀 더 날카로워진 분별력으로 자기에게 발생했던 성적 학대를 반추하면서 그녀는 자신의 내부 속에 자신이 직접 당했던 학대와 수치심으로 형성된 중첩적 손상이 존재하는 것을 발견하게 되었다. 성적 학대로 말미암아 발생된 초기의 분노는 그녀를 학대했던 대상에 대한 직설적인 분노 형태를 띠고 있었다. 그러나 그 대상은 사라지고 지금은 존재하지 않게 되었다. 그녀의 부모조차 그녀에게 그러한 성적 학대가 실제로 일어난 것에 대해 전혀 몰랐던 일이라고 맹세했고, 오히려 그녀가 그러한 일들을 다 꾸며낸 것이 아닐까라는 의구심의 눈초리를 보이기도 했다. 결국, 그녀의 부모는 이러한 불미스러운 일이 다시는 입 밖으로 새어나오지 않기를 원할 뿐이었다. 그녀의 오빠들조차 그녀에게 일어났던 일에 대하여 약간은 동정적이긴 했지만, 그들이 직접적으로 관계되었거나 아는 바에 대한 기억이 전혀 없었다. 그녀의 오빠들의 의견은 그러한 가족 내 추문이 밝혀지는 것보다 차라리 그녀가 깨끗이 잊어버림으로 정리되기를 원할 뿐이었다. 할아버지가 자신에게 저질렀던 고통스러웠던 성적 학대의 기억이 가족들에게는 그저 할아버지의 과도한 편애 정도로 치부되었다. 그녀의 고통에 대한 가족들의 이러한 반응을 통해, 그녀는 자신에게 어떤 고통과 어려움에 처한다 하더라도 가족은 전혀 자신을 이해하고 도움을 줄 의사가 없다는 사실을 절감하게 되었다. 그리고 자신의 문제는 철저하게 자신이 해결해야 하며, 언제나, 어떤 경우에든지 간에 자신의 문제는 자기가 책임져야 한다고 독하게 다짐하였다.

## 두려움

누군가 몰래 숨어 있다가 갑자기 큰소리를 지르면서 뛰쳐나와 당신을 놀라게 한 경험이 있는가? 당신의 첫 반응은 어떨까? 당신이 나라면, 당신은 아마도 엄청난 큰 두려움의 충격을 받게 될 것이다. 갑작스럽고 기습적인 행위에 당신은 허를 찔러서 신경이 매우 예민한 상태가 되었을 것이다. 즉 이러한 일은 의도적으로 당신을 놀리고자 하는 사람이 충격적으로 허를 찌르는 방법을 사용할 때 생기는 현상이다. 이렇게 예상하지 못했던 의도된 강한 충격이 당신에게 일어나게 될 때 당신은 순간적인 분노가 폭발할지도 모른다. 즉 두려움은 사람을 분노하게 만든다. 당신에게 닥치는 두려움이 커질수록 분노의 크기도 상대적으로 커지게 된다.

당신은 1장에서 전화를 전혀 받지 않을뿐더러 자기가 있을 곳이라고 했던 친구 집에조차 없었던 아이의 부모를 기억하는가? 나는 그때 그 부모의 마음이 화가 났을 것이고, 당황스러웠을 것이며, 심지어 두려움에 사로잡혔을 것이라고 말했다. 우리 마음에 두려움의 문이 열리기 시작하면 분노가 곧바로 밀물처럼 들이닥치게 된다.

두려움을 정말로 좋아하는 사람은 없다. 물론 공포영화를 보는 것이나 푸른 하늘에서 자유낙하를 즐기는 사람들이 많이 있다는 사실을 인정한다. 그러나 이러한 일들의 공포는 단지 공포가 일부분 내재된 상태로 관리되고 통제된 것을 의미할 뿐이다. 즉 안전이 보장된 상황에서 공포의 쾌감을 오락으로 즐기는 것일 뿐이다. 아무리 두렵더라도 영화는 끝나는 시간이 정해져 있으며, 자유낙하도 결국은 지상에 착륙하는 것으로 끝이 나게 된다. 당신은 그 공포가 끝이 난다는 사실을 잘 알기 때문에 공포를 즐길 수 있다. 그러나 만약 공포영화가 끝나지 않는다면, 자유낙하가 착륙 없이 계속된다면 아무리 공포를 즐기는 당신이라 하더라도 반드시 분노할 수밖에 없을 것이다.

누군가는 공포가 결코 끝나지 않는 삶이 된다. 또 누군가는 공포영화가 끝났다 하더라도 여전히 자신의 삶의 극장에서 그 영화의 공포가 끊임없이 자신을 괴롭히게 될 것이다. 자유낙하가 끝났음에도 불구하고 그는 여전히 추락하는 존재처럼 발을 버둥거리고 바닥에 추락할 때를 기다리고 있는지도 모른다. 공포가 떠나지 않고 당신 속에서 같이 존재하고 있는 것이다. 아무리 평화로운 상황이 도래한다 하더라도 자기 속에 존재하는 공포감은 평화조차도 다른 것으로 바뀌게 한다. 공포로 분노가 내재된 사람들은 자신에게 무거운 책임과 부담이 주어질 때 그것을 완전하게 해결하지 못하게 되며, 파멸할지도 모른다는 생각에 끊임없이 시달리게 된다. 그들은 어제 일어났던 일, 오늘 일어나는 일, 심지어 내일 일어날지도 모르는 일들이 항상 두려움과 공포의 대상이 된다. 결과적으로 그들은 언제나 자기 삶에서 일어나는 모든 것들에 대하여 항상 염려와 두려움에 시달리며 살아가게 되는 것이다.

두려움에서 기인하는 분노는 훨씬 더 절망적이 되고 비합리적인 성격을 띤다. 자기 아내가 출근하게 된다면 다른 남자들을 만나게 될 것이고 자신을 떠날지도 모른다는 두려움에 사로잡힌 남편은 그의 아내가 직업을 갖는 것을 거부하는 경우가 종종 있다. 또한 자기 아들이 장성하고 자립의 능력을 갖추면 자기를 홀로 남겨 두고 떠날지도 모른다는 두려움 때문에 자기 발전을 위하여 공부하러 가는 것을 반대하는 엄마도 종종 볼 수 있다. 자기의 외모가 매력적이지 않다는 것을 알게 되는 것이 두려워서 남편이 정기적인 친교 모임에 나가는 것을 싫어하는 아내를 또한 빈번하게 목격할 수 있다. 딸이 난잡한 남자관계를 가질지도 모른다는 두려움 때문에 화장을 하거나 남자친구와 데이트하는 것을 못하게 하는 아버지도 있다. 내재된 두려움이 몰려오게 되면, 두려움이 내면에 고착된 사람은 자신의 절망적이고 비합리적인 두려움을 강력한 분노와 폭력의 방식으로 표출하게 된다.

## 자신에게 쓰는 메모

어떻게 당신의 분노가 당신을 둘러싼 세계를 향해 표출되고 있는지, 또한 어떻게 내면에 내재화되고 있는지를 시험해보는 기회를 가지기를 바란다. 솔직히, 당신들 중에는 내가 언급했던 달라와 멜린다의 사례와 경우처럼 분노에 대해 매우 흡사한 양태를 보이는 사람들이 분명히 있을 것이라고 생각된다. 물론 대다수는 그렇지 않겠지만 말이다. 당신이 어떤 증후에 속하든지, 혹은 몇 퍼센트나 해당되는지보다 당신의 개인적인 분노가 놓여있는 기점을 대입해보는 것이 당신에게 훨씬 더 중요한 일일 것이다.

만약 당신의 분노가 감추어져서 발견되지 않는다면, 다음에 제시하는 목록에 따라 당신과 관련된다고 생각하는 부분에 표시함으로 감춰진 당신의 분노를 다시 한번 확인해 볼 수 있기를 바란다. 목록의 각각을 세심하게 살펴보고 하루하루의 삶을 어떻게 살아왔던가, 또는 다른 사람과의 관계와 상호작용이 어떠했던가 등, 당신 자신의 삶에 대하여 생각해보는 시간을 가져라. 잠시 동안이라도 차분히 책상에 앉아서 목록의 각각을 찬찬히 살펴보는 기회를 가졌으면 한다. 이 목록의 표시는 결코 정해진 시간이 있는 시험이 아니다. 보다 정직하고 보다 숙고하는 노력을 한다면, 당신은 당신 자신에 기대 이상의 큰 통찰을 경험하게 될 것이다. 내 말을 믿는다면 이 테스트는 당신에게 가치가 있을 것이다(결과에 대하여 당신이 놀랄 만큼 충분히 기대할 만한 것이라고 생각되며, 잠복된 분노는 결코 아무 이유 없이 잠복되어 있지 않다는 사실을 분명히 말하기를 원한다). 각각 네모 칸에 표시할 때, 이러한 행동이 지속적이고 반복적인지, 혹은 일시적인 것인지를 함께 표시해 보기를 바란다.

- ☐ 일의 마무리를 자꾸 미루는 것
  (특히 하기 싫거나 원하지 않는 일을 해야 할 때)
- ☐ 습관적인 지각
- ☐ 빈정거림, 냉소주의, 건방짐
- ☐ 지나치게 과잉된 친절, 지속적인 환호(위장된), 쓴웃음을 지으며 참는 모습을 보이지만, 내면에서는 여전히 타오르는 분노
- ☐ 빈번한 한숨

- ☐ 상대를 가해하면서도 미소 짓기
- ☐ 과잉통제된 단조로운 언어습관
- ☐ 빈번한 불안감과 악몽
- ☐ 쉽게 잠들지 못하거나 숙면에 어려움, 꼬리를 무는 상념 때문에 쉽게 잠들지 못하는 상태
- ☐ 권태로움, 무관심, 열정을 보였던 일조차 흥미와 의욕상실
  (분노의 내면화로 생긴 우울증에 의한)
- ☐ (특히 자신이 하기 싫어하는 일을 할 때) 활동성의 둔화
- ☐ 빨리 지치거나 피곤해함
- ☐ 만성적인 과다한 짜증과 조급함
- ☐ 안면경련, 간헐적인 다리떨기, 습관적인 주먹 움켜쥐기, 그리고 무의식적인 틱 현상들

위에 언급된 내용을 살펴보고 당신에게 적용될 수 있는 지속적이며 반복되는 행위가 있는지 검토해보라. 그리고 당신이 표시한 목록들을 통하여 다음과 같은 질문에 답해보자.

1. 당신은 왜 이런 행동을 하고 있다고 생각하는가? 당신의 행위가 위에서 언급된 (잠복된 분노의) 표출 양태로 나타나는 이유가 무엇 때문인지를 스스로 찾아낼 수 있는가?
2. 위에서 언급한 (잠복된 분노의) 표출 양태들을 통하여 드러나는 분노와 짜증, 혹은 좌절의 근본적인 원천은 무엇이라고 생각하는가?
3. 위의 표출 양태가 얼마 동안 당신에게 지속되고 있는가?
4. 위의 표출 양태가 당신에게 처음 나타난 때는 언제부터인가?
5. 당신의 삶에서 분노가 내재화될 수밖에 없었던(강하고 심각했던) 경험을 기억하는가?
6. 그러한 자신의 경험에 대하여 누군가 비평한 적이 있었는가? 있었다면 그

때 당신의 반응은 어땠나?
7. 당신은 위의 언급된 잠재된 분노의 표출 양태를 중단하려는 시도를 해본 적은 있는가?
8. 그런 행동을 중단하려는 시도를 지금도 계속하고 있는가? 계속하고 있다면, 결과는 어떠했나?

위의 표출 양태가 일시적으로 나타난다고 표시한 사람들은 다음과 같은 질문에 대답해 보자.

1. 이러한 행동이 처음 나타난 것은 언제부터인가?
2. 지난 6개월을 돌이켜볼 때, 그러한 행동이 증가하고 있는가? 아니면 감소하고 있는가? 또는 그 상태를 계속 유지하고 있는가?
3. 지금 발생하고 있는 잠재된 분노의 표출 행위가 과거에 발생했던 어떤 중요한 사건과의 관련성이 있다고 볼 수 있는가? 그 사건을 떠올리면 어떤 생각이 드는가?
4. 그러한 경험에 대하여 누군가 비평한 적이 있었는가? 있었다면 그때 당신의 반응은 어땠나?

지금까지 내가 제시한 다양한 방법 안에서, 위에 언급한 잠재된 분노의 표출 행위 목록을 상기하고 이러한 행위의 문제가 당신 마음의 전면으로 떠올려보기를 나는 바란다. 또한 표출 행위가 당신 속에 언제 착상되었는지도 생각해보라. 당신 속에서 이러한 행위가 언제부터 시작되고 있었는지 생각난다면, 그리고 가능하다면, 그 순간을 한번 손으로 써 보라. 당신이 위에 언급한 잠재된 분노의 표출 행위에 대하여 계속적으로 숙고하고 살펴본다면, 그러한 행위의 원천이 어디로부터 시작된 것인지를 파악하는 데 유용한 도움을 얻을지도 모른다. 분노, 특히 감춰진 분노는 그 문제의 핵심을 파악하기 위하여 겹겹이 쌓인 표피의 껍질을 벗겨야 할 필요가 있다. 당신은 당신의 삶의 이러한 영역을 탐구해야 할 필요를 인정해야 하며,

그렇게 할 수 있는 시간과 당위를 당신의 삶 속에 부여해야만 한다.

"그곳에서 바로" 표출되기 때문에, 발산되는 분노는 그 분노의 정체를 확인하는 것이 감춰진 분노보다 훨씬 더 쉽다. 그러나 앞장에서 간단하게 언급한 것처럼, 많은 사람들은 여전히 그러한 직설적인 분노의 표출에 또 다른 수식어를 붙이고 단순하게 해소하려고 한다. 다음에 나열된 직설적인 분노 표출의 목록들을 살펴보고 당신에게 해당되는 분노 목록에 표시해보기를 나는 원한다. 좀 더 자신에게 솔직하고 담대하게 표시해보는 것이 당신에게 도움이 될 것이다. 사랑하는 사람이나 가까운 친구가 있다면 당신이 표시한 목록을 살펴보게 하고 당신과 함께 그것에 관하여 토론해 보자. 당신 자신에 대하여 당신이 인정하지 않을지도 모르는 목록에 대하여 다른 사람은 객관적인 평가를 위한 척도가 될 수도 있기 때문이다.

- ☐ 실망스러운
- ☐ 비통한
- ☐ 화가 나는
- ☐ 비판적인
- ☐ 억누르는
- ☐ 적대적인
- ☐ 비열한
- ☐ 빈정거리는
- ☐ 좌절된
- ☐ 위태로운

- ☐ 기만당한 것 같은
- ☐ 파괴적인
- ☐ 염려스러운
- ☐ 짜증스러운
- ☐ 참을 수 없는
- ☐ (누군가를) 탓하는
- ☐ 영악한
- ☐ 이기적인
- ☐ 자존심을 내세우는

위에 언급한 목록들은 분노를 표현하는 방법이 될 수 있다. 당신이 해당하는 목록을 표시해보고 아래의 질문에 대답해 보자.

> 1. 이런 느낌이 들었을 때 당신은 자신에게 뭐라고 말하는가?
> 2. 당신의 삶 속에서 이런 감정이 항상 반복되고 있는 것에 대하여 어떻게 생

각하는가?
3. 이러한 감정들을 표현한 후 당신의 기분은 어떠한가?
4. 당신 자신에 대해 어떻게 생각하는가?
5. 위의 감정 원인을 제공하는 사람들에 대해 어떻게 생각하는가?
6. 자신의 몸 상태에 대해 어떻게 생각하는가?
7. 이러한 감정들을 극복하는 데 얼마나 오래 걸리는가?
8. 당신은 머릿속으로 그 사건과 감정들을 "재생"하는가?
9. 당신은 어떻게 반응하는 것을 부끄러워하는가?
10. 당신은 어떻게 반응하는 것을 후회하는가?
11. 당신은 이러한 반응들을 지울 수 있다면 어떤 것을 지우고 싶은가? 또한 그것이 왜 지우고 싶은가?

다음 장에서 우리는 당신의 분노 수준과 등급에 대하여 살펴볼 계획이다. 가능하다면 당신은 당신 자신에 대해 왜 그런 부정적인 느낌을 가지게 되는지, 그러한 감정이 당신에게 일어날 때 당신의 느낌은 어떠한지에 대하여 직접 손으로 써보도록 하자. 또한 어떤 일탈적이고 극단적인 감정과 느낌이 당신 속에서 나타나고 있는지 기록해 보자. 좀 더 깊은 검토, 좀 더 성찰적 생각과 기도를 위해서는 이렇게 구체적인 측면들을 직접 손으로 써봐야만 한다.

분노는 삶을 배후에서 조종하는 방식으로 너무나 쉽고, 너무나 자연스럽게 분노에 당신을 적응하게 만드는 힘이 있다. 나는 당신이 분노에 쉽게 당하지 않는, 영혼의 경계를 통한 당신만의 삶을 살아가기를 간절히 바라는 마음으로 "(내가) 제시하는 해법"을 다음 장에서 제시하고자 한다. 이 방식은 당신을 더 깊은 좌절과 절망으로 빠뜨리려는 것이 아니라 기도를 통해서 당신이 무엇을 시도해야 하는지와 그 유익한 방법은 무엇인지를 깨달을 수 있도록 도움을 줄 것이다.

당신이 먼저 알아야 하는 점은 당신에게는 이러한 변화의 과정에 필요한 실질적인 동역자가 있다는 사실이다. 하나님은 가인에게 말씀하듯이 당신에게도 말씀하신다. "여호와께서 가인에게 이르시되 네가 분하여 함은 어찌 됨이며 안색이 변함은 어찌 됨이냐"(창 4:6). 이 점이 바로 왜 모든 것은 빛 아래서 그 정체가 밝혀지고 드러날 수밖에 없는지의 명쾌한 대답이 될 것이다.

살아계신 하나님 아버지! 분노의 노예로 살아가는 저의 무거운 고통을 이렇게 토로하며 쏟아낼 수 있는 자리에 저를 불러주시는 하나님 아버지의 사랑이 얼마나 크고 감사한지요! 저의 주체할 수 없는 분노와 절망의 자리를 온전히 당신에게만 맡기기를 소망합니다. 제 자신을 망치고 또 다른 이들을 욕되게 하며 저를 둘러싼 모든 관계마저도 악으로 물들게 했던 저의 악습을 고쳐 주시옵고 당신이 저에게 허락하시는 목소리를 청종하기를 갈망합니다. 말씀을 통하여서 계시하시는 하나님의 은총을 통하여 저의 문제가 온전히 해결될 수 있기를 또한 간절히 소망합니다. 당신의 은혜로 자라며 배웠던 것처럼 결코 두려움에 휩싸이지 않게 하시며, 오직 당신만을 의지할 수 있는 힘을 주시옵소서.

Controlling Your Anger Before It Controls You

# PART 2

# 분노의 가지들

제3장  실현되지 못한 기대가 어떻게 분노에 영향을 미치는가?
제4장  평가가 왜 문제인가?
제5장  평가는 사람에게 어떤 스트레스를 주는가?
제6장  왜 나는 삶이 불공평할 때에도 화를 내서는 안 될까?
제7장  왜 우리는 원만한 관계가 될 수 없을까?
제8장  나는 나의 몸과 화해할 수 있을까?

# 3

## 실현되지 못한 기대가
## 어떻게 분노에 영향을 미치는가?

"그의 아버지가 야곱에게 축복한 그 축복으로 말미암아
에서가 야곱을 미워하여 심중에 이르기를 아버지를 곡할 때가
가까웠은즉 내가 내 아우 야곱을 죽이리라 하였더니"(창 27:41)

당신이 분노하는 또 한 가지의 중요한 이유는 실현되기를 기대했지만, 결국은 실현되지 못할 것으로 판명되는 자신의 삶 때문이다. 아마도 당신은 당신의 삶이 순종적인 아이들, 사랑스러운 아내, 그리고 하얀색 울타리가 있는 아름다운 보금자리를 소유한 빛나는 갑옷의 기사가 되기를 기대했을지도 모른다. 어른이 된다는 것은 삶이 내가 원하는 대로 되지 않을지라도 마지막까지 자제력을 잃어버리지 않는 삶을 사는 것을 의미한다. 삶이 우리를 속이는 것처럼 생각된다면, 그래서 그 사실에 화가 난다면, 당신이 원하는 선택을 해보라! 어느 줄에 서는 것이 가장 이상적인지를 생각한다면, 에서의 뒤에 서보는 것은 어떨까!

에서는 그의 가계에서 축복이 예정된 자리를 선점하고 있다고 생각했다. 장자로 태어난 그는 신명기 21:15-17에서 언급된 장자권 축복의 예정자였다. 장자권이란 그의 아우보다 유산을 두 배로 더 많이 받을 수 있는 권한이었다. 그렇지만 불행하게도 장자권 축복은 그의 아우인 야곱에게 돌아가고 말았다. 장자로서, 아버지가 죽기 전에 자기가 먼저 받을 수 있으리라고 기대했던 아버지의 축복은 그의

예상과는 달리 그의 아우가 차지했다. 에서가 기대했던 것과는 다른 결과가 만들어졌다. 이것은 결국 에서를 비통과 격노에 빠지게 만들었으며, 아우에 대한 복수를 결심하게 된 원인이 되었다.

실현되지 않은 기대로 분노와 비통에 빠진 대부분의 여성들은 남자들과는 달리 이 때문에 다른 대상을 죽이려고 하지는 않는다. 다만 자신이 행복해질 수 있는 능력을 그저 포기해버리는 것으로 문제를 해결한다.

콜린(Colleen)은 불행하다. 그녀는 기대를 충족하지 못한 고통스러운 삶을 하루하루 살아가고 있다. 그녀는 나이에 걸맞게, 지금보다 훨씬 더 성공적이어야 하고, 더 매력적이며, 더 사랑스럽고, 더 순종적이며, 더 자신감이 있는 존재가 될 수 있다고 언제나 생각했다. 그러나 아무리 그녀가 몸부림쳐도, 아무리 더 좋은 것을 염원해도 실제로 그녀에게 돌아오는 것은 언제나 괴로운 현실뿐이었다. 그것은 마치 놓치지 않으려고 애써 움켜잡은 것이 자신도 모르게 손을 벗어나는 것과 같았다. 원하는 모든 것들이 덧없이 손에서 빠져나가는 것이 그녀를 더없이 분노하게 만들었다.

마흔세 살에 이혼한 콜린은 자신의 이혼을 결코 인정한 적이 없다. 그녀는 여전히 결혼을 유지하고 있다고 스스로 생각한다. 그러나 전남편 팀(Tim)은 그녀의 이러한 생각을 여지없이 붕괴시키고 말았다. 그녀는 경제적으로 여유를 가지며 자신만의 여유로운 공간을 갖고 싶지만 자기 혼자만의 수입으로는 꿈도 꿀 수 없는 처지이다. 그녀는 이따금 새로운 신발을 사는 것과 차에 기름을 가득 채우는 것을 선택할 수 있었던 20년 전 과거로 되돌아가 보는 꿈을 꾸기도 한다.

낡아서 당장에라도 칠을 해야 하는 집이 한 채 있기는 하지만 도저히 그럴 형편이 못 된다. 뒷마당에는 잡목과 풀이 우거져 누구도 나가서 놀려고 하지 않을뿐더러 거의 포기한 것처럼 보이는 집 상태 때문에 이웃 주민들은 그저 흘끔거리며 지나칠 뿐 그녀에게는 아무런 관심조차 보이지 않고 있다. 집을 수리하기 위해서는 매달 35파운드의 수입이 더 필요하지만 지금처럼 힘든 그녀의 상황에서는 거의 불가능한 일이 되어버렸다. 어쩌면 50파운드 이상이 더 필요할지도 모르는 일이다.

콜린은 자녀들이 예의 바르고 순종적인 아이들로 자라기를 원했지만 자기주장이 강하고 화를 잘 내는 딸은 그녀의 대책 없는 이혼을 비난하고 나섰고, 말이 없고 우울한 아들은 온종일 얼굴 마주치기조차도 힘들다. 그녀는 자녀들이 가족이 붕괴된 것에 대한 동질감을 함께 나누는 희생자이며 동지이기를 바랐지만, 그녀에게 돌아온 것은 오히려 그녀를 원수처럼 대하는 자녀들의 적대감이었다. 콜린은 회사에서 그처럼 힘겨운 노동에 시달리거나 그렇게 무시당할 것이라고 생각하지는 않았다. 자신이 열정과 시간, 노력을 다 쏟아 붓는다면 좋은 직업을 얻을 수 있을 것이며, 또한 그에 합당한 인정과 보상이 주어질 거라고 생각했지만, 그녀에게 주어진 냉엄한 현실은, 정당하게 요구할 수 있는 휴가뿐만 아니라 몸이 아파서 쉴 수밖에 없는 병가조차도 회사는 질책하며 노골적으로 싫어했다.

콜린은 마치 비열한 의도를 가진 누군가가 자신을 실에 묶인 꼭두각시 인형처럼 의도적으로 장애물에 부딪치게 하거나 자기를 절망에 빠뜨리고 있는 것은 아닌지, 도무지 감당할 수 없는 부조리한 삶 때문에 지치고 화가 났다. 자신이 기대하고 소망하는 미래와는 너무나도 동떨어지고 너무나도 합당하지 않다는 생각을 한다. 삶에 대한 끊임없는 실망감은 한 시간, 하루, 한 주를 출발하기 전부터 이미 좌절감과 짜증, 그리고 분노를 자신의 삶에 켜켜이 쌓아 놓고 있었다. 콜린은 자신의 삶과 존재가 망가지기 전에 자신에게 휴식이 필요하다고 늘 생각하고 있었지만 이러지도 저러지도 못하면서 결국엔 자신의 내면이 용암처럼 펄펄 끓고 있는 상황까지 이르게 된 것이다.

콜린은 자신이 삶이 이렇게 어려움에 부닥치게 된 것을 타인에게 전가하려는 경향이 있다. 물론 이러한 경향이 특별히 새로운 것은 아니다. 타인을 비난함으로써 면책하려는 경향은 누구에게나 다 있다. 성경에서 에서는 특별히 동생에게 속임을 당하자 스스로 희생자라고 느꼈다. 아버지가 자신에게 해줄 축복을 동생 야곱이 가로챘을 때, 에서는 격노하여 소리쳤다. "에서가 이르되 그의 이름을 야곱이라 함이 합당하지 아니하니이까 그가 나를 속임이 이것이 두 번째니이다 전에는 나의 장자의 명분을 빼앗고 이제는 내 복을 빼앗았나이다 또 이르되 아버지께서 나를 위하여 빌 복을 남기지 아니하셨나이까"(창 27:36). 그러나 그의 말은 사실이 아니다. 야곱은 에서의 장자권을 훔치지 않았다. 다만 에서가 자신의 장자권을 야곱에게 팔았을 뿐이다(창 25:29-34). 에서는 장자권을 빼앗길 수밖에 없도록 야곱에게 속은 것이 아니다. 에서는 자신이 장자권을 어떻게 했는지 너무나 잘 알고 있다(33절). 그러나 시간이 흐르면서 그 사건에 대한 본질과 에서의 과실은 동생 야곱에 대한 분노로 흐려지고 각색된다. 갈수록 자신을 야곱의 비열한 속임수에 당한 순전한 희생양으로 생각하는 에서는 때로는 미친 듯이 분노하다가 점점 자포자기하는 경향을 보이게 된다. 사실은 자기의 당장의 현실적인 필요 때문에(배고픔을 면하기 위해 팥죽 한 그릇에 장자권을 팔았던 사건) 스스로가 장자권을 포기한 것일 뿐이다. 그러나 에서에게 장자권이라는 하나님이 주신 권능이 여전히 유효했지만, 자신이 저지른 실수를 감추고 정당화하기 위해서 자신을 야곱에게 당한 희생자로서, 주체성을 상실한 무능한 존재임을 자처했다. 그러다가 비로소 무기력한 존재로만 남게 된 자신을 깨닫고 초라해진 자신에게 더욱 분노하게 된 것이다.

## 진실의 힘

콜린은 자신이 자기 삶의 균형을 조절하는 능력을 상실하고 있다는 것을 알게 되었다. 내가 상담한 수많은 여성들도 자신의 삶에 대해 균형을 상실하고 조절할 능력을 잃어버렸다고 생각했다. 그들은 어느샌가 현실의 노예가 되어서 언제 움직여야 하고 무엇을 말해야 되며, 어떻게 행동해야 하는지 주체적으로 행동할 수 없는, 마치 실에 매인 꼭두각시 같은 신세라고 생각하고 있었다. 이것은 마치 보트를 조정할 방법이 전혀 없는 채로 다음 커브에서 어떤 난관이 발생할지, 어떤 격류와 바람이 닥칠지 모르는 불안한 상태에서 노도 없는 작은 보트가 격류 속에서 표류하고 있는 것과 흡사한 상태이다. 즉 그들은 이 보트처럼 닥쳐오는 심각한 상황과 삶 속에서 전적으로 희생당할 수밖에 없는 존재라고 생각하는 것이다. 그들은 언제나 자신이 거친 삶의 희생자이며 무력한 존재라고만 생각하기 때문에, 그가 처한 상황과 삶을 극복할 수 있는 진정한 자신의 능력을 인식할 수가 없게 된다.

에서는 자신의 장자권을 포기했지만 그것을 극복할 수 있는 방법도 있었다. 그는 장남으로 태어났고 아무도 자신의 장자권을 빼앗아 갈 수 없었다. 성경이 보장하고 있는 그의 권리였다. 에서는 자신의 권리를 충동적으로 포기했다. 그는 현실적인 욕구를 만족시키기 위해 자신의 미래를 팔아버린 것이다. 야곱은 그의 형 에서에게 장자권 양도에 대한 공적인 선언인, 장자권 포기와 양도 맹세를 하기 전까지는 팥죽을 주지 않았다. 그러므로 에서의 말처럼, 야곱에게 속았다는 말은 진실이 아니다. "그저 농담으로 한 말이었을 뿐이다"라는 변명은 통하지 않는다. 에서는 그때 자신의 행동을 분명하게 알고 있었다. 에서가 야곱의 팥죽 앞에서 맹세를 하고 장자권을 판 것에 대하여 "야곱이 떡과 팥죽을 에서에게 주매 에서가 먹으며 마시고 일어나 갔으니 에서가 장자의 명분을 가볍게 여김이었더라"라고 창세기 25:34에서 분명하게 언급하고 있다. 언제든지 에서는 자신의 장자권을 지킬 수가 있었다. 야곱의 장자권의 양도를 가볍게 거절하고 자기 힘으로 음식을 만들어 먹을 수 있었다. 그러나 성격이 급한 에서는 결국 팥죽 한 그릇에 장자권을 넘겨 주었으며, 그러한 자신의 행위에 대한 결과를 받아들이지도 않은 채 야곱을 비난하기에 이른 것이다.

자신에게 닥친 남루한 상황 속에서 자신의 문제가 무엇이었나를 냉정하게 성찰하기를 거부하고 있는 콜린의 사례 역시 에서의 상황인식과 매우 닮아있다. 그녀는 자신에게도 일정 부분 책임이 있는 이혼에 대하여 남편인 팀에게 전적으로 책임을 돌리고 싶은 것이다. 아이들의 양육비에 대한 경제적인 의무만 감당하게 한 법정의 이혼 판결 때문에 자신이 궁핍해졌다고 콜린은 생각하고 싶은 것이다. 이혼 판결에 의해 집을 가지게 되었지만, 집을 관리하고 마당을 정비하며, 이웃들과 공동으로 져야 할 책임을 혼자 감당해야 할 무거운 짐으로 생각하는 콜린은 언제나 자신이 희생자라고 생각한다. 자기에게 주어진 집이 지켜야 할 자산이 아니라 아이들과 이웃들과 더불어 그를 더욱 분노하게 만드는 문제가 되고 있다. 그녀의 과다한 체중은 그녀 자신의 무절제함 때문임에도 불구하고 자신의 문제를 반성함으로써 해결하려고 하지 않고 주변에 있는 사람들을 탓한다. 콜린은 제대로 돌봄을 받지 못한 아이들이 심리적으로 손상을 받게 될 수 있다는 사실은 인정하지 않고, 오히려 아이들 때문에 자신이 스트레스를 받고 있다고 비난의 화살을 아이들에게 돌린다. 자신의 무기력한 삶과 안일한 업무능력에 대한 부정적인 평가에도 불구하고 회사가 자신의 능력을 인정해주지 않는다고 또한 그녀는 불평을 늘어놓고 있다.

콜린은 분노를 자신이 감당해야 할 책임을 회피하는 수단으로 이용하고 있다. 자신이 감당해야 할 책임을 회피함으로써 자신이 가진 능력을 파악해내거나 인정할 수 있는 가능성도 또한 사라진다. 자기가 가진 능력을 인정하지 못함으로 콜린은 언제나 무능함을 느낀다. 자신의 무능함을 느끼면 느낄수록 분노 또한 증가한다. 증가된 분노는 또다시 자신에게로 되돌아온다. 그러한 분노의 소용돌이에 빠진 콜린은 결국 자신의 분노를 더 이상 통제할 수 없는 지경에 이른다.

에서와 콜린의 상황이 매우 닮아 있다는 것을 우리는 잘 알 수 있다. 흔히 사람들은 상황이 가장 좋을 때조차 자기의 문제를 인정하지 않고 그것을 다른 것, 다른 사람 탓으로 돌리는 경향에 익숙해져 있다. 실제로는 거의 불가능한 비현실적인 기대가 고착됨으로, 우리들에게 결코 도움이 되거나 건강하지 않은 삶의 방식 때문에, 실제로는 충분히 실현 가능한 것들이 여전히 실현되지 않은 채 남아있을 수 있다. 실현 가능한 기대란 진실한 행위와 삶, 그리고 그 상황 속에서부터 흘러나오는 것들이다. 너무나 당연한 말이지만, 비현실적인 기대란 절대로 실현될 수가 없는 것이다.

- 결혼파탄의 책임이 자신에게 있다면, 혼인관계가 계속 유지되기를 기대하는 것은 불합리한 생각이 아닌가?
- 이미 모든 혼인관계가 청산되었음에도 불구하고 당신의 경제적인 부분을 그가 계속 감당해 주기를 원하고 있지는 않는가?
- 당신이 져야 할 책임을 누군가가 감당해 주기를 원하고 있지는 않는가?

- (운동이나 식이요법 등) 건강한 방식으로 살 빼는 것을 싫어하면서도 살이 빠지기를 원하고 있지는 않는가?
- 아이에게 내면적인 상처를 입히면서도 성인처럼 성숙하게 행동하기를 원하고 있지는 않는가?
- 지속적인 실수로 회사에 손실을 끼칠 때도 상사가 눈감아 주기를 원하고 있지는 않는가?

이것은 모두 현실적인 기대가 아니다. 다만 내가 바라는 소망 사항에 지나지 않는다.

## 실현될 수 없는 기대에 대한 희망적인 바람들

소망이란 우리들의 정서적인 맥락 속에서 매우 강한 힘을 가진 의식이다. Merriam-Webster의 온라인 사전은 소망에 대하여 "이루어지기를 원하는 것에 대한 약한 정당화, 혹은 실현되기를 갈망하는 어떤 것의 실현 가능성에 대한 속성"이라고 정의하고 있다. 소망에 대한 가장 우선적인 전제는 실현되는 것이 아니라 실현되기를 갈망하는 그 무엇이다. 소망하는 모든 것들이 다 이루어진다면 매우 만족스럽겠지만, 그렇지 않다면 삶은 언제나 불공평하고 불만스러울 수밖에 없다.

에서는 장자이었음으로 가장 귀한 존재가 될 것을 믿어 의심치 않았다. 당연히 아버지 이삭은 장자인 에서를 가장 총애했다(창 25:28). 이 사실은 앞으로 자신이 집안의 모든 소유와 권리를 물려받는 장자권의 계승자가 되는 것이 당연하다고 생각하게 만들었다. 그러나 그러한 생각은 에서의 소망 사항이었을 뿐이고 하나님은 다른 계획을 가지고 계셨다. 창세기 25:23에서 하나님은 에서와 야곱이 태어나기 전에 그들의 어머니인 리브가에게 "여호와께서 그에게 이르시되 두 국민이 네 태중에 있구나 두 민족이 네 복중에서부터 나누이리라 이 족속이 저 족속보다 강하겠고 큰 자가 어린 자를 섬기리라 하셨더라"라고 그들의 운명에 대하여 말씀하고 계신다. 하나님은 두 사람의 미래를 뒤집으시고 에서보다 야곱이 더욱 창대하도록 만드셨다. 하나님이 에서에게 하신 일에 대해 "불공평하지 않는가? 이것이 과연 옳은 일인가?"라는 의문을 제기할 수도 있겠지만, 우리가 어떻게 생각하든지 간에 이것은 하나님의 진정한 뜻이다.

콜린은 자기의 어려운 상황이 해결될 수 있도록 누군가가 도움을 주어야 한다고 생각한다. 파탄 난 결혼생활에 대하여 전남편이 실마리를 풀어야만 한다고 생각한다. 자신이 일을 할 생각을 하지는 않으면서도 막연히 수입이 좀 더 생기기를 기대하고 있다. 집주인인 자신이 해결해야 할 문제인 집의 관리를 누군가 책임지고 나서주기를 원한다. 운동이나 식이요법도 하지 않으면서 살이 저절로 빠지는 몽상에 젖어있다. 자신이 파산한 것을 숨긴 채 아이들에게 지원해주기를 원하고 있다. 남편과 재결합할 때까지만 할 수 있는 단기적인 일만 찾고 있지만, 그런 일이 쉽게 발견되지 않는다. 실현될 수 없는 일에만 자신의 행복을 한정시키는 한, 그녀의 소망은 결코 실현되지 않을뿐더러 실망만이 그녀의 삶에 남아있을 것이다. 그녀의 실망은 매일매일 분노의 샘물이 되어 자신의 삶을 적시게 될 것이다. 분노와 낙담, 비통함에 노예가 된 콜린은 너무나도 오랫동안 그 어떠한 긍정적인 것들조차도 자신을 방문한 적이 없는 비극적인 존재가 되어가고 있다.

긍정적인 경험을 한 번도 제대로 체험해보지 못한 콜린은 자신의 존재성과 삶의 기반을 현실에서 실제로 실현 가능한 것들로부터가 아닌, 철저하게 가정에 기반을 둔 것이다. 이것은 이른바 단지 그녀의 소망 사항에 지나지 않는 것으로, 비현실적인 기대에 의한 것이다. 콜린의 세계와 존재에 대한 인식은 거의 환상에 가까운 철저히 비현실적인 소망들이다. 그의 소망은 이렇게 구성되어 있다.

- ***나는 행복한 삶을 위해서 완벽해져야 한다.*** 콜린은 질서정연한 사회가, 곧 행복한 사회라고 믿고 있다. 그래서 가능한 모든 것들과 많은 사람들을 통제하려고 시도한다. 통제에 대한 이러한 강박이 결혼생활을 실패하게 만든 주요한 요인이다.

- *내가 화가 났다는 것은 다른 사람들이 나를 다독거려야 할 책임이 있다는 것을 의미한다.* 자라면서 불만스러운 일이 생길 때마다 콜린은 그녀의 부모가 그녀를 감싸면서 달래주기를 원했으며, 좀 더 성숙해졌을 때는 그녀의 친구나 연인들이 그녀의 불만을 감싸주는 대상이 되었다. 콜린이 화가 날 때는 심지어 그녀의 아이들조차도 엄마를 위로해야만 했다.
- *누군가 나에게 상처를 주는 것은 명백히 의도적인 행위라고 생각한다.* 자신에게 누군가 상처를 주는 행위를 한다면 강도 높은 책임을 물어야 한다고 콜린은 생각한다. 이러한 절대적이고 견고한 원칙 때문에 콜린은 다른 사람의 실수를 용납할 여유가 없었다. 누군가가 자신에게 해를 끼친다면 그것은 그들이 명백한 의도를 가지고 자신에게 그렇게 한 것이라고 생각한다. 모순적이게도 자신에게는 얼마든지 용납되는 실수가 다른 사람에게는 절대로 용서할 수 없는 일이 된다.
- *누군가에게 해를 끼친다면 그것은 단순히 실수일 뿐이다.* 자신은 가치 있는 존재로서 부족함이 없다고 생각함으로써 자신이 누군가를 관용해야 한다고 결코 생각하지 않는다. 자신은 매우 탁월한 판단력과 절제력을 소유하고 있기 때문에 누군가가 자기로부터 상처를 입는 것은 자신이 의도한 바가 아니라고 생각한다. 자신과 관계가 없는, 그저 우연히 발생된 실수이며 자신의 책임을 넘어서는 통제 불가능한 상황에 의한 것이라고 생각한다.
- *불편함과 고통에 대한 분노가 점점 더 커질수록, 나를 통제하는 규범의 범위는 점점 더 줄어든다.* 자신이 완벽하다는 생각은 나이가 들수록 점점 더 지탱하기가 힘들어진다. 자신이 완벽하다는 생각이 어느 날 갑자기 붕괴되면 자신에 대한 분노도 덩달아 폭발한다. 완벽주의로 자기를 감추고 있던 의식의 끈이 마침내 붕괴될 때가 닥친 것이다. 완벽주의로 감추고 있던 자신에 대한 불만과 고통이 점점 더 커지게 됨으로 그동안 자기를 억제하던 내면의 힘이 더 이상 작동할 수가 없게 된 것이다. "이런 방법(완벽주의로 자신을 미화하는 것)"이 결국 힘을 상실한 것이다. 이렇게 된 것의 책임은 그녀가 처음 자신의

고통과 불만을 토로할 때 "이런 방법"으로 그녀를 달래고 위로했던 사람들이 져야 할 일이 되었다.

- ***누군가 나를 돌보는 것은 당연한 것이다.*** 자라면서 콜린은 부모의 양육방식에 의해 자신이 누군가의 돌봄을 받는 것이 마치 당연한 것처럼 느끼게 되었다. 어릴 때, 그녀가 예쁜 짓을 하면 부모님에게 옷을 선물로 받을 수 있었고 성인이 되었을 때는 차를 선물로 받기도 했다. 자신은 완벽한 존재라는 생각이 삶의 다양한 부분에서 수없이 반복된 경험을 통해 의식 속에 고착됨으로써, 이러한 자신의 최고의 노력에 대하여 누군가로부터 반드시 보상을 받아야만 한다는 생각이 그녀의 생각을 지배하고 있었다.

- ***누군가가 나를 위해 짐을 대신 감당해야 한다.*** 부모가 자신을 키우는 동안 콜린은 항상 자신이 져야 할 책임을 면책받으며 자랐다. 그녀가 "완벽한" 모습을 보이는 한 부모는 그녀가 해야 할 일이나, 혹은 그녀가 책임져야 할 비용조차도 다 감당해 주셨다. 그러므로 그녀가 집을 떠나 자기의 삶을 살게 될 때, 자기 힘으로 그 모든 것을 감당하는 것이 얼마나 힘든 것인가를 비로소 깨닫고 충격을 받았다. 팀을 만난 콜린은 곧 결혼하게 되었다. 그녀는 팀과의 결혼이 자신의 헌신이고 그 대가와 보상을 팀이 약속한 것이라고 생각했다. 결혼관계를 그러한 생각으로 콜린이 채워가게 됨으로써 팀은 어쩔 수 없이 자신에게 지워진 콜린의 요구와 짐을 감당할 수밖에 없었다.

- ***내가 화를 낼 동안 그 누구도 나에 대해 화를 낼 권리는 없다.*** 이러한 생각은 부모가 그녀에게 만들어준 자명한 진리가 되었다. 그녀의 부모는 굉장한 기분파들이었고 그녀조차도 상대가 안 될 정도로 즉흥적인 사람들이었다. 나이가 들수록 그녀는 그녀의 감정을 풀어낼 또 다른 방법들을 찾게 되었고, 자신의 분노 표출로 고통받는 사람이 없는 분노의 발산을 즐기게 된 것이다. 결혼을 통해 부모 곁을 떠나게 됨으로써 그녀는 한동안 격렬한 분노를 발산할 일이 없어졌다. 그녀가 아이들의 부모가 되자 주변의 사람들은 그녀가 어린 시절에 저질렀던 분노의 행태들을 아이들에게도 고스란히 나타내게 될 것이라고 생

각했다.

콜린은 자신의 악습이 자신이 통제할 수 없는 어린 시절에 형성된 것이라는 잘못된 가정 속에서 자기의 행위를 정당화하면서 살아왔다. 자신의 시간과 에너지를 거짓된 가정에 의한 망상을 정당화하기 위해 사용하면 할수록, 진실 속에서 자기를 발전시키고 교정하는 능력이 점차 사라지게 된다. 이러한 비현실적인 생각들은 과거에 매여 있는 집착과 오도된 생각, 망상에서부터 발생된다. 이것은 놀라우리만큼 강력한 망상이다. 수십 년 동안 이러한 과거의 망상에 가린 채 어두운 삶을 살아온 여자들을 나는 많이 알고 있다. 생생한 삶의 진실을 직면함으로써, 당신의 삶 속에 자리 잡고 있는 거짓의 실체를 파악하고 이해할 수 있는 믿음, 인내, 용기의 힘을 소유할 수 있게 된다. 이런 힘을 소유할 수 있는 유일한 방법은 오직 성령에 의해서만이라는 것을 나는 확실히 말할 수 있다. 성령은 "진리의 영"(요 14:16)이라고 불린다. 망상과 비현실적인 기대에 의한 거짓된 가정을 극복하기 위해서 콜린은 하나님의 말씀 안에서 계시된 성령의 진리를 투약 받을 필요가 있다.

- **행복은 외부 세계를 조작함으로써 오는 것이 아니라 내적인 충족으로부터 온다.** "내가 궁핍하므로 말하는 것이 아니니라 어떠한 형편에든지 나는 자족하기를 배웠노니 나는 비천에 처할 줄도 알고 풍부에 처할 줄도 알아 모든 일 곧 배부름과 배고픔과 풍부와 궁핍에도 처할 줄 아는 일체의 비결을 배웠노라 내게 능력 주시는 자 안에서 내가 모든 것을 할 수 있느니라"(빌 4:11-13).
- **당신이 분노에 사로잡혔을 때, 자기의 내면에서 그 분노를 해결할 수 있는 능력을 찾을 수 있다.** "주의 종에게 하신 말씀을 기억하소서 주께서 내게 소망을 가지게 하셨나이다 이 말씀은 나의 고난 중의 위로라 주의 말씀이 나를 살리셨기 때문이니이다"(시 119:49-50).
- **당신이 누군가에게 상처를 받았을 때, 그 행위가 의도적이든 우연적이든 간에 더 많은 용서의 은혜가 필요하다.** "누가 누구에게 불만이 있거든 서로 용납하여 피차 용서하되 주께서 너희를 용서하신 것 같이 너희도 그리하고"(골

3:13).
- *의도치 않았음에도 누군가에게 상처를 줄 수 있을 뿐 아니라, 의도한다면 당신은 상대에게 훨씬 더 큰 상처를 줄 수 있다.* "모든 사람이 죄를 범하였으매 하나님의 영광에 이르지 못하더니" (롬 3:23).
- *일상뿐 아니라, 타인과의 관계 준칙들은 불만과 고통의 환경에서도 예외 없이 적용된다. 당신의 삶 속에도 예외의 영역을 당신이 스스로 결정할 수 없다. 힘겹고 쓰라리며 감당하기 버거운 환경과 상황들의 모든 과정에서 일어나는 "어떤 것들이든지", "무엇이든 간에" 행위의 준칙에서 자유로울 수 없다고 갈라디아서는 말씀하고 있다.* "또 무엇을 하든지 말에나 일에나 다 주 예수의 이름으로 하고 그를 힘입어 하나님 아버지께 감사하라" (골 3:17).
- *당신의 인생에 최고의 성취는 예수님이 친히 이루신 것처럼 타인을 위해 희생할 때 이루어질 것이다.* "인자가 온 것은 섬김을 받으려 함이 아니라 도리어 섬기려 하고 자기 목숨을 많은 사람의 대속물로 주려 함이니라" (막 10:45).
- *자신이 감당해야 할 짐을 담대하게 짊어질 때, 당신은 비로소 다른 사람의 짐을 나누어 질 수 있는 능력을 가지게 된다.* "각각 자기 일을 돌볼뿐더러 또한 각각 다른 사람들의 일을 돌보아 나의 기쁨을 충만하게 하라" (빌 2:4).
- *짐을 나누는 것은 일방적으로 감당하는 것이 아니라 호혜적인 것이다.* "너희가 짐을 서로 지라 그리하여 그리스도의 법을 성취하라" (갈 6:2).
- *사람들은 자신에게 난 화를 다른 사람에게 푸는 경향이 종종 있다.* "어리석고 무식한 변론을 버리라 이에서 다툼이 나는 줄 앎이라" (딤후 2:23).

콜린이 자신의 삶을 통제할 수 있는 유일한 방법은 자신만이 자기의 삶을 통제할 수 있다는 사실을 전적으로 깨닫는 것이다. 그렇지만, 자신이 감당해야 하는 책임을 짊어지기 싫기 때문에 콜린은 자기 삶을 통제해야 하는 상황에서도 결코 결단하지 않으려고 한다. 에서처럼, 그녀도 자신의 고귀하고 가치 있는 것들을 너무나도 쉽게 값싼 것들과 바꿔버리고 만다. 그녀에게 주어진 책임의 고귀함과 가치를 다른 사람들에게 감당시킴으로써, 책임의 가치와 고귀한 진실들이 자기에게도 실현되는 망상에 빠져있는 것이다. 책임을 감당하기 싫어하기 때문에 콜린은 자기의 삶에 대한 통제력을 포기했다. 자신이 감당해야 할 책임을 받아들인다면, 그녀의 삶의 통제력은 회복될 것이다.

## 진실을 향해 나아가야 할 때

자기기만은 엄청난 힘을 소유하고 있다. 평범한 일상에서도 자기를 기만하고 부정할 수 있는 사람들이 존재할 수 있다. 그러나 자기기만과 자기부정은 대체적으로 비극적 정신적 외상(外傷)을 통해 발생된다. 오랫동안 감춰졌던 비밀이 드러나거나 가족의 위기, 질병, 실직, 이혼, 죽음이 자신의 삶 속에서 발생될 때, 사람들은 필연적으로 충격에 휩싸이게 된다. 자기기만은 면도날처럼 날카로운 누설자에 의해 그 비밀이 낱낱이 밝혀지기도 한다. 이러한 감추고 싶은 비밀의 누설로 한번 충격을 받은 사람은 자신의 절망적인 삶을 극복하려는 의지를 보이지도 않을뿐더러 결코 진리에 자기를 동화시키려고 하지 않는다. 전문가의 상담이 필요한 여성에게 이런 일이 종종 일어난다.

자기기만과 자기부정을 해결할 수 있는 방법이 당신에게 없다고 말하려는 것은 아니다. 언제나 방법은 있기 마련이다. 그러나 지난날 자신의 모순을 후회하고 비탄에 빠진 여성들이 너무나도 급하게 문제의 해결책을 찾는 것에만 매달리는 것을 보게 된다. 불안, 낙담, 분노, 표독스러움 등 내면에 한 번 고착된 모든 악한 생각들이 차례차례로 드러나게 되면, 시간, 사랑, 행복, 이해, 화해, 평화의 고귀함과 그 중요성에 대한 인식은 내면에서 일순간에 그 설 자리를 잃어버린다. 이러한 사람들은 그저 자기에게 무엇인가가 달라지기만을 원할 뿐이다. 이런 힘든 문제를 자기 삶의 중심에 두고 있는 것 자체가 힘든 일이기 때문에 가능하면 자신의 문제가 좀 더 빨리 해결되기를 원한다.

물론, 사람들이 그러한 고통스러운 위기 상황에 오랫동안 놓여있기를 나도 원치 않으며, 이런 고통이 얼마나 힘든 것인가를 누구보다도 잘 알고 있다. 당신의 내부에서 일어나는 개인적인 혼란을 통제하는 것에 집중하는 동안에도 당신의 외부에서 폭풍이 불어 닥칠 수도 있다. 그러나 지금은 당신의 내부에서 일어나는 분노의 문제를 다루어야 할 때이다. 지금이야말로 진실을 향해 나아가야 할 때이다. 혹 당신이 지금은 이 문제를 다룰 가장 이상적인 시기가 아니라고 생각할지도 모르지만, 그러나 당신에게 가장 적절한 시기가 언제라고 생각하든지 간에, 지금 당신이 이 책을 읽고 있는 지금이야말로 당신 속에 고착된 분노와 악한 생각을 청산할 가장 좋은 때라는 것을 나는 감히 말하기를 원한다. 전도서에서 하나님은 인간에게 결단해야 하는 시기의 적절성을 다음과 같이 말씀하신다.

> "범사에 기한이 있고 천하 만사가 다 때가 있나니 날 때가 있고 죽을 때가 있으며 심을 때가 있고 심은 것을 뽑을 때가 있으며 죽일 때가 있고 치료할 때가 있으며 헐 때가 있고 세울 때가 있으며 울 때가 있고 웃을 때가 있으며 슬퍼할 때가 있고 춤출 때가 있으며 돌을 던져 버릴 때가 있고 돌을 거둘 때가 있으며 안을 때가 있고 안는 일을 멀리 할 때가 있으며 찾을 때가 있고 잃을 때가 있으며 지킬 때가 있고 버릴 때가 있으며 찢을 때가 있고 꿰맬 때가 있으며 잠잠할 때가 있고 말할 때가 있으며 사랑할 때가 있고 미워할 때가 있으며 전쟁할 때가 있고 평화할 때가 있느니라"(전 3:1-8).

비현실적인 기대의 배후에 감춰진 거짓된 가정의 문제를 지적하고 싶을 때, 나는 특히 6절의 말씀을 인용하기를 좋아한다. "찾을 때가 있고 잃을 때가 있으며 지킬 때가 있고 버릴 때가 있으며"(전 3:6). 비현실적인 기대는 자기의 현실을 정당화시키려는 당신의 욕망이 투사된 것이다. 당신의 기대가 진실과 사실에 근거하고 있지 않다는 것을 깨닫는다면 그런 허망한 기대를 가능한 빨리 버려야만 한다. 자라는 아이들에게 때로는 비현실적이고 조금은 허황된 꿈을 꾸고 마음에 유지하는 것이 문제가 되지 않을 수 있다. 그러나 지금 당신은 이미 성인이 되었고 그러한 허황된 가정과 몽상은 반드시 버려야만 한다. 이런 것들은 너무나도 많이 당신으로 하여금 분노와 질투, 시기, 비탄에 빠지게 했으며, 지금 당신의 모습조차도 혐오하도록 만들고 있다. 이제야말로 이런 것들을 당신 속에서 몰아내야 할 때이다. 허황된 가정과 비현실적인 기대 때문에 당신은 당신 자신, 혹은 또 다른 누군가와 너무나도 오랫동안 싸움을 치르고 있었던 것이다. 이제야말로 당신에게 진정한 평화가 필요할 때가 아닐까?

## 자신에게 쓰는 메모

허황된 가정은 비현실적인 기대를 위한 기반이다. 비현실적인 기대는 비탄과 분노와 격분의 열매를 거두게 된다. 이러한 거짓된 것들과 맞서서 당신의 분노를 촉발시키는 악한 요인을 줄여가는, 존재의 진실과 실체를 진솔하게 드러내야 할 때가 왔다. 진실이란 매우 명백하고 간명한 것이다. 그러므로 진실이 드러날 때, 때로는 말할 수 없을 만큼 고통스럽기도 하다.

그러나 이러한 고통은 진실이 주는 혜택을 자동적으로 사라지게 하지는 않는다. 고린도교회에 쓴 편지에서 바울은 고통을 수반하는 진실의 딜레마에 대해 말하고 있다. 고린도전서에서 고린도 교인들의 악습적인 사실에 대해 책망하는 편지를 보냈으며, 이것은 고린도 교인들에게 상처를 주었다.

바울은 "그러므로 내가 편지로 너희를 근심하게 한 것을 후회하였으나 지금은 후회하지 아니함은 그 편지가 너희로 잠시만 근심하게 한 줄을 앎이라 내가 지금 기뻐함은 너희로 근심하게 한 까닭이 아니요 도리어 너희가 근심함으로 회개함에 이른 까닭이라 너희가 하나님의 뜻대로 근심하게 된 것은 우리에게서 아무 해도 받지 않게 하려 함이라"(고후 7:8-9)라고 고린도 교인들을 권면했다. 비록 고통스럽더라도 진실을 이야기하는 것이 참된 회개와 진정한 화해를 위한 하나님의 뜻에 온전히 순종하는 것이다.

당신의 삶 속의 진실한 행위는 격분을 사라지게 하고 가장 합당한 방식으로 분노를 제거하게 한다. 그러나 먼저 진실이 무엇인가를 발견하는 것이 당신에게 중요하다. 진실을 찾아가는 것은 보물을 찾기 위해 땅을 파는 것과 같은 것이다. 많은 흙을 파헤치면서 보물을 찾는 수고의 경험이 당신에게 먼저 필요하다. 이 "흙"은 오랫동안 당신 속의 진실을 덮고 있던 허황된 가정들을 지칭한다. 콜린은 자신의 생애 속에 너무나도 오래되고 두터운 거짓된 가정의 층을 쌓고 있었다. 콜린의 거짓된 가정을 다시 한번 살펴보자.

- 나는 행복하기 위해 완벽해질 필요가 있다.
- 내가 화가 났을 때, 누군가가 나를 달랠 책임을 져야한다.
- 다른 사람이 나에게 상처를 입혔다면, 그것은 명백히 의도적이다.
- 내가 다른 사람에게 상처를 입혔다면, 그것은 명백히 단순한 실수이다.
- 불편함과 고통에 대한 분노가 점점 더 커질수록, 나를 통제하는 규범의 범위는 점점 더 줄어든다.
- 나는 누군가로부터 마땅히 돌봄을 받아야 할 존재이다.
- 누군가는 나의 짐을 반드시 감당해야만 한다.
- 내가 화를 낸다면, 나의 분노를 모면할 만큼 정당한 사람은 없다.

여기 사적인 영역에서 또 다른 여자들의 거짓된 가정의 사례들이 있다. 한번 살펴보자.

- 나보다 더 힘든 일을 하고 있는 사람은 어디에도 없다.
- 지금 나와 함께 하고 있는 사람들은 과거에 당한 나의 고통을 같이 감내해야 한다.
- 나는 항상 다른 사람들에게 이용당하고 있다.
- 나는 다른 사람들의 이익을 위하여 언제나 나의 이익을 희생당하고 있다.
- 남자들은 여자들이 겪는 고통의 의미를 절대로 이해할 수 없다.
- 여자들은 남자들보다 훨씬 더 폭넓은 이해력과 직관력을 가지고 있다.
- 여자들은 언제나 남자(여자)들보다 뛰어나다.

위에서 언급한 예처럼 당신의 내면에 깔려있는 거짓된 가정과 비현실적인 기대를 찬찬히 자신에게 대입해보는 시간이 필요하다. 그동안 당신의 생각과 삶을 지배하고 있는 그것들의 지배력 때문에 이런 점들을 자신에게 냉철하게 적용해보는 것은 결코 쉬운 일은 아닐 것이다. 콜린을 비롯한 내가 그동안 상담했던 사람들의 사례를 통해 이러한 거짓된 가정과 허상을 파악해보는 기회를 가져보자. 물론 이러한 적용의 사례는 당신을 낙담하게 하거나 탈진시키려는 목적이 아니라 오히려 당신이 이러한 사례를 통해 자신의 문제를 극복하기를 원하는 것이며, 한밤에 당신을 비추는 별처럼 아름다운 공명이 되기를 바라는 뜻이다. 내가 언급한 '공명'이라는 의미를 주목하기를 원한다. 이것은 지금 당장 이러한 적용을 통해 문제를 끝장내야 한다는 것을 의미하지 않는다.

당신이 위에서 내가 제시한 바를 읽고 조금이라도 마음속에서 빛나는 무엇인가가 있다면, 혹은 대충이라도 한 번 더 지나칠 때, 문득 당신의 생각에 떠오르는 것이 있다면, 다시 한 번 꼼꼼히 읽어 보기를 바란다. 위의 목록으로 돌아가서 처음부터 하나씩 큰 소리로 읽어보라. "나"의 자리에 당신의 이름을 넣고 한 번 더 확인해보라. 그리고 당신의 생각과 느낌을 반추해 보라. 당신 자신에게 이렇게 질문을 던져보라. "위의 질문이 나에게 얼마만큼 진실이고 어디까지 적용될 수 있는가?" 당신이 해당된다고 느끼는 부분에 밑줄을 친다면, 그것은 당신에게 진실이 된다.

당신이 해당되는 목록에 밑줄을 쳐야하는 이유가 바로 여기에 있다. 당신은 당신이 밑줄 친 부분들이 당신에게 반드시 진실이 되기를 원하고 있다. 너무 가혹해서 겉으로는 부정하고 싶은 것일지도 모르지만, 그것들이 진실이 되기를 간절하게 원하지 않는다면, 거짓된 가정에서부터 당신은 결코 헤어날 수가 없게 된다. 당신은 위의 목록들이 다 거짓이라고 확신하고 여전히 그러한 거짓된 가정 아래서 살아가게 되거나, 그렇지 않다면, 또 다른 진실의 방법을 찾아낼 수 있을 것이다. 거짓된 가정은 당신의 삶 속에서 계속되기를 원하는 당신의 욕망 중의 하나이다. 위의 목록들이 당신에게 진실이 되기를 원하는 간절함과 진정성이 당신에게 반드시 필요한 이유가 여기에 있다.

### 진실이 되기를 내가 간절히 원하는 것

1.
2.
3.
4.
5.

(위에 다섯 개의 욕구의 항목이 있다. 당신들 중의 몇 사람은 좀 더 적은 수의 항목을 채우려 할 것이고, 또 다른 사람들은 더 많은 항목을 채우려고 할 것이다. 더 많은 욕구의 항목을 필요로 한다면, 다른 종이를 이용해서 추가적으로 작성하거나 아니면 아예 다른 종이를 준비해서 자신의 욕구 항목을 전부 작성해 보도록 하라. 작성할 항목이 "많다고" 해서 자신이 "더 병리적인" 사람도 아니며, 적다고 해서 "덜 병리적인" 사람이라고 단정 지을 만한 근거도 없다. 다만, 이것은 우리들의 내면적인 정직함을 나타내는 것일 뿐이며, 당신의 거짓된 가정과 기대를 직접적으로 대면하게 하는 과정이다. 이것은 성적을 산출하기 위한 시험이 아니라 당신이 자신을 확인할 수 있는 가장 좋은 방식이다. 사도 바울이 고린도후서에서 언급한 것처럼, 정직하고 솔직하게 자신이 필요로 하는 욕구가 어떤 것인지 혹은 하나님이 계획하신 뜻이 어디에 있는지 항목을 구성하고 확인해보자.)

이 테스트는 당신에게 새로운 출발점을 구성하기 위한 것이라는 점을 잊지 않았으면 한다. 당신들 몇몇은 아마도 하나 혹은 심지어 당신에게만 해당되는 것처럼 보이는 몇 개의 거짓된 가정을 떠올리게 될 것이다. 사람들은 자신의 환경에 따라 각기 다른 가정의 양상을 보이게 된다. 당신을 지배하는 거짓된 가정의 양상이 목록에 없다면, 좀 더 숙고하고 당신의 삶에서 나타나는 것들을 추가해서 작성해 보도록 하자.

다음으로, 나는 왜 이러한 각각의 거짓된 가정들이 당신에게 진실이 되기를 원했는가에 대한 대답을 듣고자 한다. 예를 들어, "나는 행복하기 위해 완벽해져야 한다"라는 표현으로 거짓된 가정이 진실이 되기를 원한다고 콜린은 나에게 대답했다. 또 한 번 왜? 라는 나의 질문에 그녀는 이렇게 대답했다.

> "저에게 오는 행복을 제가 관리할 수 있는 능력을 갖추어야 하므로 저는 위의 표현들이 진실이 되기를 원합니다. 환경에 의해서나 다른 사람의 노력이 아닌 저의 노력으로 제 자신의 행복을 관리할 수 있기를 바랍니다. 다른 사람이 저의 행복을 관리할 수 있는 권리를 소유하는 것을 저는 원치 않습니다. 제가 저의 행복 관리자가 되기를 예전부터 원했지만 제 뜻대로 잘 되지 않았습니다. 행복을 제가 관리할 수만 있다면 저는 저와 또 다른 누군가의 삶의 고통으로부터 저를 격리시킬 수 있습니다. 저를 통제하지 못하게 될 때, 저에게 어떤 일이 일어나게 될 지가 저는 항상 두렵습니다."

위의 목록들을 통하여, 당신의 마음, 생각들, 희망, 두려움이 무엇인가를 살펴보고 왜 당신이 그런 생각을 하고 있는지 이유를 써보자. 설령 당신이 왜 그런지를 도무지 알 수 없다고 고백하거나, 해당 사항이 없다고 강하게 부정하더라도 나는 여전히 당신에게 왜? 라고 질문할 수밖에 없다. 쉽게 드러나지 않고 두텁게 쌓인 거짓된 자기의식의 층을 벗겨내기 위해서는 언제나 왜? 라는 질문을 하지 않을 수 없다.

이러한 시도는 단지 하나의 질문 목록에 국한되지 않을 수도 있다. 그렇지 않더라도 상관은 없다. 한 번에 하나의 질문을 택하고 그 질문이 향하고 있는 진실의 핵심을 따라 당신의 대답을 시도해 보라. 다시 한 번 말하지만, 이것은 당신의 시간과 노력을 투자할 가치가 충분히 있는 일이다.

당신들 중 몇몇은 즉각적으로 (자신의 삶의) 거짓된 가정의 이유를 떠올릴 수 있게 될 것이다. 그리고 의기양양하게 그 이유를 쓰고 진실이라고 말할 수 도 있다. 그러나 나의 경험에 비추어 본다면, (거짓된 가정의) 이유를 찾아내는 것이 그렇게 간단하고 쉬운 일만은 아니었다는 것을 미리 언급해 두고자 한다. 이유를 찾기 위해서 때로는 많은 시간과 노력을 투자해야만 한다. 위에 언급된 목록을 반복해서 읽고 또 읽기를 권한다. 계속해서 읽고, 검토하고 자신에게 적용해 보아야만 한다. 또한 당신이 쓴 거짓된 가정의 이유를 읽으면서 잠시 동안이라도 그 목록 안에서 살고 있는 자신을 체험해보는 시간을 가져야 한다. 그리고 좀 더 다른 관점으로 이 목록과 이유를 살펴볼 필요가 있다.

자신의 거짓된 가정과 그 이유를 성찰하기 위해서는 무엇보다도 기도가 우선적으로 필요하다. 기도를 통해 우리 안에 내주하시는 진리의 성령님은 비로소 활동하시기 시작하신다. 요한복음 16:13은 "너희를 모든 진리(진실) 가운데로 인도"하는 것이 성령님이 하시는 역할 중의 한 가지임을 말씀하고 있다. 진실은 당신이 성화될 수 있도록 당신의 내면을 재론하여 교정할 것이며, 당신의 내면적인 건강을 확인하는 거울이 될 것이다. 당신의 힘으로는 도저히 알 수 없는 거짓된 가정의 원인에 대하여 깊은 탐구의 필요성을 느낀다면, 당신을 흔드는 생각의 뿌리를 찾아 나서야만 한다. 당신의 대답이 옳거나 그르다고 판단할 문제가 아니다. 위에 주어진 목록에 다 대답한다고 해서 추가점수를 부여하는 것이 목적이 아니다. 본서에서 제시하는 전 과정을 충실히 실행하는 것이 당신을 회복시키는 내면의 중요한 훈련이라는 것을 당신이 인정한다면, 최선을 다해서 각 과정들을 따라오기를 바라는 마음일 뿐이다.

그러므로 거짓된 가정과 그 이유에 대해 쓴 당신의 서술이 진실의 자기현현이기를 나는 간절히 원한다. 가능한 한 많은 부분에서 각각의 목록마다 진실이기를 원하는 것이 무엇이고, 왜 그런가에 대해 자신이 스스로 인정할 수 있어야 한다. 또한 당신이 할 수 있는 한 가장 진실에 가까운 자기 고백을 할 수 있기를 바란다. "저를 통제하지 못하게 될 때, 저에게 어떤 일이 일어나게 될지가 저는 항상 두렵습니다"라고 말한 마지막 부분에서, 자기 내면의 거짓된 가정에 대한 심정을 콜린은 솔직하게 고백하고 있다. 드러난 자신의 진실에 위의 목록들을 적용하고 분노의 바닥에 깔려있는 것이 도대체 무엇인가를 당신은 직시해야만 한다. 콜린의 분노의 핵심적인 원천은 바로 두려움이었다.

진실을 단순하게 서술하는 것만으로도 대단한 일이지만 자기 속의 고착된 환상들과 그 개념들에 대한 미학적인 고백이야말로 매우 가치 있는 일이 될 것이라고 생각한다. (거짓된 가정의) 진실에 대한 깊은 탐구와 고백을 통해, 계발되지 않았던 또 다른 의식의 세계로부터 발현되어 놀라운 명석함과 통찰력을 드러낸 한 여성의 탁월한 고백록을 오래전에 한 번 본 적이 있다.

(거짓된 가정의) 진실을 탐구하기 위해 한 장의 종이와 크레용, 마커가 필요하다. 크레용과 마커가 없다면 처음에는 그저 연필이나 펜으로도 가능하지만, 가능하면 색깔이 있는 크레용과 마커를 준비하는 것이 더 낫다. 당신의 생각을 그저 단색의 펜으로 그리는 것보다 색을 통해서 표현하는 것이 훨씬 더 효과적이다. 당신의 의식은 놀랄 만큼 많은 정교한 장치를 갖추고 있다. 우리는 수많은 진실의 층을 잠그고 있는 것이 과연 무엇인지 도저히 알 수 없다. 그러므로 진실을 발현시키기 위해 직접 그림을 그리고 색칠을 하는 미술적인 방법을 번거롭게 생각하지 말아야 한다.

종이를 반으로 접어서 그 한 면에 당신의 잘못된 가정을 그림으로 표현해 보자. 당신에게 그것은 무엇으로 표현될 수 있나? 높은 성벽처럼 당신을 지키는 안전한 방패막이인가? 아니면 누구도 도달할 수 없는, 오직 당신만이 점령하고 있는 큰 산인가? 세상으로부터 당신을 보호하기 위하여 들고 있는 날카로운 검인가? 당신을 보호할 수 있을 것 같은 안전한 동굴이라고 생각하는가? 도대체 당신 마음속에는 무엇이 존재하는가? 당신을 지킬 수 있다고 생각하는, 자신의 마음속에 존재하는, 모든 종류의 긍정적인 것들을 그림으로 그려보기를 원한다.

그리고 종이의 다른 한 면에 그것들의 실체와 진면목을 그려보기를 원한다. 실제로 그것들이 당신을 지켜주는 무쇠 방패가 아니다. 오히려 당신이 무방비 상태가 될 때 보호해줄 것이라는 맹신을 유발하는 지푸라기 방패에 지나지 않는다. 그것들은 삶의 고통에서부터 당신을 보호해주는 높은 성벽이 아니다. 오히려 당신을 가두는 감옥일 뿐이다. 그것은 삶의 문제를 극복하기 위해 도달해야 하는 높은 산이 아니다. 오히려 탈출구가 전혀 보이지 않는 막다른 함정에 지나지 않는다. 당신이 들고 있는 날카로운 검은 적을 향하고 있는 것이 아니라 오히려 당신의 심장을 향하고 있다. 동굴은 당신을 보호해주는 안전지대가 아니다. 그곳에는 모든 분노, 악의, 격분으로 가득 차 있을 뿐이다.

미술치료는 약물중독 혹은 또 다른 병리로 잘못된 가정의 중독을 가지고 있는 사람들을 위해 실제로 치료센터에서 사용하고 있는 예술치료 방법 중 하나이다(이 치료센터는 약물의존적, 영양학적, 외과치료적, 정신과적 치료를 필요로 하는, 정신을 포함한 전영역적인 치료를 실제로 병행하고 있는 곳이다).

그림에 나타난 것들이 해명됨으로써, 잘못된 가정과 비현실적인 기대에 당신이 어떻게 중독되었음을 알 수 있게 한다. 즉 생존을 위해서 어쩔 수 없이 의존하게 된 그것을 끊는 결단이 필요하다. 사람들은 결단이 필요하다는 것을 알고 있지만, 막상 포기를 요구받을 때에는 강하게 저항하게 된다. 그러므로 그것의 명칭을 명백하게 정의하고 진실의 빛 아래 세울 때만이 당신은 그것들의 극복을 시도할 수 있게 된다.

당신들 중 몇몇은 벌써 이러한 시도를 포기하려고 고민하고 있는지도 모른다. 다른 사람들은 이러한 방법에 회의적인 생각을 하면서 또 다른 방법을 찾고 있는지도 모른다. 자신의 잘못된 가정과 비현실적인 기대가 당신을 어떻게 지금의 상태에 이르게 했는지를 진정으로 탐구하기보다는, 그저 무기력한 상실감에 빠져있는 자신을 발견하고 있는지도 모른다. 그렇지만 이런 생각이 당신의 마음을 지배한다고 해서 이러한 시도가 실패하고 있다고 고민할 필요는 없다. 오히려 이렇게 심각해 보이는 문제를 해결하기 위해 좀 더 훈련된 사람들의 협력과 도움이 필요하다는 것의 신호로 볼 필요가 있다.

나는 당신이 좀 더 전문적인 상담가에게로 가서 도움을 요청하기를 바란다. 경제적인 어려움이 잘못된 가정과 비현실적인 기대의 원인이라면, 회계사에게 도움을 요청하기를 바란다. 몸이 아픈 것이 원인이라면, 의사에게 진단을 받아야 할 것이다. 그리고 치통이 원인이라면 치과의사에게 상담을 받아야 할 것이다. 상담사에게 상담을 요청하는 것이나 의사에게 가는 것이 전혀 별개의 것은 아니다. 전문가에게 도움을 요청하는 것이 수치스러운 느낌을 갖는 것은 자신의 의식 속의 잘못된 가정에서부터 발현되는 것이다. 당신이 잊지 말아야 할 것은 정말로 당신에게 도움이 필요하다면, 그것이 무엇인지 분명하게 알아야 하고, 그 기회를 놓치지 말아야 하며, 반드시 도움을 받고 해결해야만 한다는 사실이다.

앞선 장에서, 우리는 잘못된 가정과 비현실적인 기대에 대한 재정립과 이해를 바탕으로 오랫동안 잠복된 당신의 분노를 타오르게 하는 것이 무엇인지를 비로소 포착할 수 있었다. 잘못된 가정을 밝혀내며 진실 속에서 살아가려고 할 때마다, 당신은 영적인 저항에 부딪히게 될 것이다. 사탄은 당신의 감춰진 분노를 알아차릴 수 없도록 속임수와 거짓, 허위와 유혹의 고리들로 끊임없이 당신을 둘러싸이게 할지도 모른다. 잘못된 가정의 악한 생각에서 자유를 얻기 위해서, 영적인 힘과 기도를 통해 맞서 싸워야 한다. 악한 기억에서 자유롭기를 원한다면, 당신을 사랑하는 사람들과 믿음의 공동체에게 기도를 부탁하라. 분노와 싸워서 이기기 위해서는 공동의 노력이 필요하다. 당신이 믿음의 공동체에게 자신의 분노의 문제를 고백하고 기도를 부탁한다면, 사람들은 그것 때문에 당신을 비난하지 않을 것이며, 오히려 당신을 측은하게 여기고 충분히 이해하게 될 것이다. 당신은 기도가 훈련되지 않은 사람일 수도 있다. 그렇다면 기도의 파트너를 구하라. 당신을 위해, 당신과 함께, 혹은 떨어져있더라도 기도해줄 수 있는 사람이 필요하다.

무엇을 위해 구체적으로 기도해야 할지 잘 모른다면, 당신에게 필요한 내용을 글로 쓰고, 그 내용을 기도의 제목으로 삼아 기도해야 한다. 나는 각 장을 끝마칠 때마다 한 편의 기도문을 남겼다. 당신이 필요하다면 이 기도문을 매일의 기도 방식으로 삼아 기도해보기를 바란다. 작은 카드에 기도문을 작성해보자. 무엇을 위해 기도해야 할지 자꾸 잊어버린다면, 이러한 방법이 기도제목과 내용을 떠오르게 하는 좋은 방법이 될 수 있다. 카드에 자기의 사적인 기도제목을 지속적으로 적는 것은 기도를 구체적이 되게 하는 매우 유용한 방법이다.

그러나 무엇보다도 중요한 점은 하나님께 당신의 마음을 열어야 한다는 것이다. 또한 하나님께 기도할 수 있는 최상의 장소를 마련하는 것도 매우 중요한 일

중의 하나이다. 어떤 사람에게는 그곳이 자신의 무릎을 꿇는 곳이 될 것이며, 또 어떤 사람에게는 자신의 힘겨운 악습이나, 하나님의 뜻과 사투를 벌이기에 합당한, 산책의 과정일 수도 있다. 어떤 사람에게 기도는 침묵의 방식일 수 있으며, 또 어떤 사람에게는 미친 듯이 부르짖는 절규와 한탄의 방식일 수 있다. 당신에게 맞는 방식대로 기도하면 된다. 기도는 당신이 실행해야 할 중요한 작업이고 도전이며, 당신이 행하는 모든 심리적인 작업을 하나로 통합하는 것이다.

거룩하신 하나님 아버지, 당신에게는 위선과 거짓의 그림자가 하나도 없다는 것을 저는 잘 알고 있습니다. 당신은 진리의 본체이시며 저를 진리로 이끄시기를 원하십니다. 제가 저의 삶과 생각 속에서 진실을 발견하려고 몸부림칠 때, 제 손을 결코 놓지 않기를 간절히 원합니다. 저는 진실을 원하기보다 제가 만든 거짓된 가정이 실현되는 것을 더 많이 원하고 있었음을 고백합니다. 때때로 진실이 저에게 상처를 줄지라도 포기하지 않고 진실을 마음에 수용할 수 있는 용기와 평화를 허락해 주시옵소서. 진실에 상처를 입을 때에도 저를 위로해 주시옵소서. 진실이 당신에게도 중요한 것처럼 저에게도 중요하다는 것을 이해하고 받아들일 수 있도록 저에게 힘을 주옵소서. 진실 아래 있는 모든 당신의 사랑, 은총, 용서의 가치를 결코 잊어버리지 않게 하시옵소서. 하나님 아버지, 저에게 당신의 진리를 가르쳐 주시옵고, 저를 이 고통의 질곡에서 자유롭게 해 주시옵소서.

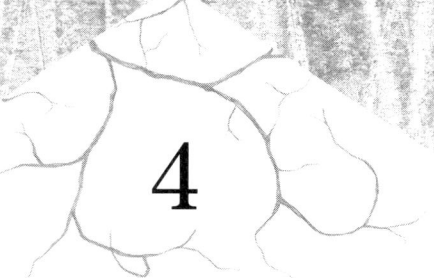

# 4

## 평가가 왜 문제일까?

> "그러나 너희 마음속에 독한 시기와 다툼이 있으면 자랑하지 말라 진리를 거슬러 거짓말하지 말라"(약 3:14)

　대체적으로 여자들은 거의 완벽에 가까운 집중력과 명석함으로 집안에서 일어났던 크고 작은 사건들을 재생해내는 초인적인 기억의 소유자로서, 가족의 "역사가"로서 활동한다. 여자들은 가족사의 기록 파수꾼들이다. 여자들의 기억은 탁월한 정확성을 유지하고 있어서 때때로 내가 필요로 하는 수년 전의 사건조차도 정확하게 재현해 낸다. 누군가의 이름이나 어떤 중요한 때가 기억나지 않을 때 나는 나의 아내, 라퐁에게 간다. 어린 시절의 중요한 일이 생각나지 않는다면 나는 가장 가까운 곳에서 확인이 가능한 엄마를 부른다. 내가 도저히 기억해 낼 수 없는 어떤 것이라도 그녀들의 혀 속에서는 필요한 실마리로 재현되며, 마치 가을 낙엽의 바스락거림처럼 명쾌하고 생생함으로, 사라진 기억들을 되살린다.

　그러나 이런 놀라운 기억력이 여자들에게는 오히려 바람직하지 않은 것으로 작동하기도 한다. 무시당했던 경험, 모욕적인 말, 공허한 시선, 무참히 깨진 약속 등 수치스럽고 모욕적이어서 상처가 된 경험을 내면에 고스란히 저장하는 것에 여자들은 이 기억의 힘을 즐겨 사용하곤 한다. 야고보서 3:14에서 말하는 것처럼 이러한 기억의 부정적 역할은 당신의 내면에 확고하게 자리 잡고 있다. 그러나 내게 저장된 상처의 말들이 그저 단순한 말실수에 지나지 않는 것들이라면? 무참히 깨졌다고 생각하는 약속이 단순한 실수에 지나지 않는 것들이라면? 나를 모욕적으로 만들었던 이후 사건과 앞선 사건이 아무런 연관이 없다면? 그저 단순하고 파편적으로 일어났던 사건이 당신의 내면에서 다른 모든 부정적인 사건과 얽히고설킴으로써 그 사건들 속에서 잔존하는 당신의 분노와 증오는 갈가리 찢겨진 누더기처럼 남루한 상태가 된다.

에단(Ethan)과 에밀리(Emily)는 남매로서 서로가 무엇을 원하는지 눈빛만으로도 알아차릴 만큼 서로가 잘 통하는 사이이다. 그러나 어머니 레이첼(Rachel)에게는 그런 모습이 오히려 눈에 거슬렸다. 요즘, 갑자기 그들이 갖고 싶어 했던 것이 값비싼 쌍발총이라는 것을 알게 된 레이첼은 기가 막혀 한숨이 나올 지경이었다. 그러나 엄마 레이첼은 사람들 앞에서는 집에서만큼 마구잡이로 그들에게 분노를 표출하지는 않았다.

"사줄 수 없는 것들을 자꾸 사달라는 이유가 무엇이니? 언제까지 그렇게 징징대고 있을 거니?" 아이들에 대한 참을 수 없는 분노와 짜증으로 레이첼은 머릿속이 곧 폭발해버릴 것만 같았다. 아이들이 자신을 따라오고 있다는 것을 알고 있지만, 뒤도 돌아보지 않고 레이첼은 잡화점으로 들어갔다. 뒤에서 두말없이 따라온 에밀리가 "그런 값비싼 마카펜을 사달라고 조르면 안돼!"라고 에단에게 속삭이듯 말했다. "누나도 갖고 싶다고 했잖아!" 모든 것을 다 자기 탓으로 돌리려는 에밀리에게 화가 난 에단은 큰소리로 항의했다. 에단은 왜 자신이 마카펜을 사달라고 하는지 분명한 이유는 없었다. 그러나 사달라고 조른다면 엄마 레이첼이 어떤 반응을 보일지 충분히 짐작되었지만, 자신의 8색 마카펜보다 더 좋은 36가지의 마카펜을 본 순간 에단은 엄마를 조르지 않을 수가 없었다. 에단이 초등학교에 들어갈 때 샀던 뭉툭한 마카펜보다 훨씬 길고 세련된 마카펜이 그의 눈에 들어온 것이다. 비록 할인행사 때 산 것이지만 엄마가 직접 사다 주었다는 것이 너무나 좋았기 때문에 그것이 마음에 들지 않는 것이라고 차마 말할 수가 없었다. 그렇지만 자신의 "유아용 마카펜"은 이미 반 친구들에게 놀림감이 되고 있었다. 게다가, 그는 그림을 그릴 때마다 더 많은 색의 마카펜이 있었으면 좋겠다는 생각을 늘 하고 있었다. 그림을 그릴 때마다 다른 친구들에게 마카펜을 빌려야만 하는 에단은 엄마가 원망스러웠다.

레이첼의 뒤를 따라가는 에단과 에밀리는 엄마에게 더 이상 다른 것들을 요구할 수 없다는 것을 이미 잘 알고 있었다. 그나마 운이 좋다면, 집에 도착할 때까지는 레이첼이 화를 내지 않고 있다는 점이다. 집으로 가는 동안, 엄마의 기분이 더 나빠지지 않기를 바라면서 에단과 에밀리는 조심스럽게 걸어가고 있었다.

잡화점에 가기 전부터 레이첼은 이미 충분히 화나 있었다. 아이들의 계속되는 요구가 아니더라도 음식을 준비하는 것조차 버거운 일이 되어버렸다. 그렇지만 아이들은 레이첼이 왜 돈을 절약하려고 하는지, 왜 가계부를 꼼꼼하게 기록해야만 하는지 관심이 없었다. 게다가, 에단이 왜 그렇게 많은 색깔의 마카펜을 필요로 하는지 레이첼은 이해할 수가 없었다. 학교에 입학할 때 사준 것만으로도 아직까지 충분히 쓸만하다고 레이첼은 생각한다. 아이들은 언제나 자기에게 "더"를 요구하고 있다. 더 많은 옷, 더 많은 게임기, 더 많은 장난감, 단지 더 많은 어떤 것을 끊임없이 요구하기만 한다. 심지어 자기를 둘러싼 모든 사람들이 자기에게만 더 많은 어떤 것을 요구하는 것처럼 느껴진다. 그들은 지금 그녀가 얼마나 힘들게 살고 있는지를 왜 보지 못하는 것일까? 왜 사람들은 그녀가 삶의 무게를 힘겹게 버티고 있을 때 끊임없이 자기에게만 "더"를 요구하는 것일까? 레이첼은 분노에 찬 소리를 속으로 내뱉고 있다.

생각할수록 누군가에 의해 강제적으로 지워진 삶의 무게에 대한 강한 반감이 그의 마음속에서 서서히 분노로 바뀌기 시작했고, 마트의 복도로 카트를 밀고 나가 습관적으로 카트에 물건을 담으면서 점점 더 강한 분노가 레이첼의 마음속에서 일어나기 시작했다. 더 이상 좋아지지 않을 것 같으며, 더 이상 어떤 변화도 일어나지 않을 것 같은 절망감이 삶에 대한 분노가 되고 있는 것이다. 마치 그녀 자신이 다른 사람들이 노리고 있는 큰 과녁이 되거나 "나를 발로 힘껏 차 주세요"라는 표시가 그녀의 등에 붙어 있는 사람이 된 것이라고 생각하기 시작했다. 왜 그녀 주위의 모든 사람들은 그녀가 줄 수 있는 능력의 범위를 넘어서는 요구를 계속하는 걸까? 왜 그녀의 최선을 다한 노력은 충분하게 보상되지 않는 걸까? 어렸을 때 그녀의 부모는 그녀를 돌보는 것에 최선을 다하지 않았지만, 이제 와서 그녀의 가족은 언제나 그녀에게 손을 내밀고 있다. 그녀가 얼마나 힘들게 살고 있는지 그들은 왜 모르는 것일까? 왜 그들은 그녀가 좀 더 나은 삶을 사는 것에 조금이라도 보탬이 되지 않으려고 하는 것일까? 항상 자신의 일에 최선을 다하지만 현실은 항상 그녀가 원하는 만큼의 결과로 나타나는 경우가 거의 없다. 이러한 삶에 대한 회의와 실망이 그녀의 내면을 겹겹이 수놓으면서 그녀의 분노도 거의 폭발할 지경에까지 그녀를 강하게 조이고 있다.

레이첼은 길게 늘어선 계산대 줄에 서서 평소처럼 그녀의 꽁무니에 얌전히 선 아이들을 뒤돌아본다. 그리고 문득 아이들이 자신의 기분을 살피고 그녀의 신경을 건드리지 않으려고 애쓰는 모습에서 한편으로는 위안을 얻는 자신을 발견하기도 한다. 아이들에게 자신의 분노를 발산했던 것에 레이첼은 일말의 죄책감을 느낀다. 자기에게 가해진 중압감에서 해방될 수 있도록 자신도 누군가에게 자신이 원하는 것을 당당하게 요구할 수 있는 사람이 있었으면 좋겠다고 생각하기도 한다. 그렇지만 지금까지 그녀에게는 그런 일이 일어나지 않고 있다.

## 기록 보관하기

삶이란 어쩌면 당신이 짜고자 하는 가장 이상적인 옷의 씨줄과 날줄의 엉킴이라고 할 수 있다. 매일 일어나는 사건들, 상황, 소소한 감동들이 완성을 향한 한 줄의 직물이 되고 천이 된다. 그러므로 목적을 향해 달려가는 강한 열망이 당신의 가장 중요한 삶의 원천이 된다.

성경에서도 삶을 직물의 행위에 비유하는 흥미로운 절이 있다. 누가복음은 예수 그리스도의 탄생 이야기로부터 시작된다. 누가복음 2장에는 예수 그리스도의 탄생을 예고하는 하나님의 영광이 양을 치던 목자들에게 어떻게 나타났는지 생생하게 증언하고 있다. 너무나도 흥분한 목자들은 마을로 내려가 그들이 보고 들은 모든 놀라운 일들을 마리아와 요셉, 탄생한 아기 예수 앞에서 자세하게 이야기한다. 누가복음 2:19에서 "마리아는 이 모든 말을 마음에 새기어 생각하니라"라고 기록하고 있다. 메시아의 어머니로서, 평범하지 않은 마리아의 통찰력을 볼 수 있는 이 구절을 나는 매우 좋아한다. 마리아는 평범한 여자에 지나지 않는 여인이었지만, 아들 예수와 자신에게 일어난 모든 일과 어려움을 긍정의 마음으로 받아들인다. 그녀와 그녀의 아들에게 일어난 모든 것을 귀하게 여기고 자신의 마음에 새기게 된 것이다. 그녀는 직물을 짜듯 기록해 두었다. 자기에게 발생한 이 놀라운 일은 다가올 예수의 비통한 죽음과 삶의 혼란에서부터 그를 지탱하는 능력으로 작동하게 된다. 아마도 마리아는 예수의 십자가의 죽음 앞에서도 그의 탄생의 신비로움을 생각하면서 고통과 슬픔을 이길 수 있었을 것이다.

여자들은 엄청나게 많은 것들을 기억하고 있다. 그 많은 기억들은 또한 여자들의 일생을 불행하게 만들기도 한다. 성경은 이에 대해 여자들이 어떤 것을 붙잡으려는 성향 때문이라고 설명한다. 고린도전서 13장에서 바울은 아름다운 사랑의 보고서를 남기고 있다. 나는 이 말씀이 성경에서 인용될 수 있는 가장 아름답고 사랑스러운 글 중 하나라고 말하고 싶다.

> "사랑은 오래 참고 사랑은 온유하며 시기하지 아니하며 사랑은 자랑하지 아니하며 교만하지 아니하며 무례히 행하지 아니하며 자기의 유익을 구하지 아니하며 성내지 아니하며 악한 것을 생각하지 아니하며 불의를 기뻐하지 아니하며 진리와 함께 기뻐하고 모든 것을 참으며 모든 것을 믿으며 모든 것을 바라며 모든 것을 견디느니라"(고전 13:4-7).

그렇지만 이는 우리에게 벅찬 것이다. 특히 "성내지 아니하며 악한 것을 생각하지 아니하며"라는 구절은 삶에서 적용하기 더욱 힘든 부분이다. 끊임없이 악한 것을 생각하며, 부정적인 것과 짜증, 낙담, 고통, 분노의 천으로 당신의 삶을 짜나간다면, 결국에는 분노의 노예가 되며 일상이 될 것이다. 쉽게 말해, 악한 생각이 마음에 고착되면, 분노가 우리의 지배자가 된다. 분노가 마음의 지배자가 된다면, 아침마다 분노의 독성으로 가득 찬 식탁을 받게 될 것이다. 사랑이 우리 삶의 지배자가 되기를 원한다면, 악한 생각이 아니라 바람직한 생각을 구축해야한다고 바울은 권면하고 있다. 올바른 생각의 천을 짜는 훈련이 필요한 것이다. 악한 생각(기억)을 마음에서 몰아내지 못한다면 당신은 언제나 분노의 사람으로 살게 될 것이다.

견딜 수 없는 분노가 엄습한다면, 수많은 당신의 장점과 강력한 긍정적인 힘만이 이 분노와 대항할 수 있고 잠재울 수 있다는 것이 내가 그동안 깨달은 가장 중요한 진리이다. 혹 누군가가 이미 언급한 해법일지 모르지만, 부정적인 것 하나를 이길 수 있는 것은 10가지의 긍정적인 힘이다. 부정적인 의식의 파괴적인 힘은 긍정적인 의식보다 훨씬 강력하다. 나는 이러한 점을 타인을 통해서도 경험하지만 나에게서도 종종 발견한다.

나는 종종 세미나에서 강연을 하고 인터뷰를 할 때가 있다. 나는 항상 좋은 강연하기를 원한다. 강연과 인터뷰가 끝나고 나면 내가 원래 의도했던 대로 했는가를 반문해본다. 조금이라도 주의를 소홀히 하면, 결과적으로 정말로 했었어야 했던 말들이 아직도 남아있는 것을 발견하게 된다. 발표해야 할 주제와 하고 싶은 말이 뒤죽박죽 엉킨 강연은 결국 의도한 것과는 전혀 딴판의 강연이 된다. 내가 쏟아내고 싶은 말은 따로 있어서, 강연 때마다 그것들을 쏟아내고 싶은 유혹에 시달리게 된다. 잘못 선택한, 혹은 잘못된 말 한마디가 강연 전체를 망치게 만드는 것이다.

물론 이것은 나만의 문제가 아니다. 매사를 항상 부정적으로 보려는 것은 모든 인간의 본성이기도 하다. 이점이 하나의 부정적인 면을 극복하기 위해 왜 수많은 긍정적인 요소가 자신에게 필요한지를 설명하는 이유이다. 하나의 부정적인 측면이 유발시키는 악한 결과가 명백함에도 긍정적인 요소들이 발현하는 힘에 대하여 당신은 쉽게 신뢰하지 못한다. 부정적인 측면을 명백하게 인식한다면 무수하게 팽창된 "악한 생각(기억)"들이 점점 더 크게 부풀어 올라 마침내 엄청난 불평과 비난의 덩어리가 되어가고 있음을 당신은 상상해보라! 이러한 부정적인 기억의 덩어리는 삶 속에서 낙담과 짜증, 분노를 발산하도록 압박을 가할 뿐 아니라 결국은 폭력적으로 표출된다.

에단과 에밀리의 엄마인 레이첼의 경우를 통해 그녀가 명백하게 악한 기억에 갇혀있음을 알 수 있다. 에단이 마트에서 새 마카펜을 사달라고 조르는 순간 레이첼의 분노가 폭발하고 말았다. 그만한 돈이 없었던 레이첼은 에단이 원하는 더 크고 좋은 마카펜을 사줄 수 있는 형편이 아니기 때문이었다. 그녀가 사줄 수 없는 것을 요구하는 에단을 보는 순간 그녀의 잠복된 분노가 폭발하고 말았다. 이런 자기 연민이 자신에게 반복적으로 일어날 때마다 레이첼은 어김없이 분노를 폭발시킨다. 이러한 상황에 부딪칠 때마다 매번 분노가 일어나지만, 정작 분노를 일으킴으로 해결되는 문제는 거의 없다. 그러나 문제는, 단지 반복적으로 일어나는 분노의 배출구가 필요하다는 것과 그러한 분노의 반복적인 표출이 문제 해결의 근본적인 대책이 될 수 없다는 점이다. 에단에게 표출한 레이첼의 분노는 그녀의 내면에 저장된 "악한 기억"이 에단의 마트에서의 요구를 통하여서 촉발된 것일 뿐이다.

이러한 과민반응은 누군가가 그저 단순하게 그것을 언급할 때조차도 생긴다. 심지어 무심결에 한 말, 단순히 어떤 사건을 언급하기만 해도 누적된 낙담, 짜증, 분노가 발산되기도 한다. 이것이 바로 부정적 의식이 비탄의 우물에서 퍼 올리는 것들이다. 이러한 비탄의 우물이 더욱 깊어질수록 긍정적인 의식의 샘은 작아지고, 당신은 또다시 비탄의 우물에서만 부정적인 것들을 길어 올릴 수밖에 없게 된다. 새 마카펜을 사달라고 조르는 에단의 행동이 레이첼의 분노의 버튼을 누르고 만 것이다.

## 되새김질하기

악한 기억을 계속 유지하고 있다는 것은 내면에 부정적 의식을 키우고 있는 것과 같은 것이다. 과거의 불쾌했던 기억, 감정, 상황, 사건들은 현실에서도 여전히 생생한 느낌으로 기억하기를 끊임없이 당신에게 요구한다. 그런 요구가 현실화되지 않는다면 과거의 불행했던 기억들은 점차 희미해지며 다른 기억들로 대체될 것이다. 악한 기억들은 당신의 현재의 삶을 지배하기를 원한다. 당신의 현재를 지배하기 위하여 악한 기억을 끊임없이 반추하기를 원하고 있다.

　반추란 반복적으로 당신의 마음속에 저장된 것들을 숙고하는 것을 의미한다. 반추란 자기 속에 저장된 어떤 것들을 거듭거듭 반복해서 생각하는 것이다. 마치 반추동물이 위장에 저장된 풀을 게워서 다시 한 번 잘근잘근 씹는 것과 같다. 반추동물은 사람보다 더 많은 위장을 가지고 있다. 섭취한 풀과 곡물을 입으로 다시 게워 올려서 충분히 소화가 될 수 있도록 씹고 또 씹어서 되삼킨다. 시간이 있을 때마다 반추동물은 이런 일을 되풀이한다. "적당히 씹어서 삼킨 것들을 다시 꺼내 씹는 것"이 반추의 이차적인 정의이다. 이것을 가시적으로 설명하기는 어렵겠지만 이를테면, 당신의 부정적 의식의 비탄의 샘에서 악한 기억을 길어 올릴 때의 행위를 지칭하는 것이다. 즉 당신이 길어 올린 부정적이고 악한 기억을 현실 속에서 끊임없이 반추할 때, 이러한 행위는 결국 반추동물의 행위와 같은 꼴이 된다. 반추동물이 위장에서 꺼내서 씹는 행위는 소화를 촉진시키는 행위라면, 당신이 부정적 의식 속의 악한 기억을 되씹는 것은 또다시 낙담, 짜증, 후회, 분노를 재생산하는 과정이 되고, 결국은 그때와 동일한 고통에 빠지게 한다.

## 부정적 의식의 무력화

　사도 바울에 의하면 사랑의 목적은 악한 기억을 무력화하는 것에 있다. 이것은 결코 쉬운 일이 아니다. 우리의 감정과 사유와 세계를 지배하는 부정적 의식의 강력한 영향력에 의해 우리가 그러한 강한 힘과 어떻게 대결할 수 있는지에 대해 늘 고민하지 않을 수 없다. 사랑에 대한 경험과 체현만이 이러한 힘겨운 싸움을 이길 수 있는 강력한 힘이라고 바울은 말한다. 사랑에 대한 매우 강렬한 욕구를 가진 존재가 여자들이며, 어떻게 하면 빛나는 사랑, 보다 더 나은 사랑을 할 것인가를 열망하는 존재가 여자들이라는 것을 나는 믿는다. 어떻게 하면 보다 나은 사랑을 할 것인가를 향한 여자들의 열망이야말로 부정적인 의식을 무력화시키는 가장 강력한 힘이 된다. 자신을 변화시키려는 지향성을 통하여 당신은 삶 속에 고착된 부정적 의식을 무력화시킬 수 있는 전략을 개발할 수 있고 악한 기억들을 줄여 나갈 수가 있다. 몇 가지 내가 발견한 효과적인 방법을 살펴보자.

· 부정적인 실밥들을 뽑아버려라
· 긍정적인 실밥들을 심어라
· 자신을 좀 더 귀하게 여겨라

## 부정적인 실마리 제거하기

뜨개질하는 것을 본 적이 있는가? 아름다운 색깔의 직조형태를 짜내는 그 빠른 손놀림과 현란한 뜨개질 바늘의 움직임을 보면서 뜨개질의 신비로움에 흠뻑 매료된 적이 있었던 것을 기억한다. 그런데 그녀가 잠시 자신의 작업을 멈추고 그동안 아름답게 짜왔던 모양을 끝에서부터 갑자기 풀어버리기 시작했다. 완성된 작품을 왜 해체하는지에 대하여 너무도 놀란 내가 물었다. 그녀는 담담하게 첫 부분의 잘못된 실코의 실수에 대하여 나에게 설명했다. 모든 부분이 하나의 실에 의해 유기적으로 연결되어 있기 때문에 처음으로 다시 돌아가서 그 문제를 바로 잡지 않을 수가 없다는 것이다. 그녀는 처음의 잘못된 실마리를 제거했어야만 했다.

당신의 삶에서 부정적인 의식을 반드시 제거해야 하는 상징적인 의미가 바로 여기에 있다. 부정적인 의식의 원인이 되는 부분으로 되돌아가서 그 잘못된 실마리를 바로 잡고 새롭게 시작해야만 한다. 이것을 우리는 내면의 치료라고 말한다. 회복과 재활을 위한 치료이다. 내가 첫 장에서 언급했던 신시아 롤랜드 맥클루어(Cynthia Rowland-McClure)여사의 놀라운 자기 체험적 치료 경험이기도 하다.

사람들의 무심한 표현조차도 성장기에 지워지지 않는 상처와 악한 기억으로 저장되고, 그 고통에서 벗어날 수 있을 것이라는 무모한 기대는 오히려 점점 더 강한 부정적인 의식이 되면서, 신시아는 마음속에 거대한 부정적인 의식의 탑을 쌓으며 살고 있었다. 비탄의 샘에서 흘러나온 분노는 그녀를 결국 섭식장애에 빠지게 만들었다. 비탄의 샘에서 흘러나오는 독성 때문에 신시아는 가장 사소한 부정적인 의식과도 맞붙어 싸울 수 없는, 자신에 대한 긍정적인 힘이라고 손톱만큼도 없는 무능한 존재가 되어 버린 것이다. 그녀가 이루어낸 모든 것은 의심스러운 것들이 되었고, 그녀의 부정적인 의식은 자신의 실패를 정당화하는 근거가 되었다.

그녀가 치료와 재활을 시작하려고 했을 때 그녀는 자신을 "망가져서 쓸모없는 존재"라고 믿고 있었다. 그녀는 자신이 쓸모없고 무가치한 존재라고 느끼고 있었다. 자신도 좋아질 수 있고 보다 나아질 수 있다는 자기 최면 방식을 통해 사랑과 인정 그리고 존중받을 자격이 충분하다고 끊임없이 자신을 달랬지만, 현실은 폭식증에 시달리는 자기 기만적인 결과를 초래하고 말았다. 하루에도 몇 시간씩 폭식에 집착하고 설사를 유발하는 끔찍한 완화제를 남용하게 되었다.

도저히 자신의 힘으로는 감당할 수 없는 부정적인 의식의 고통으로부터 벗어나 절망적인 자기 상황에서 해방되기를 절규했던 신시아는 이제 하나님을 의지하는 것 외에는 방법이 없다는 것을 깨달았다. 감당할 수 없는 이 고통스러움에서 해방되기를, 신시아는 하나님께 간절하게 부르짖었다. 폭식증과 사투를 벌이고 자신을 파괴하는 부정적 의식의 끔찍한 고통에서 헤어나게 하시며, 그녀의 이러한 경험을 『내 안에 있는 괴물』(The monster within)이라는 책이 발간되도록 하나님은 신시아의 삶에 직접 개입하셨다. 하나님이 개입하신 치료를 통해 신시아는 자신의 삶과 자신의 의식을 지배하며 촘촘히 얽혀있던 부정적인 의식의 실마리를 제거하게 된 것이다. 그런 후에야 비로소 그녀는 자신의 삶에 대한 직조를 사랑의 방식으로 새롭게 시작할 수 있게 되었다. 그녀는 에베소서 4:31에서 말씀하시는 바가 그저 추상적인 말씀이 아니라, 실제로 그녀의 재활의 삶을 통해서 실제적이며, 목적 지향성의 면에서 "너희는 모든 악독과 노함과 분냄과 떠드는 것과 비방하는 것을 모든 악의와 함께 버리고" 라는 말씀이 실제화 되는 것을 경험하게 된 것이다.

신시아는 자기를 지배한 부정적인 의식이 타인에게 먼저 향하는 것이 아니라 자기에게 향하고 있었다는 것을 깨달았다. 그녀는 자기 삶에 대한 연민과 부정적인 의식으로 고통을 받았다. 자기에게 닥치는 고통에 대하여 온 힘을 다해 자기 자신에게 분노했다. 섭식장애는 분노를 자기에게 쏟아 붓는 일이었고, 결국은 폭식증으로 발전하게 된 것이다. 폭식증은 자기 힘으로, 자기의 가치와 의미를 부여하고 자기를 위로하기 위한 필사의 몸부림과 같은 것이다. 자신에 대한 낮은 자존감은 스스로 그녀의 마음속에서 자신의 무능함에 대하여 끊임없이 비난을 가하고 있었다. 섭식장애에 시달리는 그녀는 고통과 절망을 불러오는 악의로 자신을 학대하고 있었다.

신시아는 그러한 부정적인 인식의 실마리를 풀어버리고 자신의 삶을 사랑의 힘으로 다시 시작해야만 한다. 신시아는 자신을 사랑하는 방법부터 배워야 한다. 어릴 때 신시아는 정신적 외상이 되는 사건을 겪은 후, 자신을 사랑하는 것을 멈추어 버렸다. 다시 어린 시절로 돌아가서 그녀를 괴롭혔던 고통의 실마리를 풀어낼 때, 그녀는 성인의 눈으로 그 사건이 자신에게 무엇을 의미하는지 알게 될 것이고 이해할 수 있는 능력이 생기게 된다. 그녀는 어디에서부터 잘못되었는지를 알게 됨으로 수용과 이해, 그리고 사랑으로 그것들을 다시 시작할 수 있게 된 것이다.

## 긍정적인 실로 다시 짜기

부정적인 뜨개질은 매우 적은 노력만으로도 당신의 삶을 직조할 수 있는 파괴적인 방법이 될 수 있다. 이것도 또한 당신 삶의 일부분을 구성하게 된다. 그러므로 부정적인 의식의 뜨개질 한 땀이라도 미리 제거하는 것이 무엇보다 중요하다. 그리고 또 다른 부정적인 의식이 자리 잡지 않도록 삶에서 얻은 가치 있는 것들로 당신의 내면을 충실하게 채워 넣어야 한다. 이점이 매우 중요한 과정이라는 것을 깨닫는다면, 온 힘을 다해 가치 있는 것들을 창조하고 내면에 직조하는 노력이 당신에게 절실하게 필요하다.

이것은 마치 푸른 잔디를 키우는 것과 같다. 삶에 대한 긍정적인 마음은 마치 잔디의 푸른 잎과 같은 것이다. 삶에 대한 부정적인 의식은 잡초와 같다. 건강하고 푸른 잔디를 키우기 위해서는 잡초를 미리 제거해야 할 뿐만 아니라 충분한 비료도 뿌려야 한다. 잡초를 제거하고 잔디에 비료를 뿌리면 비료는 잡초가 제거된 곳으로 들어가게 된다. 잔디밭의 잔디가 두터울수록 잡초가 자라기는 그만큼 힘들어지게 된다. 당신의 삶도 이와 같다. 삶 속에서 당신에 대한 긍정적인 것들을 많이 생산하고 그것의 완성도를 높일수록 부정적인 것들이 당신의 의식 속에 자리 잡기가 힘들어진다.

실제로 삶 속에서 긍정적인 것들을 만들어 낼 수 있는 기회를 포착하기가 결코 쉽지 않다고 불평하는 사람들이 있음을 나는 안다. 긍정적인 기회를 포착하지 못하는 이유는 결국 자기 속에 너무도 많은 부정적인 의식이나 또 다른 것들이 이미 자리 잡고 있어서 긍정적인 것을 저장할 공간이 없기 때문일지도 모른다. 부정적인 것들에 너무 집중하게 되면, 긍정적인 것을 볼 수 있는 눈이 없어지게 된다. 그러므로 처음에는 인내하면서 작은 것부터 시작하는 것이 좋은 방법이 된다. 세상에 존재하는 긍정적인 것들을 인정하는 것에서부터 시작해야 한다. 사도 요한은 요한복음 1:16에서 "우리가 다 그의 충만한 데서 받으니 은혜 위에 은혜러라"라고 말하고 있다.

짜증, 분노, 난관, 곤경, 낙담 등, 우리의 일상에서 부정적인 것들을 목격하는 것은 너무나도 흔한 일이 되었다. 마치 부정적인 것들만 우리의 삶을 지배하고 있는 것처럼 보일 때도 있다. 그러나 긍정적인 것은 이러한 부정적인 것들이 뿜어져 나오는 배후에 숨겨져 있기 때문에 우리는 그것을 발견하기 위해 우리의 노력을 집중해야만 한다.

이것은 줄리(Juile)가 배워야 할 일이기도 하다. 어릴 때, 줄리는 그녀의 부모에게서 조금 모자라는 아이라는 말을 듣고 자랐다. 실제로 실수가 많기도 했다. 그녀의 부모가 다른 사람들 앞에서 그녀의 실수를 웃음거리 삼아 이야기하는 것을 그녀는 수없이 경험했다. 그녀는 그의 부모에게서 계획에 없었던, 그래서 "실수로 생긴" 늦둥이였다. 줄리는 부모와 함께 지내는 일이 많았다. "(너를 키우기에는) 너무 늙고 힘겨워"라는 부모의 말을 늘 옆에서 들어왔고 종종 이러한 표현은 그녀를 양육하기엔 세대 차이가 너무 많이 나 힘들다는 푸념처럼 그녀에게 들렸다. 사촌들은 이미 다 자라서 독립을 했고, 놀아줄 사람이 없는 그녀는 외톨이가 되었다. 학교에서도 그녀는 자신보다 더 나이가 많고 뛰어난 친척 아이들과 잘 어울릴 수가 없었다. 자연스럽게 성격은 소심해졌고 무엇이든 탁월해 보이는 아이들 때문에, 그녀의 존재는 돋보일 수가 없었다. 줄리는 탁월한 아이가 아니었다. 그래서 자신에게는 특별한 일이 결코 일어나지 않는다고 굳게 믿는, 부정적인 자아가 고착된 아이가 되고 말았다.

평범함이 고착된 생활을 깨뜨리기 위해서는 자신 속에 존재하는 긍정적인 면을 찾아가는 훈련이 필요하다. 그저 방임적 태도가 아니라 세상의 주인공으로서, 자신이 얼마나 존귀한 존재인가를 스스로 찾아야 한다. 처음으로, 자신에 대한 긍정적인 것을 말해보라는 요청을 받았을 때, 줄리는 머릿속에 떠오르는 것이 아무것도 없었다. 반면에 자기에게 그렇게 부정적인 측면이 많다는 것에 대해서도, 그전에 한 번도 느껴 본 적이 없었다. 줄리는 자신이 하고 싶은 어떤 긍정적인 것에도, 자기를 고통스럽게 만드는 어떤 부정적인 것에도 부딪쳐본 적이 없이 모호한 중립적인 자리에 그저 쪼그려 앉아있었다. 그녀는 마치 정신 영역이 텅 비어있는 것 같은 그런 상태로 있었던 것이다. 이제까지 마비되고 폐쇄된 의식의 표피를 뚫고 머리를 내밀어 앞으로 나아가며, 온몸으로 세상을 체험해야 하는 것이 지금 줄리가 해야 할 가장 중요한 일이다. 부정적인 자아의 껍질을 깨고 나와서 긍정적인 자신의 어떤 것에 집중해야 하는 것이 줄리의 현재 과제이다. 줄리는 그러한 기회를 엿보고 있었다. 마음속에 어떤 긍정적인 것들이 생기거나 떠오를 때마다 그녀는 그것의 이름을 강하게 외쳤다. 줄리는 자기 속에 일어나는 긍정적인 어떤 것들의 이름을 강하게 부르짖을수록 그것이 자기의 생각과 삶 속에 일치되는 것을 느꼈고 자신의 눈으로 목격할 수 있었다.

당신도 줄리처럼 입으로 자신의 긍정적인 것들을 외칠 필요가 있다. "우리가 다 그의 충만한 데서 받으니 은혜 위에 은혜러라"(요 1:16)라고 요한복음서는 긍정의 힘을 말씀하고 있다. 당신의 긍정적인 것들을 말씀의 빛 아래 비춰보라. 즉 깊이 생각하고 기도해보라. 그렇다면 그것은 당신의 생각과 마음속에 충만함을 가져다 줄 것이다. 마리아처럼 당신의 마음속에 그것을 보석처럼 여기기를 바란다.

당신의 긍정적인 어떤 것을 위하여 기도하고 있다면, 당신이 숙고하고 있는 것과 인격적인 하나님께 기도하는 것이 무슨 의미인가를 깨닫고 있는가? 하나님은 이 세상의 모든 긍정적인 것과 모든 좋은 것들의 원천이시다. 아직도 당신이 긍정적인 것을 부정하거나 부정적인 것에만 매여 있다면, 당신의 인생에서 당신은 하나님의 능력을 간과하고 있는 것이다. 하나님은 당신에게 긍정적인 힘을 주기에 부족하신 분이 아니다. 성경은 하나님의 "전능하심"에 대하여 무려 삼백 번 이상 언급하고 있다는 것을 당신은 알고 있는가? 하나님은 결코 능력이 없는 분이 아니시며, 당신의 생각과 삶을 뛰어넘는 전능하신 분이시다.

### 자신을 유순하게 대하라

"유순한 대답은 분노를 쉬게 하여도 과격한 말은 노를 격동하느니라"(잠 15:1)라고 잠언은 말씀하고 있다. 특히 다른 사람과 대화를 나눌 때 태도를 어떻게 해야 하는가? 라는 설교 말씀에서 나는 이 말씀을 많이 들었다. 지금까지 수많은 커플들의 문제를 상담하면서 이 말씀이 진리인 것을 나는 믿게 되었다. 유순한 대답은 격분된 상황을 해소하는 힘이 있다. 이와는 반대로, 싸우기 직전에 놓인 사람들에게 분노가 담긴 거친 말을 던지는 것보다 더 위험한 일은 없다. 이 말씀은 다른 사람들과의 관계를 어떻게 변모시킬 수 있는가에 대한 불변의 진리이다.

자신을 대하는 태도와 상황에서도 이 구절은 적용될 수 있다고 생각한다. 다른 사람을 어떻게 대할 것인가와 같은 관점과 생각처럼 당신과의 관계, 즉 당신의 내면적인 생각에서도 이 말씀은 명백하게 적용될 수 있다. 삶의 과정에서 당신이 스스로에게 한 말이 곧 당신의 의식 속에 저장된 당신에 관한 태도이다. 당신이라는 존재에게 일어나는 것들에 관한, 당신 자신의 해석이 되는 것이다. 당신 자신에 대한 당신의 평가가 당신이 잘못했던 것들과 수치스러운 것들의 저장소에서 혹은 비탄의 샘에서 흘러나오는 것들이라면, 당신 자신의 존재와 삶, 혹은 타인까지도 부정적인 의식이 지배하게 된다.

잠언 15:1의 말씀을 자신에게 적용한다면 어떨까? 당신의 모자라는 점을 질타하는 대신에 자신을 존귀하게 여길 수 있는가? 그동안 당했던 모욕과 상처를 떠올리는 대신에 자신을 보호하고 유순하게 대할 수 있는가? 자신을 격분과 분노의 수렁 속으로 몰아넣지 않고 가만히 삭일 수 있을까? 당신이 진정으로 행복한 사람이 되기를 원한다면, 분노를 줄여야만 하지 않을까?

가능성을 타진하며, 희망과 불안이 교차하는 눈빛을 서로 재빨리 교환하면서 엄마 레이첼을 따라 마트로 가던 에단과 에밀리의 안쓰러운 모습이 긴 여운을 남기고 있다. 레이첼에게 새 마카펜을 사달라고 에단이 불쑥 말을 내뱉고, 그 말에 레이첼이 어떤 반응을 보일지 아무런 생각도 하지 않은 채 진심으로 동생 에단이 마카펜을 가질 수 있기를 에밀리도 열망하고 있다. 이제 레이첼이 대답할 차례이다.

깊은 한숨을 쉬며 잠시 생각한 레이첼은 천천히 아이들에게 말했다. "흠, 정말로 좋은 마카펜이구나, 너희들이 왜 이 마카펜을 갖고 싶어 하는지 엄마가 충분히 이해할 수 있겠어."

색칠수업을 할 때 다양한 색깔을 위해 이 마카펜이 얼마나 좋은지, 수업시간에 주어진 과제를 수행할 때 얼마나 유용한지, 겨우 열 살의 에단은 모든 진지함과 설득력을 동원해서 레이첼에게 설명하기 시작했다. 에밀리가 원한다면 언제든지 마카펜을 집으로 가져올 것을 약속하기도 했다. 에단이 그림 그리는 것을 이렇게까지 좋아하고 있었는지 전혀 몰랐던 레이첼은 에단의 간절한 설명을 들으면서 약간 놀랐다. 에밀리는 에단이 원하는 것이 무엇이든 다 들어줄 수 있다는 듯이 고개를 끄덕이며 수긍했다.

"애들아! 오늘은 다른 것을 살 돈이 여의치가 않아서 그것을 사줄 수가 없구나"라고 레이첼은 아이들에게 말했다. 에단은 실망을 감추지 못했다. 그 모습을 보고 레이첼은 아이들을 차분하게 달랬다. "그렇지만 엄마는 너희들이 이 마카펜을 얼마나 갖고 싶어하는지 충분히 알았으니까, 다음번에는 꼭 사줄게." 그제야 에단도

가슴을 쭉 펴고 엄마에게 대답했다. "그럼 저도 할머니 심부름을 도와드리고 용돈을 받으면 그 돈도 보탤 수 있을 거예요." "그럼 나도 꼭 도움이 되도록 할 거예요." 동생 에단이 원하는 것은 무엇이든지 도움을 주고 싶은 에밀리도 자신의 생각을 표현했다. "그것 참 좋은 생각이구나." 레이첼이 에밀리를 칭찬해 주었다. "다음에 마트에 왔을 때 이 마카펜을 사기 위해서 너희가 할 수 있는 일이 무엇이 있는지 나도 알아봐 줄게. 아마도 우리가 함께 생각한다면 어디서, 어떤 방법으로, 무엇을 할 수 있을지 지금 당장에라도 알아볼 수 있을 거야."

에단과 에밀리는 레이첼의 말에 수긍하고 무사히 쇼핑을 마칠 수 있었다. 마카펜을 구입하기 위해 어떻게 돈을 마련할 것인가의 방법을 계획하는 두 아이의 이야기를 들으면서 레이첼은 비로소 미소를 지을 수 있었다. 아이들이 마카펜을 사기 위하여 자신과 협력하고 함께 준비하는 모습이 그녀에게 너무나 사랑스러웠다. 어린 시절, 자신은 한 번도 경험해보지 못했던 것들이었다.

에단이 마카펜을 사달라고 조를 때, 이미 그녀는 짜증이 확 솟고 있었다. 마카펜을 사줘야 할 당연한 상황에서조차 "그래"라고 말하지 않고, 항상 "안돼"라는 말만 하고 있는 것처럼 보였다. 레이첼의 생각과는 달리, 에단에게는 마카펜이 결코 사소한 것이 아니었다. 그녀는 평소에 에단의 그림과 그리기에 좀 더 많은 관심을 가졌어야 했다.

그녀는 단지 한숨만 쉴 수밖에 없었다. 아이들을 위해 해줄 수 있는 게 거의 없을 정도로 그녀의 재정 상황은 좋지 않았고, 이러한 상황은 언제나 그녀에게 스트레스가 되었다. 그러나 마카펜의 가격은 그렇게 비싼 것이 아니었다. 그녀가 조금만 창의적으로 생각했더라면, 아이들에게 마카펜을 사줄 수 있는 방법을 충분히 생각해낼 수도 있었을 것이다. 또한, 마카펜을 사는 것에 아이들이 참여할 수 있도록 했더라면, 마카펜은 그들에게도 의미 있는 물건이 되었을 것이다.

그녀의 문제는 첫째, 항상 무엇인가를 사달라는 아이들을 꾸짖기만 하는 데에 있다. 그러나 아이들은 그저 아이들일 뿐이고 그들이 항상 사달라고 조르는 편도 아니었다. 그렇게까지 돈을 아껴야 하는지, 가계부에 의해 지출해야 할 만큼 살림이 쪼들리는지는 아이들의 관심사가 아닐 것이다. 살림이 어려운 것은 아이들의 잘못이 아니다. 마카펜을 사달라고 조르는 아이들 때문에 속상함과 좌절을 느끼는 것은 결코 아이들 잘못이 아니다. 그녀에게 좌절과 낙담을 준 것은 아이들이 아니라 희망이 없었던 지난날의 절망적이었던 삶이었다. 그녀의 삶은 오히려 좋아지고 있다. 자신의 삶이 좋아지고 있다고 생각하는 이유는 자신의 옆에 끊임없이 재잘거리고 있는 사랑스러운 두 아이가 자신과 함께 걷고 있다는 것이다. 그녀는 아이들이 자신에게 주는 삶의 동력이 너무나 즐겁고 자랑스럽다. 두 아이가 그녀에게 주는 가장 큰 선물은 그들이 그녀 곁에 늘 있는 그것이다.

## 자신에게 쓰는 메모

우리는 항상 절망적인 세계에서 살아가고 있기 때문에, 악한 생각에서 결코 떠날 수가 없다. 바울은 악한 생각을 하는 것이 문제가 아니라, 악한 생각을 계속 가지고 있는 것이 문제라고 우리에게 경고하고 있다. 이 문제의 세부적인 내용은 다음 장에서 다룰 것이다. 지금 내가 원하는 바는, 악한 생각을 계속 손에 쥐고 있으며, 지금도 유지하고 있다는 사실을 당신이 스스로 인정하는 것이다.

기억을 더듬어서 당신의 악한 생각의 목록을 떠올려 보라. 과거에 당신은 어떤 악한 생각들을 가지고 있었던가? 구체적인 내용과 사건의 특징, 악한 생각이 발생한 장소를 명백하게 떠올릴 수 있기를 나는 바란다. 그저 "사람들이 나를 이용한 나쁜 기억이 있어요"라고 대충 얼버무리지 말고, "내가 열두 살 때 내 동생이 허락도 없이, 새로 산 내 빨간색 블라우스를 입고 나갔어요. 옷을 엉망으로 망쳐놓은 채, 엄마 앞에서는 정작 그 책임을 나에게 전가하지 뭐예요!"라고 구체적으로 서술하기를 바란다. 만약에 어떤 사람이 당신의 악한 기억 속에 저장되어 있다면 아무 이유 없이 저장되어 있지는 않는다는 것을 말하고 있다. 명백히 특별한 이유가 있을 것이다. 당신은 그 이유를 서술해야 한다.

시간을 충분히 배정하고 직접 서술해보는 훈련과정이 당신에게 꼭 필요하다.

우리 치료센터에서는, 집중치료 과정에 참여하는 사람들에게 반드시 그들의 생애에서 중요한 사건들을 포함한 생애 연대표를 작성해보도록 요구한다. 그들의 생애에서 정말로 중요하다고 생각하는 것들을 이야기할 수 있는 기회를 제공한다. 이것은 몇 장이 채 되지도 않을 때도 있지만, 때로는 몇십 장 혹은 훨씬 더 긴 장문이 되기도 한다. 꼭 당신의 연대표를 서술해보라고 하는 이유가 바로 여기에 있기도 하다. 당신의 삶의 연대기 속에서 어떤 악한 기억이 존재하는지 직접 손으로 써보자. 시간을 투자하고 당신 속에 자리 잡은 악한 기억들을 끄집어내서 찬찬히 살펴보는 기회를 가져보자.

물론 당신들 몇 사람에게는 이러한 일이 매우 불편한 일이 될 수도 있다. 누군가에 대하여 분노와 적대감을 가지고 있는 것은 결코 좋은 일이 아니라는 것과 이러한 감정을 마음속에서 살피는 것 또한 내키지 않는 일이라는 것도 깨닫게 될 것이다. 이런 점에 당신이 동의한다면, 당신에게 상처와 고통의 원인이 되었던 사건들에 관해 서술해보기를 원한다. 또한 용서를 했던지 그렇지 않았던지 간에 악한 기억과 관련된 사람들을 당신이 직접 심판할 필요는 더욱 없다. 그들을 마음속에 떠올리는 것은 그들의 행위를 비난하고 고발하려는 것에 목적이 있는 것이 아니다. 그저 당신의 삶 속에서 일어났던 연대기적 사건 속에 하나로 존재하는 것뿐이다.

스스로에게 당신이 지금 얼마나 "합리적인지" 그리고 "어른스러운지" 칭찬함으로, 과거에 당신이 느꼈던 아픈 감정들을 몰아내는 것을 불편하게 느낄 사람들도 있을 것이다.

과거의 수모를 서술하는 것은 마치 자신의 불행했던 과거로 되돌아가는 느낌을 받을 수도 있다. 어릴 때의 고통은 지금도 여전히 고통스럽다. 어릴 때 고통은 가장 강렬한 체험이 된다. 지워지기를 원하지만 결코 쉽게 지워지지 않는다. 오히려 그 고통을 끌어내서, 그 이유를 확인하고 살펴서 다시 그때의 상황과 맥락 속에 대입하는 것만이 유일한 대안이다. 아이의 입장이 아니라 이제는 그 고통을 감당할 수 있는 성인으로서. 설령 그때의 고통이 다시 되살아난다 하더라도 그 고통 때문에 악한 기억에 대한 의식의 끈을 놓아서는 안 된다. 차라리 분명하게 그 기억을 되살려서 어떻게 해결해야 하는지를 직접 손으로 쓰는 것이 해결책이 될 수 있다.

당신의 과거의 악한 기억들의 목록을 검토하고 짧게나마 글로 표현해보기를 원한다. 긴 설명이 필요 없는 간명한 메모 형태가 좋다. 메모를 살펴보면서 당신의 삶에서 어떤 형태의 악한 기억들이 있는지 검토해보자. 아마도 반복적으로 당신에게 상처를 주는 악한 기억의 형태가 분명히 존재하는 것을 발견할 수 있을 것이다. 이러한 발견은 혼자서 해결하거나 전문가의 도움이 필요로 하는, 보다 깊은 치료를 위한 기초자료가 될 수 있다.

다음으로 당신에게 필요한 일은, 목록을 보면서 이미 "극복된 것"과 아직도 곰곰이 "곱씹어야 할 것"들을 분류하는 것이다. 악한 기억들에 대한 이 두 가지 측면의 판단과 분류가 당신에게 매우 중요한 작업이다. 신중하게 생각하고 분류해야 한다. 그저 머릿속에 떠오르는 대로 하지 말아야 하며, 정말로 극복이 된 것인지 그렇지 않은지를 충분하게 생각하고 진솔하게 분류해야 한다. 이미 극복이 되었다고 생각하지만 실제로는 당신의 삶을 지배하고 영향을 끼치고 있는 훨씬 더 강력하고 악한 "어떤 것"이 지금도 여전히 당신 속에 존재하고 있을지도 모른다.

마지막으로, 당신의 악한 기억이 당신의 내면에서 왜 아직도 계속적으로 활동하고 있는지, 아니면 이미 극복이 될 수 있었던지, 그 이유에 대하여 적어도 한 가지 이상을 머릿속에 떠올릴 수 있기를 원한다. 아래에 제시한 양식에 한 번 옮겨보기를 바란다.

내가 악한 기억을 극복했다고 생각하는 이유가 무엇인가?

1.
2.
3.
4.
5.

예를 들면, 이런 방식이 될 수도 있다.

- 그것은 더 이상 나에게 고통을 유발할 가치가 없어.
- 지금 내 삶에서 그 사람은 더 이상 존재하지 않아! 무엇이 문제야?
- 이제 나는 성인이 되었고 내 삶 속에서 그것은 이미 사라지고 없어.
- 그 일은 우리가 어렸을 때 있었던 일일 뿐, 우리는 이미 성인이 되어버렸어.
- 그때 그 사건은 그 사람의 생존의 방식이었고, 그것은 바꿀 수 있는 성질의 것이 아니라는 것을 나는 충분히 받아들일 수가 있어.

당신이 작성한 목록에는 아직도 사라지지 않은 악한 것들이 엄연히 존재하고 있을 것이다. 그것들은 여전히 실시간으로 당신 마음에 상처를 주고 영향력을 행사하는, 살아있는 것들이다. 당신의 힘으로 제거하지 못한 것들이다. 그 이유를 아래의 양식에 쓰기를 바란다.

나는 왜 아직도 악한 기억에서 헤어나지 못하고 있는가?

1.
2.
3.
4.
5.

당신이 혹 이렇게 쓸지도 모른다.

- 그 사람은 결코 (자신의 잘못에 대하여) 나에게 사과하지 않고 있으며, 어떤 죄책감도 보이지 않는다.
- 다시는 나에게 이런 (고통스러운) 일이 일어나지 않을 것이다.
- 그 일을 생각할 때마다 그것은 나를 미치게 만든다.
- 나에게 일어났던 일은 내 힘으로는 도저히 극복할 수 없는 너무나도 불공평한 것이다.

- 그 사람이 곤경에 빠지더라도 절대로 도움을 주지 않을 것이다.

이 훈련의 목적은 "적당한" 혹은 "받아들일 만한" 대답을 당신에게 제시하려는 것이 아니다. 정말로 표현하기가 괴롭거나 감당하기 힘든 대답일지라도, 자신에게 정직한 표현을 할 수 있기를 원하는 것이다. 당신은 지금 삶의 배후에 자리 잡고 있는 진실을 제대로 해명하고 밝히는 작업을 계속 수행하고 있는 중이다. 어떤 악한 기억들은 이미 극복한 것으로 판단할 수 있는 기준과, 또 어떤 악한 기억들은 아직도 해결하지 못하고 고통의 원인으로 작동하고 있는 지의 범주를 결정해야 하는 이유가 바로 여기에 있다. 나는 당신이 작성한 목록 "내가 악한 기억을 극복했다고 생각하는 이유가 무엇인가?"로 다시 돌아가서 꼼꼼하게 살펴보기를 바란다. 그리고 당신이 쓴 것과 내가 쓴 것을 비교해 보기를 바란다. 나는 이렇게 썼다.

- 그것이 더 이상 나에게 고통을 유발할 가치가 없어.
- 지금 내 삶에서 그는 더 이상 존재하지 않아! 무엇이 문제야?
- 이제 나는 성인이 되었고 내 삶 속에서 그것은 이미 사라지고 없어.
- 그 일은 우리가 어렸을 때 있었던 일일 뿐, 우리는 이미 성인이 되어버렸어.
- 그때 그 사건은 그 사람의 생존의 방식이었고 그것은 바꿀 수 있는 성질의 것이 아니라는 것을 나는 충분히 받아들일 수가 있어.

이것은 실제로 내가 쓴 것은 아니다. 내가 상담한 내담자들이 말한 "악한 기억이 극복되었다고 생각한" 그 이유와 이야기를 들은 후에 조금 고친 내용이다. 자신의 악한 기억을 극복했다고 말하는 내용의 거의 대부분은 실제로 완전히 극복된 체험이 아닌 것임을 상담의 경험을 통해 나는 알 수 있었다. 자신의 악한 기억을 극복했다고 생각하는 여자들을 다시 확인해보면, 실제로는 자신의 거짓된 가정과 망상을 훨씬 더 강화하여 악한 기억이 단지 "극복된 것"처럼 꾸며내고 있을 뿐이었다. 악한 기억을 제거하기 위해 좀 더 철저하고 치열한 방식의 싸움을 시도하지 않음으로써, 그저 위장된 말로 악한 기억을 감추게 되고, 제거되지 않은 악한 기억들은 여전히 살아서 그들을 고통스럽게 하는 원인이 된다. 그러므로 나는 당신이 다시 한번 자신의 표현과 서술된 내용을 꼼꼼히 검토하고 확인하기를 바란다.

- *그것은 더 이상 나에게 고통을 유발할 만한 가치가 없어.* 이 표현은 여전히 내 속에 고통이 건재하고 유효하다는 것을 인정하는 것이다. 이것은 고통을 제대로 제어할 수 있는 능력이 당신에게는 없다는 것과 그 기억들을 단지 상기시키지 않음으로 고통과 상처도 같이 사라지기를 원하는 소박한 당신의 바람일 뿐이다. 당신의 상처와 고통은 전혀 변화가 없고, 그 악한 기억은 여전히 당신 속에 존재하고 있다는 것이 엄연한 사실이다.
- *지금 내 삶에서 그는 더 이상 존재하지 않아! 무엇이 문제야?* 이 표현은 잘못된 것(악한 기억)들을 마음속에서 방출함으로써 그것에 대하여 완전히 승리한 것을 의미하는 것이 아니다. 단지 (악한 기억으로부터) 패배한 것에 대한 자기 독백일 뿐이다. 설령 내 삶 속에서 그 사람이 더 이상 존재하지 않는다 하더라도 그로 말미암은 고통은 여전히 남아있다는 것을 고백하는 말이다.
- *나는 이제 완전한 성인이 되었고 내 삶 속에서 그것은 이미 사라졌어.* 성인이 되었다고 해서 모든 상처가 저절로 치료되고 아물거나, 모든 잘못된 것들이 저절로 교정된다는 생각은 전형적인 비현실적 기대에 지나지 않는다. 성인이 되어도 어릴 때의 고통스러움은 결코 쉽게 지워지지 않는다. 성인이 되어도 여전히 어릴 때의 고통스러움과 더불어 살게 된다.
- *그것은 단지 우리가 어렸을 때 일어났던 일일 뿐, 우리는 지금 성인이 되었어.* 어렸을 때, 특히 가까운 친척들로부터 당한 고통과 상처들에 대한, 여자들의 고통스러웠던 경험들을 나는 많이 들었다. 이러한 악한 경험의 기억을 지나간 일이라고 치부하는 것은 지금도 여전한, 영혼을 찌르는 듯한 날카로운 고통을 경감시켜주지 못한다.
- *그때 그 사건은 단지 그 사람의 생존의 방식이었고, 그것은 바꿀 수 있는 성질의 것이 아니라는 것을 나는 충분히 받아들일 수가 있어.* 이 말은, 그때 그 상

황은 받아들일 수 있지만, 사람은 절대로 용서할 수 없다는 이율배반적인 말로 들린다. 이것은 그에 대한 이해와 연민이 아니라 오히려 강력한 심판처럼 느껴진다. 이 표현은 당신이 집으로 들어가기 위해서 분노라는 무기로 마치 그 문을 부수는 것과 같은 의미이다.

악한 기억을 제거하는 훈련은 결코 쉬운 일이 아니다. 그럼에도 불구하고 이러한 훈련을 끈기 있게 참여하면서 자신을 향해 정직하게 마음을 여는 당신의 용기에 아낌없는 격려와 갈채를 보내고자 한다. 이 장이 끝나고 다음 장이 시작되기 전에, 나는 당신이 또 다른 자신의 삶의 연대기 표를 작성해보기를 원한다. 어쩌면, 내가 권하는 과제들을 제대로 이행하는 사람이 겨우 몇 사람에 지나지 않을지도 모른다고 생각한다. 앞서서 제시한 자신의 악한 기억에 대한 훈련지침에서 나타난 당신의 잘못된 고백들은 다른 누군가의 관점에 의해 왜곡된 자기 이해이다. 당신 자신에 대하여 "잘못한 것"이라고 생각하는 그때로 되돌아가서 그 상황에 대하여 좀 더 집중하고 숙고하는 시간을 가지기를 바란다. 특히 여자들은 자신에게 가해했던 사람보다 가해 당했던 악한 기억을 훨씬 더 잘 못 잊는다. 자신을 정말로 사랑한다면, 자신이 당했던 모든 악한 기억들도 다 잊을 수 있어야 한다. 그것이 진정한 사랑의 실체이다.

사랑은 다른 사람을 사랑하는 것뿐만 아니라 자신을 사랑하는 것을 내포한다. 레위기 19장에서 하나님은 모세에게 십계명이 적힌 돌판을 주시면서, "원수를 갚지 말며 동포를 원망하지 말며 네 이웃 사랑하기를 네 자신과 같이 사랑하라 나는 여호와이니라"(레 19:18)라고 말씀하셨다. 이 말씀은 당신의 이웃에 대한 계명일 뿐만 아니라, 자기 자신 또한 사랑하기를 원하시는 하나님의 뜻을 나타내고 있다. 이 말씀을 좀 더 넓게 적용해본다면, 다음과 같은 의미가 될 것이다. "너 자신에게 원수를 갚지 말며 원망하지 말며 너 자신을 더욱 사랑하고, 너 자신을 사랑하는 것같이 네 이웃을 사랑하라." 하나님은 당신이 당신 자신을 사랑하기를 원하신다. 이것은 당신의 이웃을 사랑하기 위한 기초이다. 당신이 자신에 대한 감당할 수 없는 엄청난 악한 기억들을 계속 가지고 있다면, 당신은 당신 자신에 대하여 너무나도 쉽게 화를 내게 될 것이고, 당신의 사랑을 다른 사람에게 주는 것은 점점 더 어려워질 것이다. 뿐만 아니라 다른 사람과 즐겁게 어울리는 것은 더더욱 힘들어질 것이다.

이 장의 마지막 훈련은 당신 자신에게 적대감을 드러내는 악한 기억을 환기하는 것이다. 당신이 저지른 실수에 의한 받아야만 하는 것보다 훨씬 더 큰 모멸과 수치스러움, 굴욕감을 경험했던 때를 순서대로 서술해 볼 필요가 있다.

다른 사람의 실수를 용서하기가 쉽지 않은 것처럼, 당신 자신의 실수를 용납하는 것이 결코 쉽지 않을 것이다. 자신의 실수를 용서하기가 쉽지 않기 때문에 이 "잘못한 것"들은 당신 내면의 훨씬 깊은 곳에 자리 잡고 있으며, 발견하기가 결코 쉽지 않다. 지난 2장에서 당신의 삶 속에 자리 잡고 있는 두려움, 수치스러움, 죄책의 힘에 대하여 읽을 수 있었다. 당신을 적대하며 내면에 정착된 잘못한 것들은 이러한 부정적인 것들과 연결되어 있다. 다른 사람들의 문제를 용서하고 잊어버릴 수 있는 것과 내 속에 은밀하게 정착한 자신에 대한 적대감 사이의 양태를 당신은 찾아낼 수 있어야 한다.

당신이 자기 속에 해소할 수 있었던 것과 아직도 해소하지 못하고 있는 것들에 대하여 다시 한번 써보도록 하자. 그리고 그 형태를 찾는 훈련을 시작하고 어떻게 그것들이 당신과 다른 사람들에게 영향을 주고 있는지 살펴보자. 보다 깊은 작업을 위한 발판으로서, 이것들을 파악하고 당신이 얻은 통찰력을 서술해보자. 용서의 장에서 당신은 이 목록을 다시 한번 사용해야 할 것이다. 그러나 지금은 당신 자신 혹은 다른 누군가에 의해 형성된, 당신의 잘못한 것에 대한 기록을 배후에서 지탱하고 있는 것이 무엇인가를 아는 것이 중요하다.

> 사랑하는 하나님 아버지, 당신이 저를 얼마나 사랑하는지 깨닫게
> 하여 주시옵소서. 당신이 직접 실천하신 사랑의 방식을 저도 본받게
> 하여 주시고 저의 악한 기억들을 제하여 주시옵소서. 그러나 무엇보

다도 바라옵기는 제 마음속에 아직까지 자리 잡고 있는 악한 기억들의 진실을 온전하게 깨닫고 이해할 수 있는 힘을 주시옵소서. 이 진실이 그대로의 진면목으로 저에게 나타나기를 간절히 원합니다. 마음의 문을 활짝 열어 제치고 빛 아래로 나아갈 수 있는 용기를 저에게 허락하여 주옵소서. 그러므로 그것의 은밀한 것들을 온전히 만날 수 있도록 하여 주옵소서. 당신의 사랑으로 내 삶의 뜨개질을 어떻게 다시 짜나가야 하는지 알게 하여 주옵소서. 당신은 모든 것을 새롭게 하시는 능력을 가지고 계심을 믿습니다. 사랑하는 하나님 아버지, 당신의 말씀으로 저에게 정직하고 깨끗한 마음과 새로운 영을 창조하여 주옵소서.

## 평가는 사람에게 어떤 스트레스를 주는가?

> "아무 것도 염려하지 말고 다만 모든 일에 기도와 간구로,
> 너희 구할 것을 감사함으로 하나님께 아뢰라
> 그리하면 모든 지각에 뛰어난 하나님의 평강이 그리스도
> 예수 안에서 너희 마음과 생각을 지키시리라"(빌 4:6-7)

오늘날의 여성들은 다양한 분야에서 다양한 기능을 선보이고 있거나 마치 "저글링"(여러 개의 공을 떨어뜨리지 않고 공중에서 다루는 곡예)과 같이 다양한 마술과 곡예를 보이고 있는 솜씨 좋은 곡예사이기도 하다. 구경꾼들로부터 "저 저 저..."라든가 "어이쿠"라는 위태로워 보여서 비명을 내뱉는 사람이 거의 없는 노련한 곡예사이며 마술사이다. 또한 곡예 중에 공을 놓치거나 실수하는 일도 거의 없다. *과연 그녀들은 어떻게 이런 능력을 보이는 것일까?*

파멜라는 침울한 기분으로 어두운 집안의 아래층 계단에 혼자 앉아 있다. 이미 그녀의 남편과 자녀들은 위층 침실에서 잠에 빠져있다. 파멜라가 그런 호사를 누리기 위해서는 앞으로도 몇 시간이 더 필요할지 알 수가 없다. 가족들은 그녀의 상황과 기분이 어떠한지도 모르는 채, "잘자"라는 인사도 한마디 없이 이미 위층으로 다 사라져버렸다. 물론 그녀는 오늘 저녁에 자신이 해야 할 일이 얼마나 많이 남았는지 가족들에게 수없이 불평을 털어놓았지만 아무 소용이 없었다. 가족들 중

에 누구도 파멜라에게 "잘자"라는 인사를 건네는 것을 망설이는 사람이 없었다.

이번 주에 들어서만 세 번씩이나 가족들의 저녁을 준비하느라 파멜라는 정말로 지쳤다. 벌써 목요일이 시작되었고 적어도 금요일까지는 공동으로 작업해야 할 시안 작성을 마쳐야만 하는데도, 그렇게 시간을 허비한 파멜라는 너무나 기력이 소진되고 말았다. 너무나 지쳐서 일에 대한 의욕을 상실한 채 자신의 책상에 앉은 파멜라는, 사람들이 다 누리는 여유로움이 왜 자신에게는 주어지지 않는지 분노가 치솟았다.

가족들은 그녀가 모든 일을 항상 잘 해결해 내는 만능 해결사쯤으로 그녀를 생각할지언정, 누구도 그녀가 그렇게 일을 잘 해내기 위해서 얼마나 많은 수고를 해야 하는지 아무도 관심이 없었다. 아이들은 그녀가 항상 자신들의 점심을 준비하고, 그들의 심부름을 대행하며, 방과 후 프로그램에 참여하고 과제를 도와서 완성해 주기를 원할 뿐이다. 그녀의 남편은 그녀가 항상 집에서 음식을 준비하고 식탁에 음식을 차리며, 세탁기에서 빨래를 돌리고 집안을 청소하며 잠자리에서는 자신의 성적욕구를 충족시키는 존재로만 생각한다. 회사는 모든 업무를 항상 완벽하게 처리하며, 어떤 어려움도 원만하게 해결하며, 아무리 벅찬 일이라도 거절하지 않고, 어떤 어려운 고객의 요구에도 침착하게 처리하기를 원한다. 그 누구도 파멜라가 자신에게 지워진 이 많은 짐을 어떻게 해결하는지 관심을 갖거나 집중하지 않는다.

그녀의 남편은 그녀가 당연히 그렇게 할 수 있는 것처럼 "그냥 잊어버려"라고 그녀의 고통스러운 현실에 대하여 그저 가벼운 대꾸로만 대할 뿐이다. 학부모 모임과 교회에서의 활동은 그녀에게는 매우 중요한 의미의 모임들이지만 그녀가 처리해야 할 또 다른 일들 때문에 제대로 참석할 수가 없다. 정말로 그녀가 참석하고 싶고, 언제나 하고 싶은 일들이 그렇지 않은 일들에 의해 밀려날 뿐 아니라 정말로 하기 싫은 일에 자신의 시간과 에너지를 다 소진하게 되는 것이다. 책상에 앉아 자신을 분노하게 하는 상황들을 하나씩 떠올릴 때면, 주체할 수 없이 눈물이 흐르고 있음을 느낀다. 언제까지 이런 상황을 견딜 수 있을까 라는 생각으로 밤을 지새우고 있다.

　오늘날의 여자들은 언제나 이러한 스트레스에 시달리면서 살고 있다. 스트레스란 무엇인가를 짓누르고, 강하게 끌어당기거나 밀고, 꽉 쥐어짜거나, 혹은 강하게 비트는 것을 의미한다. 많은 여자들은 이런 스트레스를 항상 받고 있다. 즉 많은 여자들은 그 자신의 삶이 어떤 요인에 의해 주기적으로 짓눌리거나 강하게 당겨지거나 또한 강하게 밀려가게 되고, 꽉 쥐어짜거나, 강하게 비틀리는 삶을 살고 있다. 그럼으로 여자들은 이런 스트레스에 의해 점진적으로 으깨어지고 있는 것이다.

## 책임과 의무에 대한 압박

　오늘의 여자들에게는 항상 감당해야 할 일정한 책임이 존재한다고 나는 생각한다. 과거 수십 년 전의 여자들은 아이들을 키우고 집안을 돌보는 것이 그들의 전업이었다. 내가 어린 시절에도 대부분의 어머니가 그랬던 것처럼, 나의 어머니는 항상 집에서 살림을 돌보셨다. 물론 지금도 집에서 살림만 하는 주부들이 많이 있지만, 대부분의 여성들은 자신의 일터에서 전업이나 부업으로 일을 한다. 이러한 이유는 결혼한 여성뿐만 아니라 미혼인 여자들의 경제적인 이유 때문이다. 만약 공익활동이나 공동체, 학교, 혹은 종교적인 활동을 한다면, 훨씬 더 많이 시간에 쫓기게 된다.

　나는 요즘 논쟁이 되는 엄마의 전쟁(Mommy War)에 휘말리고 싶지는 않지만, 오늘날의 여자들이 느끼는 압박에 대해 소박하게 문제를 제기하고자 한다. 여자들에게 책임이 가중되면 될수록 여자들은 당장에 해결해야 할 일들에 매달릴 수밖에 없게 된다. 여자들은 어떻게 하면 좀 더 가용시간을 늘릴 수 있을까를 계산하면서, 그들의 머릿속에 "스톱워치"를 계속 작동시키는 방식으로 시간을 조금씩 더 잘게 쪼개어 쓰고 있다.

　트리샤(Trisha)의 생활방식은 위태로워 보일 정도로 촌각을 다투면서 살아가고 있다. 집으로 오는 시간을 무려 10분이나 줄일 수 있었던 것은 트리샤에게는 정말 행운이다. 트리샤에게 10분은 황금과도 같은 귀중한 시간이다. 음성메시지를 들으면서 우편물을 뜯어서 확인하고, 오늘 아침에 빨았던 옷들을 건조기 안에 다시 던져 넣으며, 식기세척기 안에 아침에 먹었던 접시들을 재빨리 집어넣고, 그녀가 다시 집을 나가기 전에, 오늘 저녁 모임의 발제 내용을 프린트하기 시작한다. 10분을 아끼기 위해서 이리 뛰고 저리 뛰는 그녀의 모습이 안쓰러울 정도이지만, 그러나 그녀는 여전히 촌각을 다투는 생활을 계속할 수밖에 없다.

10분이 아니라 30초를 쪼개어 쓰는 여자들도 적지 않다는 것을 나는 잘 알고 있다. 하루 종일 온갖 스트레스에 시달리다가 저녁에는 거의 녹초가 된다는 여자의 하소연을 들은 적도 있다. 화장실에서 느긋하게 종이 수건으로 손을 닦는 대신 건조기에 손을 말려야만 하고, 컴퓨터를 켤 때, 부팅속도가 너무 느려서 속이 터질 것 같을 때, 여자들은 정말로 짜증과 분노가 활화산처럼 치솟는 느낌을 받는다. 음성메시지가 쓸데없이 너무 길거나 대화 도중에 상대방이 너무 긴 미사여구를 사용하면서 시간을 소모하는 것조차도 그녀의 화를 돋우는 것이다. 시간을 "낭비"하게 만드는 모든 행위들이 눈에 거슬리는 것이다. 시간이 흐르면서, 시간을 낭비하게 만드는 모든 "장애물"들을 그녀는 적으로 간주하고 있다는 것을 깨달았다. 그녀는 아무리 짧은 "시간"이라도 생산적으로 사용해야 한다는 강박에 시달리고 있다. 누군가, 혹은 어떤 일이 자신이 허용하고 수용할 수 있는 시간의 한계를 넘어서게 되면 그녀는 스트레스를 받기 시작한다. 그녀는 일의 과중함과 압박 때문에 이미 스트레스를 받고 있기 때문에 자신의 주변적인 것들이 천천히 작동하면 할수록 그녀는 분노에 휩싸이게 된다. 시간이 낭비된다고 느끼는 매 순간이 분노가 되며, 그녀의 쉴 틈 없는 스케줄을 수행하고 소화해내야 하는 상황에 접촉하는 모든 대상이 적대적인 대상이 되는 것이다.

물론, 완벽하게 생산적이고 창조적으로 시간을 사용할 수 있는 사람은 이 세상에 결코 존재하지 않는다. 자신을 그러한 빈틈없는 계획 안으로 몰아넣는 것은 오히려 비생산적인 결과를 초래하게 될 뿐이다. 화장실에서 종이 수건으로 손을 닦을 여유조차 없이 자신을 몰아세워서 결국에는 자신을 분노에 빠뜨리는 이유가 무엇인지 그녀에게 질문하면, "자신이 해야 할 일이 너무나도 많아서"라고 그녀는 대답한다. 그녀에게 지워진 과도한 책임과 업무 부담이 감당하기 벅차다고 그녀는 고통을 호소한다. 그렇다면 그녀의 직장 상사에게 그녀가 화장실에 가는 시간조차 아까워할 만큼 악독한 사람이라고 생각하느냐고 내가 물으면, 그녀의 대답은 "그렇지는 않다"라고 대답한다.

그녀를 그렇게 쉴 틈 없이 몰아세우는 것은 그녀의 직장 상사가 아니라 결국 자기 자신인 셈이다. 그녀는 항상 일을 완수해야 할 깊은 책임감에 시달리고 있다. 자신이 지금 어떤 존재인가라는 것보다 어떤 탁월한 능력을 보일 수 있는가라는 점이 그녀에게는 자신을 평가하는 가장 중요한 가치이며 덕목인 것이다. 자신의 존재적인 가치는 자신에게 얼마나 탁월한 능력을 가지고 있는가라는 점에 의해 평가되는 것이다. 그녀는 자신이 무능하다고 평가받기를 원치 않는다. 그래서 더욱더 자신의 능력을 인정받는 일을 해야만 하고 결국 화장실에 가는 시간조차 아깝고 화가 나는 낭비의 시간이 되는 것이다. 이것이야말로 영혼을 빨아들이기 위한 스트레스의 요리법이다.

## 사면초가

성경에서 "스트레스"라는 표현은 거의 사용되지 않고 있다. 겨우 두 번 정도 사용되고 있으며, 예레미야서에서 한 번 사용되고 있다. 하나님이 스트레스에 대해 경고하고 있는 이 말씀을 당신도 반복해서 읽기를 바란다. 이 말씀은 바벨론 군대에게 포위된 예루살렘의 절망적인 상황에서 하나님께서 이스라엘 백성들에게 하신 말씀으로써, 예레미아에 기록된 이 말씀은 우리가 결코 즐거운 마음으로 읽을 수 있는 이야기는 아니다.

> "그들이 그들의 원수와 그들의 생명을 찾는 자에게 둘러싸여 곤경에 빠질 때에 내가 그들이 그들의 아들의 살, 딸의 살을 먹게 하고 또 각기 친구의

살을 먹게 하리라 하셨다 하고"(렘 19:9).

처음 이 말씀을 읽었을 때 이 말씀이 우리의 이야기에 적용될 만한 적절한 구절이라고 생각되지는 않았다. 그러나 말씀을 반복해서 읽고 오랫동안 묵상을 하면서 스트레스에 빠진 여자들의 내면적인 상황이 바로 이런 상태가 아닐까라고 생각하게 되었고, 묵상을 오래 할수록 더 깊은 적용점을 발견할 수가 있었다.

- 스트레스는 당신의 존재와 정신을 사면초가에 빠지게 만든다.
- 당신이 심한 스트레스의 포로가 될 때, 자신에 대한 절망적인 평가조차도 쉽게 수용하게 된다.
- 당신이 극심한 스트레스의 포로가 되면, 삶의 모든 것이 삶과 죽음의 투쟁처럼 보이게 된다.
- 당신이 극심한 스트레스의 포로가 되면, 가장 심하게 해를 입는 것은 당신 자신이 될 것이다.

앞선 장에서 우리가 만났던 파멜라도 자신의 희생과 책임을 요구하는 모든 것들이 자신이 동의한 것조차도, 극심한 스트레스가 되어, 육체적인 활력과 정서적인 안정감, 마음의 평화를 위협하는 무서운 억압적 요인들이 되고 있었다. 극심한 스트레스의 절망적인 고통에서 살아남기 위해 몸부림치던 파멜라는 결국 가족들을 희생시킬 수밖에 없었다. 너무나 안타까운 일은, 그녀가 자신의 가족들의 살을 먹을 수는 없었기 때문에, 그녀는 결국 가족을 향한 자신의 모든 사랑과 정념의 정화인 시간과 에너지를 다른 것들이 뜯어먹도록 자신을 희생하게 되었다.

스트레스 때문에 가족들에 대한 자기의 사랑이 "무감각"해져 버린 그녀는, 분노와 증오가 뜯어먹도록 자신을 방치하고 말았다. 이렇게 분노와 증오에 자신을 맡기는 것이 옳은 일이 아니라는 것을 그녀는 너무나도 잘 알지만, 이미 자신의 이성이 스트레스에 의해 포위되어 미래에 대한 기대와 희망을 체념하고 자포자기한 상태로 하루하루 살아가고 있는 것이다. 그녀는 언젠가부터 자신의 마음속에 자신에게 희생을 끊임없이 요구하는 "그들과 우리" 사이의 대립적 관계를 형성하고 단지 자신을 포함한 "우리"로서의 가족, 그리고 "그들"의 범주 안에서만 그녀의 책임을 한정지으려 하게 되었다. 그러한 책임에 포위된 느낌이 점점 더 강하고 오래될수록 파멜라의 "우리"로서의 가족은 세상과 대립하는 점점 더 강한 "나"의 분신이 되어가는 것을 느꼈다. 세상과 자신에 대하여 이분법적이고 대립적인 의식에 의해 지배당하고 있는 파멜라의 포위된 압박감과 극심한 스트레스는 결국 누군가의 도움이 아니고서는 해결할 수가 없게 된 것이다.

## 비현실적인 기대

당신은 비현실적 기대가 촉발하는 분노의 다양한 유형들에 관한 이야기를 이 책의 첫 장에서 읽은 적이 있을 것이다. 정신적으로 포위된 상태로 살아가는 것은 대부분의 여성들이 비현실적인 기대의 영역 안에서 살아가고 있다는 것을 의미한다. 오늘날의 대부분의 여성들은 스트레스로 포위된 삶을 어쩔 수 없이 감내한다는 뜻이 아니라 자발적으로 그러한 삶의 중심에서 문제를 감당하며 살아가고 있다는 것이다. 예를 들면, 예기치 못한 추돌사고, 일상적인 딸꾹질, 신경 쓰이는 소소한 자신의 약점들에 시달리는 것조차도 자신이 해결해야 한다. 이것이 당면한 냉엄한 현실이기도 하다. 이러한 것들이 당신의 현실에서는 결코 일어나지 않을 것이라는 비현실적인 기대를 하고 있다면, 이러한 일들이 실제 발생하게 될 때, 당신은 이미 심각한 스트레스에 포위되어 있는 것이다. 비현실적인 기대는 결코 현실이 아니다. 다만 당신의 머릿속에 있는 하나의 "기대"로써, 사유될 뿐이다.

『치킨 리틀』(Chicken Little)이라는 이야기를 기억하는가? 어느 날 조그마한 암탉이 산책을 하기 위하여 밖으로 나가 도토리나무 밑을 지나가게 되었을 때 갑자기 바람이 불어 도토리가 그녀의 머리 위에 떨어졌다. 머리에 충격을 받은 그녀는 순간적으로 "하늘이 무너지고 있다"라고 생각하기 시작했다. 자신의 생각을 확신한 암탉은 이 위기 상황을 왕에게 전달하기 위해 친구들을 모으기 시작했다. 순간적으로 자기 생각과 논리에 빠지게 된 암탉과 친구들은 왕을 만나러 가는 도중 만난 교활한 여우의 먹잇감이 되고 말았다. 이 암탉이야말로 비현실적인 기대의 파멸로 자발적으로 걸어 들어가게 된 것이다. 머리에 도토리가 떨어졌을 때 그녀는 마치 대재앙이 자신에게 발생한 것처럼 생각했다. 도토리가 땅으로 떨어지는 것은 결코 대재앙이 아니다. 그저 자연적인 현상일 뿐이다. 그녀의 머리에 도토리가 떨어졌을 때, "흠, 도토리가 머리 위에 떨어졌구나!"라고 담담하게 받아들이지 못하고, "하늘이 무너지고 있다"라는 망상에 빠지고 말았던 것이다.

오늘을 사는 많은 여성들에게도 위의 비유가 적절하게 적용될 수 있지 않을까라고 생각한다. 비현실적인 기대는 도토리 만한 문제들, 즉 도로에서의 가벼운 추돌사고, 딸꾹질, 일상의 소소한 문제들을 마치 대재앙처럼 생각하도록 만든다. 여자들이 스트레스를 받을 때, 그녀들은 자기의 삶이 마치 출구 없는 성에 포위된 것처럼 느낀다. 이렇게 자신이 절망의 성에 포위된 것처럼 느끼는 여자들은 자신에게 닥친 일이 도토리처럼 가벼운 것일지라도 하늘이 무너지는 것처럼 느낀다. 그 일에 대하여 그녀가 하늘이 무너지는 것 같은 반응을 보이는 것과는 달리, 가족들이 그러한 반응을 보이지 않을 때, 여자들은 가족들에게 분노와 적대감과 배신감을 느끼게 된다. 자신이 가족들에게 인정받지 못하고, 시달리며 심지어는 이용당하고 있다고 생각한다. 이러한 일이 반복될 때, 여자들은 자신이 드러낼 수 있는 모든 분노를 표출하며, 점점 더 심한 분노에 사로잡히게 된다.

당신이 스트레스로 인해 포위된 느낌을 가질 때, 다른 사람들은 당신이 당하는 만큼 심하게 스트레스를 느끼지 않는 것처럼 생각되기도 한다. 아마도 다른 사람들의 스트레스가 당신보다는 덜한 것이라고 생각하지만 실제로 그렇지는 않다. 항상 발생되는 소소한 문제들이 당신만이 겪는 특별한 문제는 결코 아니다. 인간은 누구나 이런 어려움을 헤치고 살아간다. 어려움에 봉착했을 때 그것이 당신에게만 특별하다고 생각하는 것은 전형적인 비현실적인 예측일 뿐이다. "재난은 티끌에서 일어나는 것이 아니며 고생은 흙에서 나는 것이 아니니라 사람은 고생을 위하여 났으니 불꽃이 위로 날아 가는 것 같으니라"(욥 5:6-7)라고 욥은 말하고 있다.

마당에 피워진 모닥불을 본 적이 있는가? 바람에 의해 날려 올라가는 불티는 주변의 차가운 공기를 통해서 더욱 선명한 빛을 내게 되는 것이다. 도토리가 떨어지듯이 불티가 바람을 타고 하늘에서 빛을 내는 것도 당연한 것이다. 즉 나에게 일어나는 문제들이란 하늘로 날아올라 가는 불티와 같은 것이다. 너무나 자연스러운 일이며 흔한 일일 뿐이다. 이 문제를 해결하고 치료를 받는 대상이 특별히 당신 혼자만이 아니다. 인간이라고 불리는 모든 인간존재는 이런 일을 겪게 되는 것이다.

## 스트레스는 극복해야 할 대상으로 생각하라

스트레스에 의한 어려움, 난관, 좌절, 암담함이 당신의 삶에 일부라고 인정한다면, 어떻게 당신만이 그러한 것에 포위되었다고 생각할 수 있는가? 그 이유는 아마도 당신에게 실제로 그런 일이 일어나지 않을 때에도 당신의 생각은 항상 그러한 스트레스로 압박을 받고 있었다는 것이다.

사소한 접촉사고를 일으킨 두 여자의 사례를 한번 살펴보자. 출근하기 위해 4차선 교차로에서 신호를 기다리던 그녀들은 습관처럼 라디오를 만지작거리면서 엑셀레이더를 밟는 순간, 앞차가 출발하지 않은 것을 뒤늦게 발견하고 놀라서 급작스럽게 브레이크를 밟아 제동을 시도했지만 결국 앞차의 범퍼에 부딪치고 말았다. 한 여자에게는 이 사건이 도토리가 떨어지는 것 같은 사소한 사건에 지나지 않았고, 또 다른 여자에게는 재앙이 되었다.

교통사고가 재앙이라고 생각하는 여자에게 이것은 정말 끔찍한 일이었다. 도로 중앙에서 갑자기 멈춰선 앞차 운전자의 무능함을 맹렬하게 질타하면서 부들부들 떨리는 손으로 운전대를 잡고 차를 길가에 세웠다. 나에게 왜 이런 재수 없는 일이 생기는 걸까! 그녀는 보험사에다 이 상황에 대하여 자신을 정당화하는 모든 변명을 다 쏟아놓겠지만 어떤 변명을 늘어놓든지 간에 뒤에서 추돌한 그녀는 과실을 피할 수가 없게 될 것이다. 그녀의 보험료 할증률은 천정부지로 오를 것이다. 속도가 빠르지 않았음에도 불구하고 그 차의 주인은 틀림없이 목을 붙잡고 나와서 자신의 다친 부분을 과장할 것이 뻔한 상황이라는 것조차도 그녀는 잘 알고 있다. 이런 불운한 일이 항상 자기에게만 일어난다는 것을 그녀는 도저히 받아들일 수가 없다. 사고처리로 회사에서 일하는 시간은 줄어들 것이고, 집세는 이미 두 달 전에 올라 추가부담을 져야 하는 상태이다. 사고로 보험할증까지 된다면 도대체 이 모든 것들을 자신이 어떻게 감당해야 할지 정말로 암담하기만 하다. 더욱 심각한 것은 보험회사가 만약 손해보상을 거절한다면, 사고기록 때문에 그녀는 다른 보험사에 가입조차 할 수 없는 지경에 이르게 된다. 앞으로 보험률을 얼마로 올리든지 간에 그녀의 보험사가 보험을 취소하지 않고 사고처리 비용을 해결해준다면 그녀에게는 정말 천행일지도 모르는 상황이다. 파손된 부분을 확인하기 위해 어쩔 수 없이 차에서 내린 그녀는 차 문을 쾅 닫으면서, 머리끝까지 치솟은 분노가 어느새 눈물이 되어 흘러내리는 것을 느꼈다.

교통사고를 도토리가 떨어진 것이라고 느끼는 여자에게 이 사고는 단지 사소한 불운에 지나지 않았다. 차를 길가에 세운 여자는 속도를 너무 많이 내지 않은 것을 다행으로 여겼다. 라디오 소리를 낮추기 위하여 전방주시를 소홀히 한 것일 뿐이다. 그녀나 앞차도 다행히 큰 손상을 입지는 않았다. 이것은 단순한 사고일 뿐이다. 앞으로는 좀 더 조심하는 습관을 길러야 하겠다고 생각한다. 더 큰 사고가 될 수 있었음에도 불구하고 그렇지 않은 것에 대하여 그녀는 감사한다. 추돌로 앞차의 운전자가 다쳤을지도 모른다는 걱정 때문에 차에서 바로 내려 피해 운전자의 안전과 차량의 파손여부를 먼저 살펴보는 바람직한 태도를 보이고 있다.

첫 번째 사례의 여자는 이 경미한 사고를 대재앙으로 키워서 자기를 절망적으로 몰아가는 경향이 있다. 사고가 난지 단 몇 초 만에 이 사고를 피해자의 부풀린 손상, 그리고 자신의 보험문제와 재정적인 위기 등으로 점점 더 부정적인 의식을 파급시키고 있다. 재앙적인 의식을 가진 여자는 자신에게 "지금 하늘이 무너지고 있다"고 외치고 있는 것이다. 이것은 그녀에게 분노와 떨림과 격분을 남긴다.

두 번째 사례의 여자는 이 사고를 단순화시킴으로써, 단지 그 상황 안에서 경미한 사건으로 남아있게 한다. 짧은 순간에 그녀는 자신이 책임져야 할 일을 합당하게 처리하고, 그 상황의 긍정적인 부분을 적극적으로 수용하고자 한다. 사건을 도토리로 생각한 여자는 자신에게 단지 "흠!"이라고 말할 뿐, 자신이 가던 길을 계속 갈 뿐이다. 그리고 이것은 그녀에게 침착함, 준비된, 낙관적이라는 긍정적인 의식으로 남게 된다.

동일한 상황에서 전혀 다르게 대처하는 두 여자의 생각 차이를 우리는 보고 있다. 재앙적 의식의 여자는 그녀의 감정과 생각의 전 영역에서 모든 부정적인 것들을 주변에 뿌리면서 절망적 세계로 순식간에 날아가 버린다. 반면에, 긍정적 의식의 여자는 자신에게 있는 최대치의 긍정적인 힘으로 그 상황을 극복하고 헤쳐 나갈 수 있는 길을 모색하면서 긍정적인 의식이 자기의 중심을 이루는 힘이 되도록 한다. 재앙적 의식의 여자는 위기가 닥칠 때마다 모든 문제를 더 크게 확대시키고 더 강하게 결합하는 부정적인 의식에 의해 지배당하고, 포위된 채 살아가게 된다. 긍정적 의식의 여자는 위기가 닥칠 때, 소극적으로 회피하려고 하지 않고 그 상황을 자신의 의지와 열정으로 문제를 해결하려는, 긍정적인 의식의 통제와 지배를 받는 사람이다.

당신은 과연 어떤 종류의 사람이라고 생각하는가? 삶이란 다양한 영역에서 매일같이 일어나는 소소한 사고와 스트레스로 가득 찬 세상이다. 이것은 당신에게 그저 지나가는 소소한 사고이거나 아니면, 당신에게 심각한 해를 입히는 대재앙이 될 수도 있다. 어떻게 우리에게 닥치는 일들이 대재앙인지 아닌지를 구분할 수 있는 것일까? 위기가 닥치면 당신의 의식이 긍정적으로 작동하고 그것이 가능한 한 긍정적인 것들의 연대와 결속으로 나타나는가? 아니면, 비록 모든 것이 잘되고 있을 때에도, 자신에 대한 부정적인 의식이 여전히 자신을 포위하고 있는가? 이를 자신에게 반문해 볼 필요가 있다.

## 고비 놓기

나는 합리적인 여자들이 자신에게 떨어진 도토리를 대재앙으로 몰고 가는 원인은 그녀에게 주어진 너무 많은 책임감 때문이라고 생각한다. 당신은 책임감이 있는 사람이라면 마땅히 자신의 삶을 절제하고 조절할 수 있어야 한다고 생각할 것이다. 당신에게 주어진 상황을 제대로 관리하고 그에 맞는 적절한 행동을 하고 있는지를 자신에게 질문하는 것이 바로 지금 당신이 해야 할 일이다. 여자로서 가족에 대한 책임감을 갖는 것은 마땅한 일이겠지만, 지금, 당신에게 정말로 필요한 것은 당신 자신의 감정을 관리하는 것이다. 당신이 아이들을 돌보고 훈육하듯이 당신도 가족들 중의 누군가로부터 돌봄이 필요하다고 느낄 때, 당신은 자신의 감정을 조절하지 못하는 상태가 될지도 모른다. 이것은 대재앙이 아니라 그저 도토리가 떨어지는 것에 지나지 않는 것이다. 여자로서 가족에 대한 책임감을 갖는 것은 마땅한 일이겠지만, 지금, 당신에게 정말로 필요한 것은 당신 자신의 일을 찾는 것이다. 당신은 가족에게 모델이 되고 용기와 동기를 부여하듯이 당신도 가족 중에 누군가로부터 당신의 일에 대한 용기와 동기를 부여받아야 하며, 그때 당신은 자신의 감정을 통제하지 못할지도 모른다. 그러나 이것은 대재앙이 아니라 그저 도토리가 떨어지는 것에 불과하다. 당신이 가족에 대하여 과도한 책임감을 느끼지만 오히려 그 책임을 다하지 못할 때, 당신은 자신의 감정을 조절하지 못할 뿐 아니라 극심한 스트레스에 빠지게 된다. 그러므로 "내려놓음"을 통해 당신은 당신의 삶에서 수많은 불필요한 스트레스를 줄일 수 있게 될 것이다.

**벗어남**

"벗어남"은 돌봄을 포기하는 것이 아니다. 다만 나는 지금 다른 누군가를 돌볼 마음의 상태가 아니라는 의미이다.

"벗어남"은 나 자신을 다른 사람과 단절하고 유폐하겠다는 뜻이 아니다. 다만 지금 나는 다른 누군가를 훈육할 수 있는 상태가 아니라는 것을 의미한다.

"벗어남"은 나는 할 수 없다는 주장이 아니라, 자연적인 순리가 무엇인가를 배우는 것이다.

"벗어남"은 누군가를 보살피는 것이 아니라, 그가 자신의 문제를 해결하도록 돕는 것이다.

"벗어남"은 누군가의 의식을 교정하는 것이 아니라, 스스로 교정할 수 있도록 도와주는 것이다.

"벗어남"은 그의 행위를 심판하는 것이 아니라, 자기를 완성해가는 그의 방법과 길을 인정하는 것이다.

"벗어남"은 결과를 위하여 획일적인 줄 세우기가 아니라, 자신의 삶과 소명을 사랑할 수 있도록 도와주는 것이다.

"벗어남"은 생산적인 존재가 되도록 강요하는 것이 아니라, 삶의 진실을 경험하도록 돕는 것이다.

"벗어남"은 몰아내는 것이 아니라, 수용하는 것이다.

"벗어남"은 잔소리하고 꾸짖고 서로 반목하는 관계가 아니라, 자신의 결점을 찾아 고쳐가는 과정이다.

"벗어남"은 내 생각에 모든 것을 맞추는 것이 아니라, 있는 그대로의 진실을 받아들이고 그 속에서 즐거움을 찾는 것이다.

"벗어남"은 과거를 후회하는 것이 아니라, 미래를 향해 나아가고 성숙해지는 것이다.

"벗어남"은 두려움은 점점 사라지고 사랑이 더욱 더 많아지는 것이다.

자신의 감정을 잘 조절하지 못하는 여자들의 일상은 모순적이다. 사람들 앞에서 자신의 감정을 잘 조절할 수 있는 존재가 되기를 원하지만, 뜻대로 되지 않을 때, 심한 스트레스를 받게 된다. 즉 당신이 다른 사람의 감정을 통제할 수 있기를 원하지만, 역설적이게도 당신 자신은 자신의 감정을 조절하지 못하는 모순적인 존재가 된다. 내면 깊은 곳에 은닉되었던 비현실적인 기대가 심하게 곪아 마침내 봇물 터지듯 터져 흐르게 되면, 당신은 잠재되었던 부정적인 것들을 마구 토해내고 미친 듯이 날뛰게 되며, 자신을 통제하지 못하는 상태에 이르게 될 것이다. 낙담과 증오와 분노가 내면에서 차곡차곡 쌓여 더 이상 감당할 수 없게 될 때, 당신은 자신의 감정에 대한 통제력을 상실하게 될 것이다. 사소한 문제를 하늘이 무너지는 것 같은 대재앙으로 확대할 뿐 아니라 타인의 문제조차도 부정적인 의식으로 확대 해석하게 될 때, 당신은 자신에 대한 통제력을 잃게 된다.

## 가치관

어떤 가치관을 소유하고 있는가가 건강한 정신을 유지하는 매우 중요한 요소가 된다. 실제로, 우리 의식은 우리의 가치관에 의해 움직인다. 삶이 당신의 가치관과 조화를 이루지 못하게 될 때, 적절한 화음을 이루지 못해서 항상 신경을 거슬리게 만드는 불협화음처럼 그것은 당신의 삶을 엉망으로 만들게 될 것이다. 이러한 삶은 본능적으로 짜증과 심한 스트레스를 불러일으키게 된다. 누군가에 대해 특별한 기대를 하게 될 때, 여자들은 자신의 가치관을 쉽게 드러내게 된다. 이것이 바로 여자들의 비현실적인 기대를 반영한 형태이다. 당신의 가치관이 비현실적인 기대에 근거하고 있다면, 그 기대는 항상 당신 삶의 진실한 영역을 회피하려는 경향을 보이게 된다. 또한 비현실적인 기대에 근거한 당신의 가치관이 현실에서 실현될 가능성이 낮을수록 그것에 의한 실망과 낙담, 그리고 분노도 더불어 점점 더 커지게 될 것이다.

당신이 삶 속에서 경험하듯이 우리의 일상에는 항상 적지 않은 곤경이 도사리고 있다. 밤하늘에 불티가 날아 올라가듯이 일상 속에 도사리고 있는 곤경에 빠지는 것은 어쩔 수 없는 일이다. 곤경에 빠지는 것은 물론 스트레스가 된다. 당신이 도토리 같은 곤경을 대재앙으로 확대시킬 때, 당신의 삶의 스트레스는 점점 더 증가하게 된다. 또한, 당신이 경험하는 스트레스가 커질수록 스트레스가 당신에게 요구하는 대가도 커지게 되어, 도저히 감당할 수 없는 지경에 이르게 된다. 스트레스로 인한 삶의 압박이 심해질수록 악한 기억으로부터 유출되는 비탄과 증오, 분노의 강도도 강해진다. 스트레스는 A에서부터 Z까지 모든 부정적인 것들을 유출하는 촉진제 역할을 한다.

분노(Anger)- 스트레스는 고통을 유발시키고, 고통은 분노를 불러일으킨다.

비난(Blame)- 스트레스는 당신을 정신적인 사면초가에 빠뜨려 누군가를 비난하도록 강요한다.

냉소주의(Cynicism)- 스트레스는 긍정적인 마음을 냉소적이 되도록 부정적인 독으로 중독시킨다.

방어적인 태도(Defensiveness)- 스트레스는 당신에게 부담이 되는 모든 것들에게 방어적이 되도록 만든다.

초조함(Edginess)- 스트레스는 당신의 삶을 불안에 떨게 하거나, 아직 일어나지 않은 일에 대해서조차 스트레스와 싸우거나 책임을 회피하도록 만든다.

좌절(Frustration)- 스트레스는 끊임없이 당신의 가능성을 마모시키고 감정적 에너지를 소모하게 만들어 결국엔 당신을 좌절하도록 만든다.

죄책감(Guilt)- 내면화된 스트레스는 당신에게 자기혐오, 수치, 죄책감을 유발시킨다.

절망(Hopelessness)- 응축된 스트레스는 당신의 삶과 상황에 대해 극복할 수 없는 절망감을 안기면서 기대와 가능성을 마모시킨다.

짜증(Irritability)- 스트레스는 짜증을 극대화하는 핵심적인 요인이다.

비판적인(Judgmental)- 스트레스는 편협한 자기만의 관점으로 사람과 사건을 판단하는 매우 좁은 시각을 갖게 한다.

허세(Know-It-All)- 스트레스는 당신의 힘겨운 상황을 정당화하며 버티고 이겨내게 하기 위한 욕구로서 무모하리만큼 필사적인 노력을 기울이게 한다.

혹평(Lashing Out)- 스트레스는 예민한 분노의 경계 안에 있는 모든 대상을 가혹한 비난의 표적으로 삼게 만든다.

수난(Martyrdom)- 스트레스는 내가 당하고 있는 고통만큼 힘겨운 고통을 당하고 있는 사람은 결코 없을 것이라는 자괴감에 빠지게 만든다.

신경과민(Nervousness)- 스트레스와 압박감은 아직 나타나지 않은 스트레스의 전조에도 예민하게 반응하는 신경과민이 된다.

- **통제 불능(Out of Control)**- 스트레스는 당신의 삶이 통제 불능에 빠져 난파된 배처럼 여기게 만들어서, 자기의 성찰이나 회복, 재생에 대한 어떤 가능성도 자기 속에 남겨두지 않는다.
- **공황(Panic)**- 스트레스와 통제 불능의 의식은 자신에게 또 어떤 고통스러운 일이 발생할 것인가의 두려운 생각과 더불어 당신을 공황상태로 몰아넣을 것이다.
- **다혈질(Quick Tempered)**- 스트레스와 압력밥솥 같은 환경은 당신의 성격을 사소한 것에도 분노를 폭발시키는 다혈질적 존재로 만들 것이다.
- **원망(Resentment)**- 스트레스는 당신과 생각이 같지 않은 사람들에 대하여 예민하게 반응하고, 원망하게 되는 지극히 사적인 경험으로 내면에 누적되게 할 수 있다.
- **조바심(Stewing)**- 스트레스는 당신에게 끝없는 긴장을 유발시키면서 당신의 의식을 괴롭히는 냉혹한 불청객인 초조함을 불러온다.
- **긴장(Tension)**- 스트레스는 긴장감을 증폭시키는 자신의 실존에 대한 위태로움과 위기의식을 가중시킨다.
- **비현실적인 기대(Unrealistic Expectations)**- 스트레스와 비현실적인 기대는 마치 닭과 계란 같은 관계이다. 어느 것이 먼저이든지 상관없이 당신의 의식 속에 부정적인 것들을 마구 풀어 놓을 것이다.
- **변덕스러움(Volatility)**- 스트레스는 불안정하고 변덕스러운 세계에서 발생하는 어떤 것이라도 당신에게는 재앙이 되는 원인으로 작용할 수 있다.
- **염려(Worrying)**- 과거와 현실의 문제와 결합된 당신의 스트레스는 언제나 내일의 염려와도 결부되어 있다.
- **극단적인(eXtremes)**- 스트레스와 사면초가적 감정은 그것에서 해방되기 위한 필사적인 몸부림으로 극단적인 방법을 사용하기도 한다.
- **고함(Yelling)**- 스트레스는 당신의 내면에 평화롭거나 조용한 공간을 허락하지 않을뿐더러 오히려 분노와 증오가 터져 나오는 공간이 될 것이다.

무기력(Zero Energy)- 스트레스는 당신의 모든 에너지가 완전히 방전될 때까지 뛰고 또 뛰도록 당신을 몰아붙이게 될 것이다.

## 감찰하시는 하나님

우리의 삶 속에서 발생하는 모든 스트레스가 다 나쁜 것이라고 볼 수 없다. "약간의 삶의 긴장을 촉진" 시키는 스트레스는 오히려 우리에게 유익할 수 있다. 잘 관리된 스트레스는 우리를 더욱 강하게 만든다. 이러한 스트레스는 마치 역도선수가 좀 더 무거운 것을 들기 위하여 역기 드는 훈련을 받는 것과 같다. 그러나 자신이 감당할 수 있는 스트레스를 고르는 것이 중요하다. 당신에게 맞는 적절한 스트레스를 찾기 위해서는 걸맞은 "지도자"가 필요하다. 연습실에서 역도 지도자의 할 일은 훈련생에게 알맞은 무게의 바벨을 골라 주고 연습과정에서 일어나는 문제들을 함께 교정해 주는 것이다. 하나님은 당신의 "감찰자"(spotter)이시다. 당신을 너무나도 잘 아시는 하나님은 당신을 일으켜 세우시고 강하게 만드시기 위해, 당신에게 발생하는 모든 스트레스를 다 제거하시지는 않으신다.

당신들 중에는 애초에 바벨을 들고 싶은 생각조차 없는 사람들도 있을 것이다. 자신에게 너무 과중하고 버거운 짐이라고 생각하기 때문일 것이다. 우리는 사도 바울을 통하여서 어떻게 힘겨운 삶의 바벨을 감당할 수 있는지의 지혜를 찾아보아야 할 것이다. 사도 바울은 삶의 무거운 "짐"에 대하여 로마서에서 이렇게 말하고 있다.

"그러므로 우리가 믿음으로 의롭다 하심을 받았으니 우리 주 예수 그리스도로 말미암아 하나님과 화평을 누리자 또한 그로 말미암아 우리가 믿음으로 서 있는 이 은혜에 들어감을 얻었으며 하나님의 영광을 바라고 즐거워 하느니라 *다만 이뿐 아니라 우리가 환난 중에도 즐거워하나니 이는 환난은 인내를, 인내는 연단을, 연단은 소망을 이루는 줄 앎이로다* 소망이 우리를 부끄럽게 하지 아니함은 우리에게 주신 성령으로 말미암아 하나님의 사랑이 우리 마음에 부은 바 됨이니"(롬 5:1-5).

이탤릭체는 우리가 무거운 짐을 질 때 하나님이 우리를 어떻게 도우시는지를 특히 잘 표현하고 있는 구절이다. 하나님이 항상 당신과 같이 계신다는 이 진리를 확신한다면 당신은 당신의 무거운 짐을 감당할 수 있는 능력을 가지게 될 것이라는 것이 1절과 2절의 내용이다. 그런 후에 3절과 4절에서 사도 바울은 당신이 환란을 잘 견디면, 또한 당신에게 주어진 무거운 짐도 잘 감당할 수 있는 능력을 주신다고 말씀하고 있다. 삶의 무게를 어떻게 감당할 것인가를 지혜롭게 결정할 수 있도록 도우시는 분이 바로 하나님이라고 사도 바울은 5절에서 말하고 있다. 긍정적인 힘을 얻기 위해 환란을 얼마나 잘 견딜 수 있는가 라는 점이 바로 하나님이 당신에게 주시는 스트레스를 감당할 수 있는 능력이 된다. 즉 환란을 당할 때도 하나님은 당신과 함께 계셔서 당신이 환란을 이길 수 있도록 도우시고 계시다는 것을 느낄 때 비로소 당신은 그 환란을 이겨낼 수 있게 되는 것이다.

그러나 당신의 힘으로만 자신의 무거운 부담과 스트레스를 이겨내려고 몸부림치게 되면, 당신은 결국 분노와 울분과 허무함에 빠져 곧 탈진하게 될 것이다. 하나님은 당신에게 자비를 보이시기를 원하시며, 스트레스와 싸우고 있는 당신을 위하여 항상 그 현장에 당신과 함께 계시기를 또한 원하신다. 짐이 너무 무거워 도저히 감당할 수 없고 스트레스와 싸워서 더 이상 이길 자신이 없다면, 그때가 바로 당신 영혼의 절대적인 "감찰자"이신 하나님을 부를 때이다.

자신에게 주어진 짐이 너무 무거워서 짐을 지는 것과 스트레스와 싸우는 일에 손을 다 놓아버리고 싶은 사람들도 분명 있을 것이다. 그러나 다시 말하지만, 이런 생각은 비현실적인 기대일 뿐이며, 요한복음 16:33에서 예수님은 이러한 잘못된 기대의 정체와 허상을 날카롭게 폭로하신다. "이것을 너희에게 이르는 것은 너희로 내 안에서 평안을 누리게 하려 함이라 세상에서는 너희가 환란을 당하나 담대하라 내가 세상을 이기었노라" 또한 마태복음에서는 "수고하고 무거운 짐 진 자들아 다 내게로 오라 내가 너희를 쉬게 하리라 나는 마음이 온유하고 겸손하니 나의 멍에를 메고 내게 배우라 그리하면 너희 마음이 쉼을 얻으리니 이는 내 멍에는 쉽고 내 짐은 가벼움이라 하시니라(마 11:28-30)"라는 말씀으로, 당신의 마음의 짐을 덜 수 있는 진정한 방법을 제시하신다. 이 세상에는 당신이 감당해야 하는 세상이 주는 난관과 예수님이 주시는 난관이 존재한다. 세상이 주는 난관은 자신의 힘으로만 짊어져야 하는 힘겨운 것이지만, 예수님이 주시는 난관은 긍휼과 사랑과 존중이 있어서 감당하기에 너무나도 쉬운 것이다.

## 자신에게 쓰는 메모

이제 자신의 스트레스 원인을 파악하고 좀 더 심도 있게 다루어야 할 스트레스의 항목을 서술해야 할 때가 되었다. 나는 지난 몇 년 동안의 상담을 통하여서 얼마나 다양하고 세세한 개인적인 스트레스 항목이 존재할 수 있는지를 경험하게 되었고, 그것은 내 생애 가장 경이로운 일 중 하나가 되었다. 앞서 내가 언급했던, 자신에게 일어난 사소한 일을 대재앙으로 만드는 여자와 도토리 낙하 운동 정도로 생각하던 두 여자의 엄청난 생각의 차이를 당신은 기억할 것이다. 나는 각각의 스트레스 사이에 엄청난 간극이 존재한다는 사실을 새삼 발견하게 되었다. 한 여자는 스트레스가 작용하는지조차 잘 파악이 안 될 정도였고, 또 다른 여자는 자신의 존재가 송두리째 뒤집어지도록 스트레스에 강하게 강타 당했다. 그러므로 스트레스를 통제하는 능력을 강하게 하기 위해서는 어떤 스트레스가 통제 가능한 것인지, 또 어떤 것은 불가능한 것인지를 파악하는 것이 중요하다.

나는 당신이 스트레스 항목을 분류하고 어떤 것이 도토리 항목에, 어떤 것은 대재앙 항목에 해당되는지를 적어보기를 바란다. 도토리 항목에서는 당신이 손쉽게 통제할 수 있는 스트레스 항목을 서술하면 된다. 충분히 숙고한 후에 각 항목을 기재할 수 있기를 바란다. 시어머니와의 관계에서부터 고속도로에서의 핸드폰의 통화품질까지 다양한 스트레스 요인이 존재할 것이다. 집안의 일 년 지출예산부터 자신의 만성질환 관리까지도 포함될 수 있을 것이다. 도토리 스트레스 항목을 열

가지 정도로 생각해보라.

도토리 스트레스 항목

1.
2.
3.
4.
5.
6.
7.
8.
9.
10.

　자! 이제는 대재앙 스트레스 항목을 기록해 보자. 당신을 빠져 나올 수 없도록 수렁에 빠뜨리는 스트레스가 분명히 존재할 것이다. 그것은 강력하게 당신을 짓누르는 억압적인 것일 것이다. 그것은 당신의 정신과 영혼을 옥죄는 강력한 올가미가 될 것이다. 또한 당신을 미치도록 격분시키는 스트레스가 될 것이다. 당신의 삶의 에너지를 소진시키는 대재앙 스트레스가 실제로 존재하는지 숙고한 다음, 대재앙 스트레스 항목에 서술해 보기를 바란다. 정말로 대재앙 스트레스라고 생각되지 않는다면 굳이 많은 시간을 할애할 필요는 없다. 이 목록은 당신의 것이다. 당신에게 누군가가 얼마나 크고 나쁜 영향을 끼치고 고통스러운 행동을 했는지를 목록에 쓰는 것이 목적이 아니다. 당신을 괴롭히는 모든 스트레스를 넘어선 곳에 존재하는 분노의 실체를 드러내기 위해 마음을 여는 것이 더 중요한 것이다.

### 대재앙 스트레스 항목

1.
2.
3.
4.
5.
6.
7.
8.
9.
10.

    대재앙 항목도 공평하게 10개 정도로 설정했지만 아마도 대략 5개의 항목을 넘지 않을 것이라고 생각된다(혹 5개 이상이 된다면 전문 상담사나 치료사에게 상담을 의뢰하는 것이 바람직할 것이다. 감정, 인간관계, 육체적, 영적인 자아를 포괄하는 전인격적인 영역에서 심한 손상이 확인된다면, 반드시 전문가의 상담을 받아야 한다. 이런 극심한 스트레스에 짓눌리는 삶은 결코 바람직하지 않다. 지금 당장이라도 도움을 받기를 권면한다).

    다음 할 일은, 다시 한번 도토리와 대재앙의 항목을 찬찬히 살펴보는 것이다. 당신이 기록한 두 항목들을 찬찬히 살펴보면서 특히 심하게 스트레스가 되었다고 자신에게 말하고 싶었던 것 한두 가지를 마음에 떠올려 보기를 원한다. 이것은 심화나 해소되었던 자신의 스트레스 요인을 스스로에게 고백하고 그에 관한 자신의 생각을 털어놓는 훈련이다. 그리고 해소된 것과 오히려 심화되었다고 생각되는 각각의 스트레스를 아래의 각 항목에 다시 적어보기를 바란다.

해소된 스트레스

1.
2.
3.
4.
5.
6.
7.
8.
9.
10.

심화된 스트레스

1.
2.
3.
4.
5.
6.
7.
8.
9.
10.

두 스트레스 항목의 비교를 통해, 해소된 스트레스의 항목에서 대재앙 스트레스를 해결할 수 있는 가장 강력하고 효과적인 해소법을 발견할 수 있을 것이다. 해소된 스트레스 항목을 분석하고 다른 스트레스에도 적용 가능성을 발견함으로써, 더 심각하고 오래된 스트레스에도 시도해볼 수가 있을 것이다. 심화된 스트레스를 자신에게 고백함을 통해 자신의 스트레스를 검증하는 시간을 가지기를 바란다. 심화된 스트레스에 대한 아래의 질문에 응답해보라.

- 나는 얼마나 오랫동안 이런 생각을 하고 있었는가?
- 나는 왜 이것이 진실이라고 생각하는가?
- 혹 이것이 진실이 아니라면 왜 나는 이것을 진실처럼 생각하고 있었는가?
- 왜 이 생각이 나를 압도하는 힘으로 작용하고 있었는가?
- 진실을 원한다는 혹은 필요하다는 생각을 하고 있는가?
- 이것이 진실이 아니라면 나의 내면과 삶에 도대체 무슨 일이 있었던 것일까?
- 심화된 스트레스로부터 나를 보호하고 구원받을 수 있는 방법은 무엇일까?
- 이러한 암울한 스트레스로부터 나는 과연 해방될 수 있을까?

그리고 당신이 해결할 수 있다고 생각되는 것이든지 아니든지 간에 그것들을 먼저 세세히 하나님께 의뢰하고 맡기기를 바란다. 특히 심화된 각각의 스트레스를 상세하게 하나님께 아뢰면서 기도하고, 당신이 그것들을 해결할 수 있도록 강한 힘과 긍휼을 베풀어 주시기를 간절히 요청해야만 한다. 당신의 마음을 침탈하는 악한 스트레스를 극복하기 위해서 당신은 끊임없이 기도하면서 하나님께 도움을 요청해야만 한다. 전능하신 하나님의 이름을 간절히 부르짖으면 하나님은 반드시 당신에게 응답하신다. 로마서 12:2에서 하나님은 반드시 당신의 마음을 소생시키실 것을 약속하고 계신다.

로마서 12:2의 말씀을 당신이 온전하게 믿기만 한다면, 당신은 악한 스트레스로부터 당신의 마음을 지켜낼 수 있을 것이다. 이것이 삶의 무게와 사투를 벌이며, 스트레스를 극복하는 진실한 방법이다. "벗어남"에 관하여 언급했던 앞장에서, 나는 특별히 당신이 당신의 심상에 고백했던 것에 관심을 집중하고 그것들을 구체화하기를 요구했었다. 그 항목들을 다시 상기하면서 당신의 심금을 울리는 것을 세

가지만 서술해보자. 그리고 이것이 당신의 해소된 스트레스와 악한 스트레스 사이에 어떤 연관성이 있는지도 찾아보자.

벗어남

1.
2.
3.

이 세 가지 항목은 당신의 기도와 묵상에 사용될 내용이다. 이 세 가지 항목을 통하여 하나님이 당신에게 원하시는 말씀을 듣고 당신의 삶 속에서 그분의 진정한 뜻이 무엇인가를 이해하는 기회를 가져보자.

나는 당신이 나처럼 하나님을 향한 성경적 기도의 힘을 경험하기를 간절히 바란다. 성경적 기도란 성경 속에 나타난 기도의 체험을 가리킨다. 이것은 오늘날 우리의 삶에도 여전히 적용되는 힘이다. 성경말씀을 묵상하고 그 말씀을 내면에 깊이 받아들이면 마음을 지배하고 있던 악한 스트레스의 뿌리가 점차 제거되기 시작한다. 기도는 그 자체로 우리의 행위를 정화하며 평화를 얻을 방법이다. 하나님의 말씀을 읽고 묵상하는 것은 당신의 영적인 나침반을 재설정하는 것이다. 세상에서 환란을 당하는가? 우리의 예수님을 기억하고 그분을 의지하라. 예수님은 세상의 모든 환란과 삶의 짐을 다 지셨고 그것을 이기셨다는 말씀을 잊지 말자!

끝으로, 로마서 8:35, 37-39 말씀처럼 세상의 악한 스트레스를 해결하시기 위하여 싸우시는 하나님의 사랑과 예수 그리스도의 권능을 의지하기 위하여 당신은 하나님을 향한 간절한 기도가 필요하다.

거룩하신 하나님 아버지, 저의 삶을 온전히 당신께 맡기기를 원합니다. 저의 악한 스트레스, 무거운 짐, 필사의 몸부림, 모든 염려를 전적으로 당신께 맡기기를 간절히 소망합니다. 누가 감히 당신의 사랑에서 저를 갈라놓을 수가 있겠습니까? 어떤 곤경, 난관, 흉기,

위협, 헐벗음, 기근, 수난도 불가능할 것입니다. 저를 두렵게 하는 어떤 부정적인 것이라 할지라도 결코 당신의 사랑에서 저를 떼어놓을 수 없을 것입니다. 사랑의 하나님, 예수님이 저를 구원해주신 사랑의 능력으로 이 모든 것을 반드시 정복하고 승리를 쟁취할 것입니다. 죽음이나 삶, 천사와 악마, 현재와 미래, 높음과 심연, 혹은 그 어떤 존재라 하더라도 나의 영원한 주님이신 예수 그리스로부터 저를 결코 떼어놓을 수 없을 것입니다. 제가 악한 스트레스에 고통당할 때 결코 쓰러지지 않는 용기와 담대함과 화평을 허락하여 주옵소서. 저는 아직도 당신의 자녀이며 당신은 저를 너무나도 사랑하시는 것을 깨닫게 하셔서 당신만이 저의 삶에 유일하신 통치자인 것을 알게 하여 주옵소서.

# 6

## 왜 나는 삶이 불공평할 때에도
## 화를 내서는 안 될까?

"가난한 자와 고아를 위하여 판단하며 곤란한 자와 빈궁한 자에게
공의를 베풀지며 가난한 자와 궁핍한 자를 구원하여
악인들의 손에서 건질지니라 하시는도다"(시 82:3-4)

역사적으로 보면, 여자들은 항상 억압받는 존재들이었다. 오랜 세월 동안 너무 과중한 짐에 시달리고, 항상 하찮은 존재로 업신여김을 당하며 살아야만 했다. 또한 셀 수 없는 무수한 학대에 시달려야만 했다. 이러한 상처와 고통은 너무나도 크고 깊어서 결코 잊을 수 없는, 아직도 생생한 역사로 남아있다. 공평함과 존중, 그리고 공의로움에 대한 정당한 요구가 무참하게 짓밟힌 모욕과 수치로 시작된 여자들의 울분과 분노는, 역사적으로 헤아릴 수 없을 만큼 크고 광범위한 것이다. 분노와 울분이 너무 커서 도저히 감당할 수 없게 될 때 이것은 여자들의 존재와 인격의 둑을 무너뜨리고 범람하기 시작한다.

최근, 우리 집에서 머지않은 조그마한 도시의 한 주택에서 영양실조에 걸린 열네 살 소녀가 구조된 기사가 지역신문에 실렸다. 계모로부터 지속적으로 학대당한 이 소녀는 구조 당시의 몸무게가 50파운드(약 22kg)도 채 나가지 않은 상태였다. 소녀의 "행동장애" 때문에 약간의 음식과 물밖에 줄 수 없었다고 계모는 자기의 학대를 정당화했다. 그녀는 의붓딸에게 하루에 종이컵 반잔의 물과 토스트 한 개만을 제공했다. 항상 방문을 잠가 놓아서 밖에 나갈 수도 물을 마실 수도 없었다. 계모는 그녀가 샤워를 하거나 화장실을 사용할 때도 항상 감시의 눈초리를 거두지 않아 물조차 제대로 마실 수가 없었고, 때로는 머리조차 마음대로 빗을 수가 없었다.

소녀를 지속적으로 학대했던 계모와 이런 사실을 전혀 모르고 있었던 친부가 체포, 구속되고, 소녀가 구출된 기사를 읽으면서, 잔혹한 어른들의 만행과 소녀가 당했을 고통을 떠올리면서 너무나 끔찍한 사건이라는 생각이 들었다. 그러나 이런 사건을 접할 때마다 나는 잠시 그 부조리함에 격분하지만, 이런 일에 점점 무감각해지는 내 자신을 보고 씁쓸한 느낌을 지울 수가 없게 된다.

때때로 상담을 하다가 밤을 꼬박 새워야 할 만큼 절박한 여자들의 이야기를 들어야 할 때도 있다. 그녀들은 처음으로 나에게 자신들의 속내를 드러내고 있다. 나는 어쩔 수 없이 그들의 고통에 동참하고 공감하며, 그들의 상처와 고통이 나의 의식 일부가 되고 아픔으로 자리 잡게 된다. 그들의 아픈 이야기를 들으면서 나도 모르게 그들의 분노와 울분에 공감하게 된다. 그들의 고통과 상처를 치료하며 회복시키는 것이 내가 매일 아침 눈을 뜨고 아침을 깨우는 이유이다. 나는 이 소명을 위해서 저녁에 잠을 청하고 아침에 또다시 눈을 뜨고 신문을 집어 든다.

## 악한 일

악한 일이 일어나는 것은 세상의 이치다. 선한 사람에게도, 순수한 사람에게도, 청년에게도 악한 일은 언제나 일어난다. 물론 이것은 부당하다. 정의도 아니며, 당연히 하나님이 의도하신 바는 더욱 아니다. 세상은 죄로 오염되어 있고, 당신이 살고 있는 현실은 불의가 만연하며, 죄와 악으로 가득한 타락한 세상이다. 세상이 부패하고 악으로 만연한 것이 엄연한 현실이다. 하나님은 이러한 세상을 보시고 비통해 하셨다. 창세기 6:5-6에서 "여호와께서 사람의 죄악이 세상에 가득함과 그의 마음으로 생각하는 모든 계획이 항상 악할 뿐임을 보시고 땅 위에 사람 지으셨음을 한탄하사 마음에 근심하시고"라고 세상의 타락과 고통에 대하여 말씀하고 계신다. 하나님은 당신에게 일어나는 악한 것을 포함한 세상의 모든 만연한 악과 고통에 대하여 근심하시고 비통해 하신다.

앞에서 언급한 것처럼 삶 그 자체가 고난일 수도 있다. 우리에게 닥치는 어떤 어려움은 악한 의도로 발생한 것이 아닐 수도 있다. 그러나 슬프게도, 악한 일의 대부분은 누군가의 명백한 악한 의도에 의한 것이다. 성경은 이것을 억압이라고 말한다. 당신이 이미 제1장에서 보았듯이 가난하고 약한 자에 대한 억압에 대하여 하나님은 매우 분노하신다.

약자와 가난한 자의 억압에 대해 하나님은 자신의 분노를 어떤 방식으로 표현하고 계실까? 성경에서 하나님은 약한 민족을 압제한 모든 민족을 멸절할 만큼 약자에 대한 억압에 대해 극렬하게 분노하신다. 약한 민족을 억압하는 강한 민족들의 오만함에 대하여 하나님은 철저한 멸족의 방식으로 응징하신다. "그들이 순종하지 아니하면 내가 반드시 그 나라를 뽑으리라 뽑아 멸하리라 여호와의 말씀이니라"(렘 12:17). 불의, 죄악, 사악함 등 뿌리 깊은 악으로부터 당신이 심한 침탈과 고통을 당했다면, 여러분들은 아마도 하나님이 악의 실체인 그들을 깡그리 제거하시고 철저하게 응징해서 다시는 그런 악이 일어나지 않게 하시기를 원할 것이다. 그들의 불의함에 대한 당신의 분노는 너무도 깊고 강렬하여서 용납과 타협의 여지가 조금도 없을 것이다. 구조적으로 뿌리 깊은 악을 대할 때면 나 역시 참을 수 없는 격분이 일어나는 것을 느낀다.

압제와 억압의 부조리한 구조와 관계를 철저하게 규명하고 청산해야 할 때가 역사적으로 우리의 삶 속에도 항상 존재해왔다. 그러나 불행하게도 역사적, 구조적 압제와 억압이 그 시대의 이해 당사자 안에서 종결되고 청산되는 경우를 거의 보지 못했다. 오히려 또 다른 사람들이 그 과정에 휘말려 자신의 정념을 소모적으로 소진하는 경우가 너무나도 많은 것이 안타까운 현실이다. 최초의 압제자와 가해자들은 다 과거 속으로 사라졌음에도 그들이 남긴 가학과 잔인한 횡포의 상처는 여전히 후세에 남아있어서, 그들에 대한 분노와 원망이 사라지지 않고 여전히 누군가의 의식 속에 강하게 타오르고 있는 것이다. 이것이 역사적인 사건으로서만이 아니라 당신의 개인사에도 해당하는 것이라면, 과거의 억압에 대한 분노와 원망을 이제는 끝내야 할 때가 온 것이다.

제니(Jenny)는 콜린(Collin)에게 온 음성 메시지를 들으면서 마음이 복잡해졌다. 한편으로는 그의 메시지가 여전히 자신을 달콤하게 만드는 것이지만, 또 한편으로는 그의 목소리를 들으면서 자신의 마음이 자꾸 흔들리는 것을 피해야만 할 것 같았다. 그녀는 이미 그와의 교제를 더 이상 계속하지 않기로 내심 결정하고 있었기 때문이다. 그런 결정의 이유는 그녀에게 명백하고 정당하다. 그는 그녀가 원하는 만큼 진지하지가 않기 때문이다. 뭔가 그녀를 움직이게 하는 동력이 부족하다. 그녀의 갈증을 해소시켜줄 만큼 충분한 감흥을 주지 못하고 있다. 이러한 것들은 결국 그녀로 하여금 그와의 교제를 실패로 생각하게 만드는 것이 되고 있다.

처음 그의 메시지는 그녀를 살짝 설레게 만들었지만, 지금은 오히려 그녀를 분노하게 만드는 것이 되었다. 그의 메시지에 아무런 감흥도 들지 않은 그녀는 더 이상 연락을 하지 말라고 말할 생각이다. 그녀에게는 정말 안타깝고 세상이 불공평하게 느껴지는 일이다. 왜 그녀에게는 그녀가 원하는 남자가 나타나지 않는 것일까? 그녀는 또다시 번민할 수밖에 없는 상황에 내몰리게 된 것이다.

자신에게 좋은 대상이 생기지 않는 것에 대하여 절망의 느낌이 넝쿨손처럼 살금살금 마음속으로 넘어오는 것을 알아차린 그녀는, 자신에 대한 강한 신뢰와 자신감으로 재빨리 낙담의 그림자를 걷어버렸다. 그녀는 다시는 남자들의 무책임한 향락에 이용당하지 않기로 결심했다. 즉 그녀는 그녀 자신의 존재에 대한 높은 기준을 형성함으로 그 기준이 자신을 지키는 보호막이 된 것이다. 이것은 정말로 지혜로운 방법이다. 자신에게 맞는 사람이 생길 때까지 자기를 보호하는 견고한 방어막을 형성함으로 자신에게 유익이 되지 않는 대상의 희생물이 되지 않을 수 있는 것이다. 이런 강한 결단을 내림으로 그녀는 마음속에서 독버섯처럼 일어나는 분노를 제거할 수 있게 되었다. 그녀를 지배하던 분노는 비로소 마음속에서 완전히 사라졌다.

악한 일이 일어날 때마다 그 파도는 끊임없이 당신의 삶에 잔물결처럼 일렁거릴 것이다. 격분은 항상 당신의 내면에 자리 잡고 있던 깊은 손상으로부터 발생된다. 앞에서 당신은 이미 분노를 표현하고 있는 다양한 형용사적 표현들을 보았다. 분노 속에 내재된 힘을 우리는 격렬한, 폭력적인, 참을 수 없는 어떤 파괴적인 힘이라고 표현할 수 있다. 분노의 파괴적인 힘은 너무나도 강해서 어떤 진리 앞에서도 혹은 동정이나 상식의 영역에서도 결코 사그라지지 않는다. 오히려 악한 억압과 불의, 공포가 더해진 분노는 모든 것을 깡그리 파괴해버리는 극단의 폭력성을 드러낸다. 즉 시작의 원인이 무엇이든 관계없이 분노는 그 자체로 파괴적인 동력을 유지하며 결국에는 모두를 손상케 하는 무서운 결과를 초래한다.

## 이차적인 손상

그동안 상담했던 내담자들 중에는 오랫동안 심리적인 손상을 유발하는 억압적인 환경에서 끊임없이 손상과 고통을 당하고 있는 경우가 많았다. 그리고 그보다 더 많은 사람들이 이미 심각한 손상을 입고 그 후유증에 시달리고 있었다. 끔찍하고 다양한 사례 속에서 발견된 학대와 유린에 의한 심리적인 손상과 상처는 대부분이 과거에 당한 것들이었지만, 아직도 그 상처는 치유되지 않은 채 여전히 그들의 삶을 고통스럽게 만들고 있었다. 그중에서도 가장 크게 영향을 끼치는 부분은 신뢰의 상실이었다. 그녀들은 자신의 분노 외에는 그 어떤 것에도 신뢰를 보이지 않았다. 자신들의 분노만이 유일하게 순수하고 옳은 것이며 절대적인 것이었다. 자신의 존재를 정당화하기 위하여 표출할 수 있는 것이 분노밖에 없기 때문이다. 그리고 소유된 분노와 그 분노의 표현만이 그녀의 삶과 존재감을 드러낼 수 있는 유일한 방식이기 때문이다. 그러므로 그녀를 지배하는 분노는 어느 순간 절대로 없앨 수 없는 성격의 일부가 되어 버렸다. 그녀의 분노 배후에 존재하는 불의함은 그녀가 처했던 각기 다른 상황들 속에서 자신이 탄생시킨 독특한 형태의 괴물들이다. 그리고 자신의 의도와는 상관없이 그녀는 그 괴물들에게 자신을 속박시키고 있다.

이 이야기는 약간 친숙한 느낌이 들 것이다. 나는 앞선 제4장에서 『내 안에 있는 괴물』(The monster within)이라는 폭식증 사례에 관하여 책을 쓴 신시아 롤랜드 맥클루(Cynthia Rowland-McClue) 여사의 이야기를 한 적이 있다. 청소년기 시절, 그녀의 몸은 거의 붕괴 직전까지 갈 정도로 심하게 에너지가 소진되었다. 결국 병원에 입원하게 되었지만, 뛰어난 의학적인 능력 외에 그녀에 관해 아무것에도 관심이 없는 의사에게 치료를 받게 되었다. 이것은 오히려 그녀에게 치료에 대한 두려움을 불러일으키는 나쁜 결과를 초래하게 되었다. 그 결과 그의 치료는 그녀에게 일종의 폭력처럼 느껴지기 시작하였다. 이때부터 신시아의 내면에는 분노가 또 다른 형태의 괴물이 되어가기 시작하였다. 이 괴물은 신사아를 폭식증에 빠지게 하는 분노의 또 다른 한 양상이 되었다.

분노는 우리의 내면에 거대한 괴물을 키우게 만든다. 그리고 이 괴물은 보통 두 가지의 방식으로 우리를 공격하는 경향이 있다. 첫째, 억압으로 쇠약하게 하는 그리고 깊음을 만드는 내면 공격과 둘째, 폭발하는 분노 불꽃의 외면 공격이다.

## 희생자

분노가 자신의 정체성을 지배하게 되면 당신은 항상 자신을 희생자로만 정당화하게 된다. 한 번 희생자가 되면 언제나 희생자의 자리에 서게 된다. 이러한 부정적이고 치명적인 자아 이해는 자연스럽게 당연한 자기 인식으로 내면에 고착된다. 또한 당신이 계속 자신을 희생자로 생각하게 되면, 자신이 희생자라는 의식과 평가가 자기 속에 하나의 친숙한 표본이 되어버린다. 당신은 다른 사람에게 보상을 바랄 수 있다. 당신은 스스로 억압자로서 갖는 어떤 책임도 지워버린다. 이런 자기의식에서 당신은 항상 상처를 입고, 항상 권리가 있고, 항상 정의롭고, 항상 분노한다.

거기에는 상황 혹은 사람들로 인해 피해 입은 깊은 아픔이 있다. 이것은 우리의 마음속에 상처를 남게 한 결정적인 순간이 존재하고 있음을 의미한다. 이 강렬한 정신적 외상은 우리의 삶 속에 존재하는 긍정적인 모든 기억조차 불사르는 파괴적인 힘으로 작동한다. 이 정신적 외상은 끊임없이 내면에 손상을 주고 병약하게 만드는, 부정적 의식의 영역으로 당신을 몰아가게 될 것이다. 그러므로 당신은 자신에게 일어났던 모든 악한 일을 당신의 존재의 일부분으로서 혹은 당신의 삶의 중요한 경험으로서, 다시 융합하고 성찰할 필요가 있다. 그러나 희생의 경험을 자신의 관점으로 다시 융합할 때 명심해야 할 것은 가장 최악의 일이 발생할지라도 당신은 자신의 삶을 주도할 수 있는 권리를 주체적인 자아에게 반드시 위임해야 한다는 것이다.

"한 번 희생자는 영원한 희생자"라는 표현이 아니더라도, 이것은 나중에 자기 충족 예언이 될 수가 있다. 즉 자신이 상처를 받을 때마다 의식 속에 자리 잡는 왜곡된 편익의 노예가 될 수 있기 때문이다. 그러한 왜곡된 퇴행적 편익에 의존하게 됨으로, 악한 일이 일어날 때마다 당신은 그 방식으로 악한 일에 대처하려고 할 것이다. 자동적으로 당신의 의식은 희생자적 메커니즘으로 반응하고 준비하게 된다. 즉 언제나 방어적 의식에 젖게 된다. 항상 염려와 방어적 의식으로 무장한 채 살아가는 존재가 된다. 희생자가 되지 않을까라는 염려가 항상 당신의 의식을 지배하면 결국은 그 염려의 노예가 될 것이다.

한 번 희생자라는 의식의 여과기를 통해 자신의 삶을 판단하기 시작하면, 당신은 자신도 모르게 삶에 대한 관점이 본질을 호도하는 색맹이 된다. 자신을 향한 무시, 비통함, 상처, 모욕에 대해서는 매우 예민하게 반응하지만, 희생자라는 색안경을 끼면 자신의 잘못을 반성, 후회, 자책, 회개라는 중요한 성찰적 관점은 사라지게 되고, 자신의 잘못은 단지 우연적, 환경적으로 생긴 일이라고 말하게 된다. 한 번 이러한 편협한 관점에 사로잡히게 되면 자신 속에 있는 진정한 환희, 온유함, 즐거움, 친절함을 맛볼 수 있는 매우 매력적인 능력을 송두리째 잃어버리게 된다. 충만하고 은은한, 이러한 귀중한 서정은 분노의 불꽃이 활활 타오르는 곳에서는 모조리 불살라져서 조그마한 흔적도 찾지 못하게 될지도 모른다. 얼마나 긴 노력이 필요할지는 모르지만, 내면에서 이 귀중한 서정이 조금이라도 남아있다면, 당신의 불행한 의식의 표층을 가르고 행복의 싹이 움 틔우는 날을 기대할 수도 있을 것이다.

한 번 자신을 희생자라고 선언하게 되면, 당신은 그러한 정체성 자리로 자발적으로 건너가게 된다. 결국 당신은 희생자로서의 정체성이 고착되고 지속적으로 손상을 당하는 존재로 변한다. 당신은 적극적으로 상처를 입어야 하거나 손상이 발생해야 할 필요를 느낀다. 상처가 발생해야만 당신은 그에게 상처에 대한 보상을 요구할 수 있다. 또한 만약 보상이 적절하게 주어지지 않는다면, 당신은 손상에 대한 보상을 요구하는 것을 정당화할 수 있게 된다. 손상에 대한 요구는 또 다른 요구를 위한 중요한 패가 된다. 당신의 손상에 대한 책임이 있는 사람이든지 없는 사람이든지 상관없이 당신은 주변의 누구에게나 자신의 손상에 대한 보상 요구를 정당화하고자 한다.

자신의 내면에 피해자라는 의식을 스스로 정당화함으로써, 당신은 자신이 가해자로서 감당해야 하는 어떤 책임도 결코 인정하지 않는 모순적이며 왜곡된 의식을 갖게 된다. 이러한 왜곡된 의식은 자신과 자신을 둘러싼 사람들에게 무차별적인 분노와 공격성을 드러내게 된다. 이것은 마치 악행을 저질렀을 때 감옥에서 달아날 수 있는 "감옥 탈출 카드" 처럼 사용된다. 이런 방식으로 주변 사람들은 당신에게 그저 단순한 분노를 표출하는 대상이 된다. 당신은 주변의 약하거나 만만한 대상을 당신의 분노를 표출하거나 억압하는 대상으로 삼을 수 있다. 즉 아이들, 남편, 친구들, 가족들 등 당신이 가장 사랑하는 사람들이 불행히도 당신의 분노를 표출하고 가해하는 대상이 된다. 공적이거나, 사업적인 대상에게는 결코 표출하지 않는 분노를 사적인 관계 안에서 마구 표출하고 있는 것이다. 당신의 고통을 누구보다도 잘 이해하고 마지막에는 당신을 책임져야 할 사람들에게 당신은 희생자적 피해 의식을 보상받기 위해 분노를 표출하고 있는 것이다. 이것은 결코 바람직한 일이 아니다. 당신은 명백히 이들에게 악을 행하고 있는 것이다. 당신이 그들을 악하게 대하면, 그것은 결국 당신에게로 되돌아올 뿐이라는 것을 깨달아야 한다.

## 우울증

대부분의 여자들은 분노를 함부로 표출하지 못하도록 교육받았기 때문에 그들은 어디에도 분노를 발산하지 못하고 자기 속에 쌓아놓게 된다. 분노가 제대로 발산되지 못하고 점점 더 압박이 심해지면 분노의 압력은 감당할 수 없을 만큼 거대해진다. 이러한 압력을 해소하기 위한 최후의 수단으로 여자들은 자기의 분노를 내면에 철저하게 봉인해버린다. 분노가 완전히 사라지기를 바라는 마음으로 분노의 의식을 짓눌러 마비시켜 버린다. 그러나 짓눌리고 마비된 당신의 내면이 비를 머금은 짙은 먹구름으로 변한다면, 당신의 감정은 이미 조금씩 죽어가고 있는 것일지도 모른다. 분노를 짓누르는 강도만큼 당신의 감정도 함께 죽어가게 되는 것이다.

우울증은 분노가 내면에 누적됨으로 말미암아 생기는 치명적인 마음의 병이다. 우울증은 이미 감정의 상태가 최악이 된 것을 의미하며, 또한 그에 못지않은 자기 파괴적인 행위가 동반될 것을 의미한다. 만약 당신이 이미 우울증에 걸린 상태라면, 누구도 당신의 상황을 제대로 이해하거나 도움을 줄 수 있는 방법이 없다. 너무나 오래도록 봉인하고 살아온 폐쇄적인 감정과 우울증의 문을 열기 위해서 당신은 사력을 다하지만, 실제로 우울증을 벗어나는 것은 거의 불가능에 가까운 일이 된다. 우울증 환자의 힘은 삶에 대한 의욕으로부터 나오는 것이 아니라 내면에 봉인된 분노로부터 나온다. 역설적이게도 당신이 가장 강력하게 억누르려던 분노가 오히려 삶을 거부하는 에너지의 원천이 되는 결과를 초래하고 있다. 도저히 우울증을 극복할 수 있는 방법이 없다고 판단이 되면, 당신은 애초부터 가능성이 없었던 분노를 이용하여 돌파구를 찾고자 하는 것이다. 이것은 악순환의 고리가 된다.

우울증은 분노를 은닉하는 또 다른 방법이다. 우울증이란 분노의 문제, 그 자체가 마치 존재하지 않는 것처럼 여겨지며, 심지어 발견도, 논쟁거리도, 어떤 변화조차도 나타나지 않을뿐더러 아예 다른 영역으로 사라져 버리기까지 하는 병리적 특징을 가지고 있다. 증세가 나타나지 않는다면 우울증을 어떻게 진단할 수 있을까?

분노의 악한 양상은 환자의 냉담함과 자포자기적인 태도 아래로 감춰지고 가라앉은 상태로 존재하게 된다. 분노의 악한 양상이 의식의 수면 밑으로 가라앉는다 하더라도 그 독성이 결코 사라지거나 없어지는 것은 아니다. 분노가 냉담함으로 대체될 때, 우울증에 대한 자가 치료 방식으로 당신은 자기의식의 마비 행동을 보이게 된다.

많은 여자들이 분노에 대처하는 방법으로 우울증의 증세를 보이는 것이 나에게는 그다지 놀라운 것은 아니다. 어릴 때부터 항상 분노를 억누르도록 훈련받은 여자들은 결국 분노를 적절하고 효과적으로 분출할 수가 없는 상태가 된다. 이러한 양육을 받은 당신 역시 분노를 적절하게 표현하고 발산하지 못한 채, 마음속에 은닉하게 되었을 것이다. 당신의 내면에 은닉된 분노의 대부분은 아마도 당신이 자라면서 가족들 사이에서 보고 겪은 것들일 것이다. 다른 사람들에게 가족의 치부를 보이지 않아야 한다는 생각과 모든 악한 일을 마음속에 감추고 외부인들에게는 완벽한 것처럼 보여야만 한다는 생각에 눌린 채 살았을 것이다. 사람들은 항상 눈에 보이는 것이 진실보다 더 중요하다고 생각하기 때문에 진실은 언제나 가려지게 된다. 그러나 모든 진실을 다 가릴 수는 없다. 결국 우리의 내면에 가려졌던 악한 일과 그에 관한 진실이 불쑥불쑥 실체를 드러내게 될 것이다.

악한 기억의 진실은 언제나 우리의 의식의 표면에서 출렁거리며 나타나게 된다. 지금까지도 여전히 당신의 의식 속에서 계속적으로 상처를 주고 있는 악한 일의 실체는 과연 무엇일까? 하나님은 분노가 자신의 존재를 삼켜버린 사람, 우울증의 장벽 속에 자기를 가둔 사람들의 상처를 치료하시고 그들의 삶에 진정한 평안을 주시기를 간절히 원하신다. 하나님이 진정으로 원하시는 것은 당신이 자신의 분노의 실체와 진실을 솔직하게 드러내는 것이다. 당신이 진정으로 갈망하는 것은 왜곡된 삶과 내면을 올바르게 교정하는 것이다. 즉 건강하고 정의로운 삶을 살기를 원한다면, 당신의 악한 기억 속, 분노의 자리에서 뛰쳐나와 하나님께 그 길을 맡기는 것이다.

## 공의로움 유지하기

하나님은 인간이 다른 누군가를 향해 악을 행하는 것을 언제나 슬퍼하신다. 아무리 당신이 은밀하게 악을 행한다 하더라도 결코 하나님을 속일 수가 없다. 하나님은 당신이 무슨 악한 일을 하더라도 항상 불꽃처럼 지켜보신다. 이 세상에 악이 존재하는 것은 결코 하나님의 섭리가 아니기 때문에 당신이 악을 행하는 것에 대하여 하나님은 결코 용납하지 않으신다. 하나님은 그가 작정한 때에 그분의 방식으로 역사하신다.

하나님은 당신의 불의한 행동에 대하여 절대로 용납하지 않으시는 공의로운 분이라고 생각한다면, 당신은 이사야 선지자의 예언을 귀담아들어야 한다. 이사야 30:18은 "그러나 여호와께서 기다리시나니 이는 너희에게 은혜를 베풀려 하심이요 일어나시리니 이는 너희를 긍휼히 여기려 하심이라 대저 여호와는 정의의 하나님이심이라 그를 기다리는 자마다 복이 있도다"라고 말씀하고 있다. 또한 에스겔 34:16에서 "그 잃어버린 자를 내가 찾으며 쫓기는 자를 내가 돌아오게 하며 상한 자를 내가 싸매 주며 병든 자를 내가 강하게 하려니와 살진 자와 강한 자는 내가 없애고 정의대로 그것들을 먹이리라"라고 말씀하신다. 하나님은 공의로운 하나님이시다. 이것은 하나님의 매우 중요한 속성 중 하나이다. 당신이 하나님의 공의로움을 간절히 소망해야 하는 것은 공의로움이 다시는 당신에게 되돌아오지 않기 때문이 아니다. 많은 여자들이 자신의 삶에서 공의로움이 이루어지기를 간절히 갈망하지만 그들의 삶은 오히려 분노가 지배하게 된다. 시간이 흐를수록 공의로움보다는 오히려 분노가 그들에게 더 중요한 삶의 동반자가 되어버린다. 마치 분노가 공의로움의 탈을 쓰고 자기를 지배하고 있는 것이다.

정말로 하나님의 공의로움을 간절히 사모한다면 당신의 분노가 결코 당신을 지켜주지 못할 뿐 아니라 분노가 곧 공의로움이 아니라는 것을 깨달아야 한다. 하나님의 진실한 심판만이 당신의 비탄을 해결해 주실 것이다. 신명기 32:35에서 하나님은 "그들이 실족할 그 때에 내가 보복하리라 그들의 환난날이 가까우니 그들에게 닥칠 그 일이 속히 오리로다"라고 말씀하고 계신다. 하나님의 심판에 대해 이 말씀으로도 충분하게 이해되지 않는다면, 로마서에서 바울을 통해 하시는 하나님의 말씀을 들어보기를 바란다. "내 사랑하는 자들아 너희가 친히 원수를 갚지 말고 하나님의 진노하심에 맡기라 기록되었으되 원수 갚는 것이 내게 있으니 내가 갚으리라고 주께서 말씀하시니라"(롬 12:19).

당신에게 상처를 준 사람에게 공의를 요구하고 그것을 보상받으려 하지 말아야 한다. 그에게 손상에 대한 보상과 공의로운 결과가 나타날 때까지 분노를 거두지 않으면, 당신은 아마도 기다리다가 지쳐서 죽을지도 모른다. 그러므로 하나님은 당신이 당한 불의한 일에 대해 항상 비통해 하고 계신다는 사실을 알고 있다면, 당신의 억울함을 하나님께서 해결하시도록 분노를 하나님께 온전히 맡기는 것이 합당하다. 당신에게 어떠한 비통한 일이 일어났는지에 대해 분노하는 존재는 당신뿐만이 아니다. 바울이 말한 것처럼 당신의 마음속에 하나님의 분노의 자리를 위한 여분의 방을 마련하기를 바란다.

당신이 하나님께 공의로움을 원하며 자신의 분노를 하나님께 맡기게 될 때, 당신은 당신과 같이 복수의 분노로 고통받고 있는 많은 사람들에게 비로소 진정한 표상이 된다. 창세기 4:10에서 하나님은 가인에게 네 아우의 피가 땅에서 호소한다고 가인에게 말씀하신 부분부터 사도행전 7:60의 "무릎을 꿇고 크게 불러 이르되 주여 이 죄를 그들에게 돌리지 마옵소서 이 말을 하고 자니라"라고 돌에 맞아 죽어가던 스데반의 말에서 우리는 분노를 하나님께 맡긴 사람의 아름다운 용서의 표상을 발견할 수 있다. 오직 하나님만이 당신의 감당할 수 없는 분노를 다루실 수 있다. 분노가 당신 속에서 떠나지 않으면, 그것은 당신이 정말로 좋아하고 사랑하는 모든 것들을 망가뜨리고 비탄으로 물들이게 될 것이다. 분노의 대가는 너무나도 커서 당신의 마음속에 다른 어떤 좋은 것들도 담을 수 없는 영혼의 피폐한 결과를 초래한다. 그러나 하나님은 우주보다 광활한 존재이시다. 그분은 당신의 분노를 맡기에 충분히 크고 강한 힘을 가지고 계시며, 당신이 분노의 자리에서 완전히 돌아설 수 있게 하시는 전능한 능력의 소유자이시다.

파괴적인 분노 앞에 놓인 어떤 사람들은 자신의 힘으로 분노를 제압하고자 사투를 벌이기도 한다. 분노가 자신의 정체성의 일부가 되고 자기이해의 중요한 영역을 차지하고 있는 사람들이 설령 자신의 분노를 스스로 제거할 수 있다 하더라도, 그것은 오히려 그의 수치스러운 치부가 노출되고 마치 벌거벗은 존재가 된 것 같은 매우 예민하고 불안한 상태에 빠지게 한다. 분노를 해체한 자신을 생각하게 될 때마다, 당신은 그동안 의지했던 방어막이 사라진 느낌을 받게 될 것이며, 자기의 정체성에 대하여 불안과 두려움에 떨게 될 것이다. 마치 중독된 약물을 끊으면 금단증세가 생기는 것과 같은 꼴이 된다. 안타깝게도, 분노를 자신의 삶에서 떼어내면, 자신의 존재가 사라지는 것 같은 두려움에 사로잡히게 되는 것이다. 이런 금단증세에서 헤어나기 위해서는 자신의 진실과 정면으로 부딪치고 적응하는 훈련을 받아야만 한다.

하나님은 당신이 분노의 중독에서 벗어나기를 원하실 뿐만 아니라, 분노가 당신의 우상이 되기를 원치 않으신다. 자신의 정체성을 유지하기 위해 분노를 악용하게 된다면, 분노는 쉽게 당신에게서 정리될 수 없는 우상이 된다. 분노가 당신에게 위로와 안락함을 주는 은신처가 되면, 그 분노를 유지하기 위해, 당신은 열정, 사고력, 시간, 에너지 등 당신의 소중한 가치를 다 허비하게 된다. 하나님은 당신이 분노의 노예로 살아가기를 원치 않으신다. 하나님은 당신이 당신을 노예로 삼는 분노에서 벗어나 세상에서 건강한 삶을 살기를 원하신다. 하나님은 당신의 우상이 된 분노를 내려놓고 하나님께로 돌아오기를 간절히 원하신다.

오랫동안 분노가 지배하는 삶을 살아왔다면, 하나님께로 돌아오는 것은 결코 쉽지 않다. 아마도 분노를 생존 기반으로 삼는 것에 대한 자기 연민적인 타당성을 세우고 그 이유에 대한 상당히 정교하고 복잡한 논리를 개발하고 있을 것이다. 하나님에 대한 믿음이 있다 하더라도 분노에 의지하는 삶을 쉽게 정리하지 못하게 된다. 하나님의 전능하심을 믿고 인정하지만 여전히 분노가 지배하는 삶의 방식을 쉽사리 정리하지 못한다. 이러한 이중적인 삶의 태도를 하나님은 용납하시지 않는다. 하나님은 당신이 오직 하나님만을 섬기기를 원하신다. 출애굽기 34:14에서 하나님은 "너는 다른 신에게 절하지 말라 여호와는 질투라 이름하는 질투의 하나님임이니라"라고 말씀하고 계신다. 이스라엘 백성들이 이러한 하나님의 속성을 제대로 이해하고 있었다면, 결코 하나님의 마음을 그렇게 아프게 하는 우상숭배의 죄를 짓지 않았을 것이다. 이 말씀은 당신도 또한 이스라엘 민족과 같은 어리석은 전철을 밟지 않기를 경고하는 메시지이다.

당신은 그동안 마음속의 지배자였던 모든 분노의 악한 것들을 하나님께 완전히 맡기기로 결단해야만 한다. 분노라는 이름으로 붙여진 어떤 작은 것들이라 하더라도 전적으로 하나님께 맡겨야만 한다. 성경은 분노의 완전한 청산에 대하여 "너희는 모든 악독과 노함과 분냄과 떠드는 것과 비방하는 것을 모든 악의와 함께 버리고"(엡 4:31)라고 말씀하고 계신다. 이 말씀은 우리 모두에게 적용되는 말씀이다. 이 말씀은 자신의 분노가 정당화될 수 있거나 그렇지 않거나에 관계없이 모든 인간에게 적용되는 말씀이다. 이 말씀은 단순한 권면의 말씀이 아니라 하나님의 강력한 명령이다.

## 하나님에 대한 원망

혹시 당신의 분노가 뜻밖에도 하나님을 향하고 있다면, 당신은 어떻게 분노를 하나님께 맡길 수 있을까? 말할 수 없는 힘겨운 고난이 닥치고 필사적인 마음으로 하나님께 간절히 도움을 요청했지만, 야속하게도 어떤 도움도 받지 못했다고 당신은 느낄 수도 있다. 왜 하나님은 나에게 이런 악한 일이 발생하도록 내버려 두셨는가라고 원망할 수도 있다. 왜 하나님은 이런 악한 일에서부터 나를 전적으로 보호하시지는 못할망정, 고통을 당하도록 방치하시는가라는 생각에 사로잡힐 수도 있다. 세상을 통치하시기에 부족함이 없으신 전능하신 통치자시라는 하나님에 대한 당신의 판단은, 당신이 당했던 불의와 그 고통에 대해 하나님이 마땅히 책임을 지시고 당신에게 그에 합당한 보상을 주셔야 한다고 생각할 수도 있다.

당신 역시 우리 인생의 통치자이신 하나님의 책임에 대해 이렇게 생각할 수도 있다. 천재지변, 감당할 수 없는 큰 시련, 예기치 않은 절망적인 질병, 혹은 사랑하는 사람이 죽음을 맞이하게 될 때, 우리는 너무나도 쉽게 하나님을 원망하게 된다. 정신적인 외상이 될 만큼 큰 충격임에도 불구하고 책임을 물을 존재가 없는 상황이 된다. 당신은 누구에게 화를 낼 수 있을까? 집으로 살랑살랑 불어오는 바람이나 사랑하는 사람의 목숨을 거두어간 매정한 암세포에게 화를 내는 것이 과연 옳은 일일까? 그토록 바라던 아이가 태어나지도 못한 채 유산하게 만든 당신의 자궁과, 당신이 아끼던 소중한 집을 깡그리 집어삼킨 그 화마에게 분노를 쏟아 붓는 것이 과연 정당한 것일까? 자신이 감당할 수 없는 큰 재앙이나 고통이 자신에게 닥칠 때 사람들은 때때로 그 원인에 대한 대답을 하나님께 듣기를 원한다. 받아들이기 어려운 일일수록 더욱더 하나님께 그 대답을 요구한다. 분노와 고통에 찬 목소리로 하늘을 향해 소리친다. "왜?" 분노와 원망에 찬 눈초리로 대재앙에 대한 모든 책임을 하나님께 돌리며 그들은 하나님께 소리를 지른다. 그러한 대재앙의 희생자들이 되지 않도록 자신을 보호하지 않은 하나님께 분노를 터뜨린다.

　그리스도인이 하나님께 자신을 완전히 의탁하는 것도 쉬운 일이 아니지만, 반대로, 분노를 표출하는 것은 더더욱 익숙한 일이 아니다. 하나님을 향해 자신의 분노를 표출하는 것을 꺼리는 것은 그러한 행위가 하나님을 대적하는 용서할 수 없는 치명적인 죄라고 생각하기 때문이다. 감당할 수 없는 강한 분노가 하나님을 향해 일어난다면, 당신은 그 분노를 어떻게 할 것인가?

　내가 권면할 수 있는 유일한 방법은 하나님 앞에서 정직해지는 것이다. 당신이 만약 하나님께 원망을 한다면 과연 하나님이 그 사실을 모르고 계신다고 할 수 있을까? 하나님을 향해 원망의 소리를 내뱉는 사람이 과연 당신 한 사람뿐이라고 생각하는가? 당신이 그렇게 생각하고 있다면, 시편에서 다윗의 행위를 읽어볼 필요가 있다. 시편 6:3에서 다윗은 하나님께 "나의 영혼도 매우 떨리나이다 여호와여 어느 때까지니이까"라고 부르짖었다. 시편 13:1-2에서는 "여호와여 어느 때까지니이까 나를 영원히 잊으시나이까 주의 얼굴을 나에게서 어느 때까지 숨기시겠나이까 나의 영혼이 번민하고 종일토록 마음에 근심하기를 어느 때까지 하오며 내 원수가 나를 치며 자랑하기를 어느 때까지 하리이까"라고 하나님의 무심함을 원망하고 있다. 시편 35:17에서 다윗은 자신의 불의한 상황을 하나님께 이렇게 불평하고 있다. "주여 어느 때까지 관망하시려 하나이까"

다윗이 여전히 하나님께 자신의 불의한 상황에 대하여 불평하며, 원망하고 낙담할 때, 하나님은 다윗에게 오히려 "택한 자"라는 호칭을 사용하신다(시 89:3). 다윗이 끊임없이 하나님을 원망하고 불평을 늘어놓지만, 하나님은 결코 그를 내치지 않으셨다. 놀라운 사실은 끊임없이 하나님을 원망하고 불평하는 소리를 표현하고 있지만, 다윗은 언제나 하나님이 자신을 사랑하고 있다는 본질적인 진리의 자리를 결코 벗어나지 않고 있다. 다윗의 탁월한 점은 자신 속에 어떠한 악한 것이 발생할지라도 하나님의 사랑이 그것을 극복할 수 있도록 힘을 주신다는 것을 잘 알고 있어서, 결국에는 자신을 향한 하나님의 사랑에 대한 믿음이 흔들리지 않는다는 것이다. 자기 속에 악한 일이 생기고 그것과 맞서 싸워야 하는 힘겨운 때에도, 하나님의 사랑에 대한 신뢰를 유지하는 것이 바로 믿음의 행위이다.

성경은 하나님을 향한 다윗의 불평과 원망까지도 다 포함하여 그를 하나님의 "택한 자"라고 인정하고 있다. 당신도 다윗과 같이 하나님이 택하신 자라는 사실을 믿는가? 하나님은 당신을 지극히 사랑하시고 안전하게 하시며, 구원하시고자 한다. 그분은 당신 삶의 날수가 얼마인지, 머리카락이 몇 개인지까지 다 세시는 분이시기 때문에, 원망과 불평을 포함한 당신의 모든 마음의 생각을 다 아시는 분이시다. 그러나 당신이 지금까지 모든 것을 스스로 해결해 온 사람이라면, 당신이 하나님의 거룩한 선택하심을 입은 자라는 사실을 진정으로 못 느낄지도 모른다. 정신적 외상을 당한 사람에게 "택한 자"라는 표현은 오히려 모든 불행과 절망적인 일들이 자신에게만 닥치도록 "정해진 사람"처럼 생각하게 된다.

당신이 하나님을 불평하고 원망한다 하더라도 당신은 여전히 하나님의 섭리와 통치 안에 있는 것이다. 고통과 분노는 우리를 공허하게 만들고 삶에 대한 모든 에너지를 고갈시킨다. 당신의 영혼이 이런 상황에 빠져있다면, 자신의 절망적인 상황을 있는 그대로 표현한, 구약의 선지자인 하박국의 말을 귀담아들어야 할 것이다. 그는 자신의 절망적인 상황을 절망적으로 보지 않고 오히려 희망을 담아 하박국은 이렇게 노래하고 있다.

> "비록 무화과나무가 무성하지 못하며 포도나무에 열매가 없으며 감람나무에 소출이 없으며 밭에 먹을 것이 없으며 우리에 양이 없으며 외양간에 소가 없을지라도 나는 여호와로 말미암아 즐거워하며 나의 구원의 하나님으로 말미암아 기뻐하리로다"(합 3:17-18).

분노는 단지 하나의 반응에 지나지 않지만, 믿음은 자신의 삶에 대한 선택이다. 분노가 생길 때면 어떻게 하든지 하나님이 원하시는 방식을 선택하도록 노력해야 한다. 하나님은 당신이 분노에 사로잡혀서 이성을 잃을 때도, 혹은 하나님께 원망과 불평을 쏟아 낼 때도 언제나 당신과 함께 계신다.

## 잘못된 표적

지금까지 나는 억압과 학대, 정신적 외상을 경험한 여자들의 분노와 고통에 대한 어떤 신앙적 해결책이 있는가를 탐색해왔다. 자신의 잘못이 아닌 것(특정한 가해자나 환경)에 의해 억압당하고 고통받는 여자들은 종종 견딜 수 없는 분노와 비탄에 빠지게 된다. 여자들의 이러한 고통과 분노는 언제나 하나님의 분노와 비통함이 된다. 그러므로 하나님은 당신의 고통과 분노를 자신에게 맡기기를 원하신다. 그리고 하나님의 공의가 이루어질 때까지 당신이 참고 기다리기를 원하신다.

그러나 우리가 숙고해야 할 또 다른 양상과 문제를 가지고 있는 여자들도 존재한다. 당신이 오해하지 말아야 중요한 부분은, 자신의 내면에 고착된 악한 분노에 대한 책임이 반드시 외부적인 것에만 있는 것이 아니라는 것이다. 자신의 삶 속에서 일어난 악한 일 때문에 원통함, 격분, 원망의 고통스러운 삶을 사는 여자들이 적지 않은 것이 명백하다. 그러나 좀 더 진실에 다가서면, 이러한 악한 일로 말미암아 고통에 시달리는 여자들 중에는 그 문제의 원인이 자신에게 있음을 발견할 수가 있다. 그러한 문제의 원인이 자신에게 있지 않다고 아무리 부인한다 하더라도 속일 수 없는 증거가 자신에게서 곧 발견된다. 즉 당신의 삶에 대한 일상적인 행동과 태도가 그러한 점을 반증하게 된다.

자신의 행위와 태도에 의해 악한 일이 발생하고, 분노가 내면에 고착된다는 사실을 인정하지 않게 되면, 당신의 인격이 변화될 수 없게 된다. 당신의 인격이 변화하지 않으면, 병리의 결과도 변하지 않는다. 악한 일은 앞으로도 여전히 당신의 삶을 지배하게 될 것이다. 다음 장에서 나는 변화하지 않는 악습이 어떻게 사회적인 관계와 삶을 지배하게 되는 지에 대하여 다룰 것이다. 악한 결정을 반복하면서 좋은 일이 일어나기를 바라는 것은 자기모순에 불과하다. 어떤 결정과 행동을 하는가에 따라서 결과도 다르게 나타나는 것은 자명한 이치다. 이것은 불공평한 것이 아니다. 이것은 자신이 선택한 삶의 결과일 뿐이다.

성경에는 농사의 중요한 과정인 파종과 추수 비유가 있다. 파종은 마치 봄에 농부가 밭에 씨를 뿌리는 것을 의미한다. 또한 씨뿌리기는 작물의 성장을 기대하는 의미를 담고 있다. 그러나 추수는 자라난 곡식을 거두어들이는 것을 의미한다. 성경에서는 이러한 농사의 파종과 추수를 다른 의미로 매우 많이 사용하고 있다. 갈라디아서 6:7에서 "스스로 속이지 말라 하나님은 업신여김을 받지 아니하시나니 사람이 무엇으로 심든지 그대로 거두리라"라고 말씀하시며, 고린도후서 9:6에서도 "이것이 곧 적게 심는 자는 적게 거두고 많이 심는 자는 많이 거둔다 하는 말이로다"라는 말씀으로, 삶의 성실함의 중요성을 우리에게 경고하신다.

삶을 반추해볼 때, 지금 악한 것을 추수하고 있다고 생각된다면, 당신은 자신의 삶에서 처음에 파종한 씨앗이 무엇이며, 씨앗의 상태가 어떠했는지를 돌이켜보고 반성하는 것이 바람직하다. 당신의 삶에서 처음 뿌린 씨앗이 분노의 배아를 품고 있는 것이었다면, 결국 추수하는 것 역시 그러한 것들일 수밖에 없다. 하나님의 자비하심에 의지하여, 지금이라도 당신은 자신 속에 있는 모든 부정적인 씨앗들을 제거해야 하고 그곳에 하나님이 주시는 은혜의 씨앗을 다시 심어야 한다. 은혜의 씨앗은 성령의 열매를 맺는다고 갈라디아서 5:22에서 말씀하신다. "오직 성령의 열매는 사랑과 희락과 화평과 오래 참음과 자비와 양선과 충성과 온유와 절제니 이같은 것을 금지할 법이 없느니라"

　자신에게만 더 유리한 기준을 적용하면서도 삶이 언제나 불공평하다고 자신의 악습을 정당화하는 삶은 결코 바람직한 것이 아니다. 사람들은 누구나 자신의 필요, 소망, 요구들을 어떤 사람보다 우위에 두고자 한다. 당신은 다른 사람들보다 더 특별하기 때문에 세상의 중심이 되어야 하며, 사람들은 당신의 결정에 반드시 순종해야 하고, 그렇지 않을 때 세상은 공평하지 않다고 하는 생각이 지배적일 것이다. 이것을 우리는 이기적, 자기중심적 의식이라고 말한다. 당신만이 세상의 중심이어서 다른 누구보다도 더 많은 기회와 여가, 특권을 누려야 하는 존재라고 생각한다. 또한 당신이 해야만 되는 관용보다 더 많이 관용을 받아야 하며, 당신이 해야 할 사과보다 더 많은 사과를 받아야 하는 사람이라고 생각한다. 하지만 이런 생각이 깊어질수록, 당신에게 세상은 불공평한 것이 된다.

　공평의 의미를 충분하게 이해하기 위해서 당신은 성경에 나오는 비유를 꼼꼼하게 묵상할 필요가 있다. 마태복음 20장에 나오는 이 비유는 포도밭 주인이 추수하러 나온 품꾼에게 품삯을 임의적으로 지불하는 내용이다. 포도밭 주인은 이른 아침에 일하러 온 품꾼에게 한 데나리온의 품삯을 지불하고, 시간이 지나 한 낮에 일하러 온 품꾼에게도 동일한 대가를 지불하였으며, 마지막으로 거의 일이 끝나가 무렵에 일하러 온 품꾼에게도 똑같이 한 데나리온을 지급한다.

　위의 비유는 어떤 점에서는 별다른 논쟁거리가 되지 않는 것처럼 보인다. 그러나 여러분도 아는 것처럼 문제는 품삯에 있다. 먼저 와서 일을 한 사람들은 자신들보다 늦게 와서 일한 사람들이 동일한 품삯을 받아간다는 것은 결코 공평한 것이 아니라고 주장하며 화를 내고 있다. "나중 온 이 사람들은 한 시간밖에 일하지 아니하였거늘 그들을 종일 수고하며 더위를 견딘 우리와 같게 하였나이다" (마 20:12).

　그러나 예수님의 말씀에 따르면 포도밭의 주인은 그들과 다른 시각을 가지고 있었다. "주인이 그 중의 한 사람에게 대답하여 이르되 친구여 내가 네게 잘못한 것이 없노라 네가 나와 한 데나리온의 약속을 하지 아니하였느냐 네 것이나 가지고 가라 나중 온 이 사람에게 너와 같이 주는 것이 내 뜻이니라"(마 20:13-14). 물론 일찍부터 일을 시작한 품꾼의 생각에는 포도밭 주인의 품삯을 계산하는 방식이 매우 불공평하다고 주장할 수밖에 없다. "제 십일 시에 온 자들이 와서 한 데나리온씩을 받거늘 먼저 온 자들이 와서 더 받을 줄 알았더니 그들도 한 데나리온씩 받은지라"(마 20:9-10)라고 성경은 그들의 생각을 증언하고 있다. 그들은 자신들의 관점으로는 도저히 용납할 수 없는 일이 발생하게 되자, 부당함을 제기하고 불평과 분노를 표출하고 있다. 즉 그들은 포도원 주인에게 공평한 품삯을 기대했지만, 그들의 기대가 어긋나게 되자 분노를 표출하게 된 것이다.

이 비유는 실제로 그렇게 이해하기 쉬운 비유가 아니다. 사실은 내 생각도 이른 새벽부터 일하러 온 품꾼과 같은 생각이기 때문에 이 비유의 관점을 이해하기가 결코 쉽지는 않다. 실제로 이른 새벽부터 일한 품꾼은 하루 종일 땡볕에서 일하면서 고생을 한 반면에 마지막에 온 품꾼은 겨우 한 시간 일을 하고 똑같이 한 데나리온의 품삯을 받아간 것이 아닌가? 도대체 이것을 어떻게 공평하다고 말할 수가 있는가?

그렇다면 도대체 무엇을 공평이라고 말할 수 있는가? 이른 새벽부터 일한 품꾼이 한 데나리온의 품삯을 받겠다고 주인과 계약했을 때 그것이 마땅히 공평한 기준이라고 그들은 생각했을 것이다. 그렇다면 대낮에 온 품꾼들은 품삯으로 얼마를 받는 것이 과연 공평한 것일까? 그들은 주인과 한 데나리온의 품삯을 받기를 다시 계약하게 되었다. 그렇다면 이것이 과연 불공평한 계약이라고 말할 수 있는 것일까? 품꾼에게 적정한 품삯을 결정하는 권리는 오직 주인에게 있는 것이다. 포도밭과 품삯, 그리고 품꾼을 관리하고 고용하는 것은 결국 주인의 결정이며 권한일 뿐이다. 만약 품꾼들이 그들의 품삯 조건이 마음에 들지 않는다면 일을 거절하면 된다.

품꾼들은 과연 불공평하게 대우를 받은 것일까? 실제로는 그렇지 않다. 그들은 처음에 주인이 약속했던 품삯을 받았지만 그들이 나름대로 예상하고 기대했던 것들이 빗나가게 되자 화가 났을 뿐이다. 그들은 주인이 처음에 약속한 것을 그들에게 다 이행했음에도 불구하고 뭔가 자기들이 원하는 대로 이루어지지 않은 것 같은 느낌을 받았기 때문이다. 그들은 자기들보다 훨씬 더 늦게 온 품꾼들이 한 데나리온의 품삯을 받는 것을 통해 자기들에게도 그것에 준하는 보상이 추가적으로 주어질 것을 기대하고 있었던 것이다. 그들은 자신들의 판단이 잘못된 것임에도 불구하고, 자신들의 생각을 결코 굽히지 않았다. 그들은 뭔가 잘못되었다는 생각이 들자 곧 화를 내고 "불평"하기 시작하였다.

마태복음 20:12의 말씀은 그들의 분노 본질이 어디 있는가를 잘 나타내고 있다. "나중 온 이 사람들은 한 시간밖에 일하지 아니하였거늘 그들을 종일 수고하며 더위를 견딘 우리와 같게 하였나이다" 당신이 만약 세상이 불공평하다는 생각 때문에 끊임없는 분노와 불평에서 떠나지 못하는 사람이라면, 왜 그렇게 생각하게 되었는지를 한번 숙고해보기를 원한다. 아마도 그 생각은 비현실적인 기대와 가정에 의해 작동하고 있기 때문일지도 모른다. 즉 당신의 존재가 다른 사람에 비해 항상 무시당하거나 배려받지 못하는 존재라는 피해 의식 때문일지도 모른다. 다른 사람들과 똑같이 다루어지거나 심지어 다른 사람보다 더 존중받지 못하고 있다는 짙은 박탈감이 당신의 의식을 지배하고 있기 때문이다. 그리고 당신이 부당한 대우를 받고 있다고 끊임없이 생각하기 때문이다. 당신에 대하여 특별히 부당하게 대우하지 않을 때조차도 당신은 불공평한 상황과 처사에 놓이게 된 것처럼 느끼고 있는 것이다.

물론 당신이 이른 아침에 와서 열심히 일한 품꾼과 같은 생각을 하고 있다는 것 때문에 죄책감을 가질 필요는 없겠지만, 나는 당신이 좀 더 마음을 열고 새로운 시각으로 이 비유를 생각해보기를 원한다. 세상이란 우리가 생각하는 것 이상으로 불공평하고 불의하며, 비극적이다. 이런 점들을 생각해본다면, 우리는 감히 이 세상이 공평하고 의롭고 이상적인 세계가 되기를 기대할 수 없을 것이다. 품꾼들은 자신의 입장에서 공평하지 않다고 하는 생각 때문에 계속 불평과 불만을 토로함으로, 자신들의 협소한 가치관의 한계를 드러내게 되었다. 그들은 이기적인, 좁고 배타적인 안목 때문에 주인의 관점과 다른 사람들의 생각을 미처 따라가지 못하는 어리석음을 범하고 있다. 주인이 중요하게 생각하는 관점은 "관용"에 있다. 그러므로 늦게 일하러 온 사람에게도 동일한 품삯을 주는 것은, 주인의 관점에서 볼 때 결코 불공평한 것이 아니다.

앞에서도 언급한 바가 있지만, 여자들은 누구보다 강력한 자신들만의 가치관을 가지고 있다. 다른 사람의 가치관을 살펴보고도 좋은 점을 본받기가 너무나 어려울 만큼 강력한 세계를 소유하고 있다. 그러나 일단 누군가의 가치관이 의미 있는 것이라고 강하게 작용하게 되면, 일순간에 자신의 생각을 과감하게 바꾸기도 한다. 자신이 불공평하지 않다는 생각의 전환이 가능하면, 희생자라는 생각도 점점 마음에서 사라지게 된다. 희생자라는 피해 의식이 마음에서 사라지게 되면, 마음속에 드리워졌던 분노도 사라지게 되고, 그 자리에 자기를 존중하는 주체적인 자아가 다시 자리를 잡게 된다. 당신이 자신의 주체적인 자아의 존재로서 주도적이 될 때, 비로소 당신은 변화가 일어나게 되는 것이고 자신을 사랑할 수 있게 된다.

## 자신에게 쓰는 메모

매번 불공평함을 당한다면, 그것은 상처가 될 것이다. 또한 당신이 예견한 것이 아니라면, 고통은 계속되고 점차 깊어질 것이다. 이런 불공평함에서 오는 분노와 비통함은 현실에서 엄연히 존재하는 것이다. 지금 닥치는 불의함은 이전에 당신이 겪었던 불의한 과거와 항상 밀접하게 연결되어 있어서, 그러한 불의한 것들에 의해 쓰러질 때까지 당신을 위협할 것이다. 그러므로 이러한 불의한 것들에 의한 손상과 고통에서 벗어나는 방법은 당신이 불의하다고 판단되는 것들을 따로따로 분리하고 냉철하게 하나씩 분석하여, 그것들의 특징과 성격을 적절한 맥락 안에 분류하는 것이다. 그 방법을 제시하자면 다음과 같다.

첫째, 당신은 자신의 과거로 돌아가서 자신이 당했던 가장 강력하게 충격 받았던 불공평한 체험을 집어내는 것이다. 나는 당신이 당했던 충격적인 사례를 다시 한번 확인할 필요가 있다고 생각한다.

내가 당했던 불공평한 체험들...

1.
2.
3.
4.
5.

둘째, 당신이 작성한 목록을 토대로 다시 기억을 더듬어 볼 필요가 있다(당신의 연령에 맞게 대략 5개 내외가 적당하다. 만약 최근에 당한 불공평한 체험이 5개 내외로 기억나지 않는다면, 훨씬 더 과거로 거슬러 갈 필요도 있다). 또한 그 불편한 경험에 관련된 특별히 잊히지 않은 사람들도 반드시 함께 작성해야 한다. 대체적으로 불공평한 처우를 받은 경험에는 그러한 불공평한 행위를 주도한 사람이 관련되어 있기 마련이다. 위의 목록을 지시대로 작성이 되었다면, 아래의 질문에 응답해 보기를 바란다.

- 나에게 불공평한 일이 일어났을 때, 그것을 거부하거나 방어하기 위해 내가 어떤 의미 있는 행동을 취했는가?

    불공평한 사건으로 정신적 외상을 입은 사람에게 이러한 질문을 던지는 것은 결코 쉬운 일이 아니다. 그러므로 이 질문에 대해 처음에 떠오르는 대답은 바람직한 것이 아니다. 이런 질문을 받게 될 때 당신은 본능적으로 방어적이거나 자기 행위를 정당화하려는 시도를 하게 되기 때문이다. 잠시만 마음을 가다듬고, 불쾌한 심정에서 벗어나는 시간을 갖기를 바란다. 그리고 이제 좀 더 깊은 곳으로 내려가, 고뇌에 찬 당신의 침묵 속에서 건져낸 진실을 살펴보는 기회를 갖기를 바란다. 진실은 언제나 당신의 마음 깊은 곳에 가라앉아 있다. 당신이 용기를 가지고 과감하게 그것의 진실에 대해 이야기하지 않는다면, 당신에게 무엇이 일어났는지를 해명할 수 있는 기회조차 잃어버리는 무기력한 존재감에 직면하게 될 것이다. 그러나 자신에게 일어났던 불공평의 진실을 용감하게 이야기한다면, 당신은 자신의 분노의 원인과 이유를 포착하게 되는 기회를 갖게 될 것이다. 물론 당신이 이야기하게 된다면, 그 불공평함에 의한 고통과 상처로, 당신 자신을 다시 한번 비통함에 빠뜨리게 할 수밖에 없다는 사실도 각오해야 할 것이다.

이제 다음 질문에 대답할 차례가 왔다.

- 나에게 일어났던 그 (불공평하다고 생각하는) 사건의 전모를 내가 정확하게 파악한다는 것은 앞으로의 나의 삶에 어떤 영향을 주게 될 것이고, 또 어떤 선택을 하도록 할 것인가?

　　당신이 진정으로 작성한 이 목록은 당신의 잠재된 통찰력을 통하여 비로소 진실을 회복하게 될 것이고, 당신은 그 문제를 해결할 수 있는 지혜를 얻게 될 것이다. 분노가 지배하는 삶은, 모든 경험들의 융합을 통해 성숙함과 깨달음에 도달하려는 완성된 삶의 지향성을 저해한다.

이제 세 번째 질문에 대답해보자.

- 오래도록 벗어나지 못한 불공평한 사건에 대한 기억과 분노가 당신의 삶에 유익인가 아니면 해로움인가?

　　사실, 이 질문에 대답한다는 것은 불가능할 것이다. 분노는 종종 우리의 내면에서 충격을 완화하는 최초의 방어기제와 보호자로 작동하기 때문이다. 그러나 시간이 지날수록, 그 사건으로부터 멀어질수록 분노의 역할은 미미해진다. 그렇지만 분노가 당신에게 어느 한쪽으로만 작동했다고 치부하는 것은 정직한 태도가 아니다. 분노의 역할에 대하여, 우리는 부정적인 측면과 긍정적인 측면 모두에 대하여 인정할 수밖에 없다.

마지막 질문이다.

- 분노의 기제와 특징에 대해 당신이 조금 더 이해할 수 있다면, 이러한 이해와

경험을 당신의 미래의 삶을 긍정적으로 바꿔나가는 것에 어떻게 사용할 수 있을 것인가?

  앞에서 언급한 것처럼, 당신의 삶에서 경험한 것들은 부정적인 절망의 어두움을 벗어나, 성숙함과 깨달음에 도달할 수 있는 완성된 삶의 지향성을 가질 수 있다. 과거의 어떤 것은 이미 다 사라져버린 것처럼 보이지만 지금도 여전히 당신을 지배할 수 있으며, 미래에도 그것은 여전히 지금 못지않은 능력을 나타낼 수 있다. 그러므로 로마서의 말씀처럼 선하신 하나님의 약속하심에 따라, 공의로운 존재로 살아가기를 항상 결단해야 한다. "우리가 알거니와 하나님을 사랑하는 자 곧 그의 뜻대로 부르심을 입은 자들에게는 모든 것이 합력하여 선을 이루느니라"(롬 8:28). 단지 당신이 말하고 싶어 하는 것들만이 아니라 하나님이 이미 다 알고 계시는, 모든 악한 것들조차도 하나님 앞에 다 고백할 수 있어야 한다. 여전히 세상은 악으로 가득하지만, 하나님은 당신을 사랑하시기 때문에 선한 것들로 당신의 삶이 협력하여 선을 이루게 하신다.

  사랑의 하나님 아버지, 지금까지의 삶이 공의로운 삶이 아니었음을 고백합니다. 때때로 말할 수 없는 격렬한 분노로 자신을 학대하는 삶을 살아왔지만, 이제는 이 모든 것을 하나님께 온전히 맡기기를 원합니다. 하나님의 공의로움이 필요한 곳에 제가 쓰임 받을 수 있도록 의로운 용기를 허락하여 주시옵소서. 제가 다 이해하지 못하는 일이 생길 때에도 하나님의 의로움을 위하여 때를 기다릴 줄 아는 지혜를 허락하여 주옵소서. 주님, 당신은 항상 저에게 기쁨이 되는 경험과 기회를 주시지만, 어리석은 저는 그 은혜를 잊어버린 채, 불의의 색안경을 끼고 세상을 판단해 왔음을 회개합니다. 분노에 눈이 어두워서 세상을 분간하지 못할 때, 저의 심장과 영혼을 쳐서 하나님의 공의로운 뜻을 분별할 수 있는 능력을 주시옵고, 제가 감당할 수 없는 일들이 하나님의 능력 앞에서 놀랍게 변화하는 것 또한 체험할 수 있도록 은혜를 허락하여 주옵소서. 무지한 저의 영혼이 악한 것에서 변화되는 체험과 분노밖에 없는 남루한 저의 심령이 새롭게 부흥할 수 있게 하여 주옵소서. 모든 분노, 비탄, 격분을 저의 심령에서 거두어 가시고, 소망스러운 성령의 열매가 삶 속에 주렁주렁 열리는, 희망과 수확의 옥토 밭이 되게 하여 주옵소서.

# 왜 우리는 원만한 관계가 될 수 없을까?

"너희 중에 싸움이 어디로부터 다툼이 어디로부터 나느냐
너희 지체 중에서 싸우는 정욕으로부터 나는 것이 아니냐"(약 4:1)

여자들의 삶에서 관계를 통한 연대감은 매우 중요하다. 원만하지 않은 관계는 심각한 고통을 일으키게 한다. 배우자, 혹은 연인과의 비통하고 쓰라린 최근의 결별이나 혹은 소소한 불화이든 간에 관계에서의 불화는 짜증과 스트레스와 분노를 촉발할 뿐 아니라 점점 더 심각한 심리적 손상의 원인이 된다. 관계의 단절과 불화에서 입은 상처를 치료하는 방법은 오직 그 단절과 불화를 해소하고 이전 관계를 회복하는 것뿐이다.

화장대에 앉은 코니(Connie)는 불안한 시선으로 자신이 얼마나 시간을 지체하고 있는지를 확인하기 위해 시계를 흘깃 보는 순간, 아래층에서 기다리고 있던 롭(Rob)이 자신을 재촉하는 소리가 날카롭게 귀청을 때렸다. 남편 롭은 아내 코니가 언제쯤 준비가 끝나는지 도대체 알 수가 없을뿐더러, 자꾸 늦어지는 시간에 이미 짜증이 나 있었다. 5시 30분까지 준비를 마치라고 그렇게 이야기를 했지만 아내 코니는 예정 시간을 6분이나 넘기고도 아래층으로 내려오지 않고 있다. 코니는 드레스를 입으면서 "곧 나가요!"라고 큰소리로 대답을 했지만 화장도 채 끝내지 못

7장 왜 우리는 원만한 관계가 될 수 없을까? 173

했을 뿐 아니라 머리는 아예 손도 대지 못한 상태였다. 어느 것도 제대로 준비되지 않고 있었다.

코니가 가려는 파티는 남편 롭의 사업과 관련된 것이었다. 미리 예정된 파티이지만, 그녀는 정말로 파티에 참여하고 싶지 않았다. 제시간에 도착해야만 하는 모임이기 때문에, 그녀는 늦지 않기 위해 애를 썼지만, 그저 허둥거리기만 할 뿐, 무엇 하나 제대로 준비되는 게 없었다. 지난 가을에 갑자기 살이 찐 후부터 그녀에게 좋은 모습이라고는 찾아볼 수가 없었다. 값비싼 화장품으로 화장을 하고 머리를 손질했지만 별반 달라 보이지 않았다. 안타깝게도 이런 코니의 무기력한 모습은 "앞으로도" 여전히 계속될 가능성이 농후했다. 롭은 아내 코니가 언제나 최고의 모습으로 사람들에게 나타나기를 원하면서도 그녀가 준비할 수 있는 충분한 시간을 주려고 하지는 않고 있는 모순적인 태도를 보이고 있다.

남편 롭이 아래층에서 다시 그녀를 재촉하는 소리를 듣자 코니는 마음속에서 화가 치밀어 오르기 시작했다. 도대체 왜 이렇게 자신을 몰아세우는 걸까? 모임이 조금 늦게 시작되는 것이 무슨 큰 문제라도 되는 것일까? 모임이 조금 늦게 시작되어서 모임의 참가자들이 조금 더 일찍 자리를 뜨는 것이 그들에게는 오히려 훨씬 더 좋은 일일 수도 있지 않을까 라는 생각으로 코니는 자신의 준비가 늦어지는 것의 걱정을 내려놓기로 작정했다. 그녀는 곧 그런 생각조차도 잊어버리고 서둘러 준비를 마쳤다. 실제로, 모임에 제시간에 도착해야 하는 것이 그렇게 중요한 것이었다면, 그녀의 남편 롭은 그만한 시간과 준비를 감수하려고 했어야만 한다. 즉 그녀가 제대로 준비할 수 있도록 충분한 시간을 배려했어야만 함에도 불구하고 그렇게 하지 않은 것이 결국 서로가 충돌하게 된 원인을 제공한 것이다. 그녀가 코트와 지갑을 낚아채듯 손에 들고 아래층으로 서둘러 내려갔다. 남편 롭이 기다리고 있었다. 롭은 코니에게 무슨 말인가 꺼내려고 했지만, 그녀의 얼굴을 보고는 아무 말도 하지 않았다. 코니도 문을 나오면서 롭의 얼굴을 쳐다보지 않았다. 파티가 열리는 곳까지는 먼 거리를 가야만 했다. 차안에서 어색한 침묵이 흘렀다. 롭은 어색함을 감추기 위하여 라디오를 켜려고 했지만 곧 그 생각을 그만두었다. 롭은 코니의

"굳은 모습"에 당황해 하면서 운전에만 집중할 수밖에 없었다. 롭은 코니가 정말로 화가 난 이유가 참가하기 싫은 파티를 위해 허둥거리며 준비해야 하는 것에 있다는 것을 전혀 모르고 있었다. 롭의 무책임한 행동과 말이 결국 코니를 화나게 만든 것이다. 그는 오직 제시간에 파티에 도착해야 한다는 생각으로 교통상황에만 신경을 쓰고, 조금의 배려도 없이 두 번씩이나 짜증 섞인 재촉을 아내에게 함으로써, 결국 아내의 분노를 이끌어 냈던 것이다. 롭은 코니를 슬쩍 쳐다보면서 그녀의 분노가 조금이라도 가라앉았는지 파악하려고 애를 쓰고 있었다. 롭의 기대와는 달리 코니는 여전히 굳은 얼굴로 앞만 보며 한 마디 말도 하지 않았다.

그러나 겉으로는 아무 말도 하지 않고 있지만, 실제로 코니의 내면은 자신을 손상시킬지도 모르는 격정적이고, 격렬한 싸움의 장이 되고 있었다. 그녀의 내면에서는 단지 자신의 "일의 성취"를 위하여서 자신을 강압한 남편 롭의 이기적이고 냉혹함에 대한 분노와 원망이 여전히 격렬하게 타오르고 있었다. 분노가 타오를수록 코니는 자신의 마음 상태가 결코 올바른 것이 아니라는 죄책감이 일어났고, 죄책감은 점차 수치와 모멸감으로 바뀌어 갔다. 그녀도 지금의 모습이 자신이 가져야 할 올바른 모습이 아니라는 것을 잘 알고 있었다. 그녀는 결코 다른 사람의 기대와 시선을 외면할 수 없는 것처럼 보였다. 다른 사람의 눈에 비쳐지는 자신의 모습을 생각할 때마다 그녀는 언제나 자신이 부족한 사람이라는 생각을 지울 수가 없었다. 이런 생각은 자신이 원하지 않은 일에 봉착했을 때, 아이들처럼 화를 내는 것으로 반응하게 되고 성숙한 성인의 방식으로 그 문제를 해결하지 못하는 결과를 가져오곤 했다. 그녀도 자신이 성숙한 성인의 정체성을 가지지 못하고 있다는 것을 잘 알고 있었고, 이것은 언제나 그녀를 수치스럽게 만드는 것이었다. 코니는 언젠가부터 자신이 성숙함을 거부하고 있었으며, 이러한 그녀의 태도는 점점 자신을 미치게 만드는 것이 되고 있었다. 그러므로 어느샌가부터 그녀에게 일어나는 모든 것은 그녀를 미치도록 만들게 된 것이다.

## 친밀한 관계

일상에서 일어나는 많은 분노는 대체적으로 가족들에게서 시작되며 가족들을 통해 확대재생산 될 가능성이 크다. 역설적이게도, 가족은 서로에게 가장 친밀한 대상이기 때문에 분노도 가장 친밀한 대상을 향한 애정의 반대급부적인 표현으로 나타나기도 한다. 당신의 분노의 패턴은 마치 감정적인 지문과도 같다. 당신만의 독특한 특징을 띄게 된다. 분노가 상호적인 친밀성을 형성하는 것에 실패했을 때에 나타나는 문화적인 원천이기도 하지만, 당신을 격렬한 분노에 빠지게 만드는 것은 대체적으로 매우 개별적인 측면이 강하다. 즉 분노를 통하여 자신이 어떤 존재인가를 나타내는 척도가 될 수 있다. 분노는 자기의 상처를 드러내는 것이며, 자신의 약점을 나타내는 것이기도 하다. 화를 내는 것은 자신의 외면이 어떠한지를 설명하는 것이 아니라 자신의 내면이 어떠한지를 매우 강력하게 증언하는 것이다. 즉 분노는 당신 자신의 인격과 내면에 관한 보고서이다.

당신이 분노하면 당신의 감정도 함께 드러난다. 분노를 통해서 당신을 분노하게 만드는 것이 무엇인지도 잘 드러나게 된다. 다른 사람에게 이런 정보를 노출하게 된다는 것은 자신의 약점을 다른 사람에게 넘겨주게 되는 것이다. 영리한 사람이라면 아마도 자신의 분노를 다른 사람이 파악할 수 없도록 잘 감추고 절제할 수 있는 사람일 것이다. 분노를 감추는 것은 자신의 고통의 원천을 감추는 것이기도 하다. 분노를 잘 감추는 것은 당신을 좀 더 안전하게 하는 것이기도 하다.

분노를 함부로 표출하는 것은 약점을 드러내는 것이다. 그러므로 당신은 분노를 분산시킴으로 고통의 진정한 실제 근원을 감추어야 한다. 본래 분노 그 자체는 두려움, 수치심, 죄책감, 고통을 가리기 위한 양동작전(diversion)으로 사용된다. 분노를 마구잡이로 일으킨다면 그 분노의 원인이 어디에서부터 일어나는지를 찾을 수가 없게 된다. 이러한 분노 분출 방법의 장점은 분노의 실체는 드러내지 않은 채 분노를 마음껏 표출함으로써 마음의 모든 스트레스를 해소하는 강력한 해방감을 맛볼 수 있게 하는 것이다. 견제적인 분노(Diversionary anger)란 광활한 초원에다 분노의 원천을 감추는 것과 같은 것이다.

이것은 군사적인 대응책과도 다르지 않다. 어뢰나 미사일 공격을 받게 된다면 목표물은 매우 위험한 상황에 놓이게 될 것이다. 이때 상대방의 공격을 방어하는 대응책으로 상대방의 미사일을 교란시키고 혼란을 주기 위한 금속조각을 공중에 살포하게 된다. 목표물에 대한 혼란을 일으킨 미사일은 실제적인 목표를 상실하여 추락하게 되거나 목표와 관계없는 곳에서 폭발하게 될 것이다. 마찬가지로 누군가가 당신의 분노의 원천에 너무 가까이 접근하게 될 때, 당신은 그가 분노의 진실한 실체에 접근하지 못하도록 견제적 분노를 마구 발산하게 될 것이다.

## 관계의 회복

분노의 실체를 덮고 진실을 회피하기 위해 견제적인 분노를 마구잡이로 발산하게 되면, 관계의 진정한 회복은 불가능해진다. 앞서 언급한 것처럼 회복되지 않는 관계는 고통의 원천이 된다. 그러나 관계를 회복한다는 것은 관계를 좋게 한다거나 긍정적이 되게 하거나 완벽하게 한다는 뜻이 아니라는 것을 유념할 필요가 있다. 관계를 회복한다는 것은 관계가 내포하고 있는 진실을 명료하게 함을 의미한다. 서로에게 상처를 주고 해만 입히는 관계라면, 서로 간에 왜 그럴 수밖에 없는지에 대한 근본적인 원인을 따져보는 것은 서로에게 해를 입히는 작용점과 원인에 대한 진실을 밝혀낼 수 있는 좋은 기회가 될 수 있다. 관계를 회복한다는 것은 악화된 서로의 관계를 감추기 위해 겉에만 회칠을 하는 것처럼 미화하는 것이 아니라, 그들의 관계가 실제로 어떠한지를 솔직하게 드러내는 것이다. 관계의 현실을 밖으로 드러낼 때 기억해야 하는 점은 서로의 불편한 진실을 드러내는 과정이 어렵고 고통스러울 수도 있다는 것이다. 그럼에도 불구하고 관계에 대한 불편한 진실을 드러내는 것은 새로운 치료의 출발이 된다.

회복되지 않는 관계는 고통의 원인이 된다. 그리고 고통은 분노를 촉발시킨다. 분노는 다시 회복되지 않는 관계를 만드는 악순환의 고리를 형성하게 된다. 이 순환적인 상황은 매우 강한 논리적인 정당성을 가지게 된다. 그러므로 이 순환적인 고리 안에 있는 사람들은 매 순간 이 악순환적인 고리 안에서 계속 맴돌지 않을까 하는 공포에 시달리게 된다. 아마도 당신은 성장기에 겪은 나쁜 기억들과 그것에서부터 생겨나는 고통의 문제가 다시 노출되는 것에 대한 두려움에 시달릴 수도 있다.

케이티(Katie)는 섭식장애와 우울증 때문에 오랫동안 나에게 상담을 받았다. 그녀의 엄마는 그녀가 겨우 스물세 살임에도 불구하고 벌써 비만인 것에 걱정이 태산이었다. 좋은 직장을 얻었지만 만성적인 지각으로 언제 해고될지도 모르는 상황이었다. 일을 할 때는 비교적 꼼꼼하고 빈틈없이 일을 해내는 경향이었지만 대체적으로는 그렇지 않은 경우가 허다했다. 그녀의 몸무게는 그다지 변화가 없는 것처럼 보였다. 실제로 한동안은 몸무게에 그다지 큰 변화가 없었고, 그녀도 또한 그 상태가 계속 "유지" 되기를 원했지만 자신도 모르는 사이에 또다시 몸무게가 늘고 있었다. 그녀의 엄마는 그녀가 완전히 "치료" 되고 살이 빠져서 대학을 졸업할 때까지도 시도해보지 못한 데이트에 성공하는 사랑스럽고 행복한 여자가 되기를 간절히 바랐다. 이것은 당연히 케이티의 바람이기도 했다. 자신의 생활을 좀 더 엄격하게 관리하고 살을 뺀다면 오랫동안 기대해왔던 이상적인 남자와 데이트를 할 수 있게 될 것이라고 그녀는 자신했다. 그러나 케이티가 간과하고 있는 것은, 자신의 내면에 오랫동안 고착된 유년기의 상처를 해결하지 않고는 자신이 바라는 이상적인 관계를 새롭게 시작할 수가 없다는 것이다.

케이티가 여덟 살 때 그녀의 부모는 이혼했다. 부모의 이혼은 그녀에게 절망과 안도의 두 가지 상반되는 감정이 교차되도록 했다. 그녀를 절망적이게 만든 것은 그동안 자신을 지켜주었던 환경이 갑자기 붕괴된 것이었고, 안도하게 만드는 것은 서로가 지겹도록 소리를 지르고 싸우는 일이 사라졌기 때문이었다. 그녀의 엄마는 자신의 이혼이 그녀를 위해서 차라리 잘된 일이라고 항상 그녀를 설득했다. 또한 자신들은 지금보다 훨씬 더 행복해질 수 있을 것이라는 엄마의 자조적인 말을 들어야만 했다. 이혼한 가정의 아이인 케이티는 아버지가 학교에 방문할 때도 아버지를 실망하게 하지 않기 위하여 자신이 할 수 있는 한 최선을 다하고자 애를 썼다.

그녀는 조금씩 나이가 들수록 아버지와의 관계가 예전 같지 않다는 것을 점차 느끼게 되었다. 아버지는 재혼을 하고 곧 새로운 가족을 꾸렸다. 아버지 집에 새로운 동생들이 있다는 것과 이제 아버지를 마음껏 독점할 수 없다는 것이 케이티에게는 냉엄한 현실이었다. 배다른 동생들과 케이티 사이에는 어떤 동질감도 없었다. 배다른 동생들이 아버지를 마음껏 소유하는 것이 케이티에게는 참을 수 없는 고통이 되었다.

중학생이 되자 상황은 훨씬 더 악화되기 시작했다. 케이티는 아버지를 더 이상 찾아가지 않을 이유를 만들기 시작했다. 그녀의 엄마는 그녀가 아버지를 만나러 가지 않는 것에 대해 더는 문제 삼지도 않을뿐더러 철저하게 그녀의 행동을 옹호하고 나섰다. 더 이상 자기에게 아버지는 필요 없는 존재라는 생각을 하면 할수록, 케이티는 아버지가 그녀의 마음을 돌리기 위해 한 번도 제대로 노력하지 않았다는 사실이 미치도록 케이티를 괴롭게 했다.

아버지에 대한 실망감은 그녀가 아버지 관계의 도의적인 부담과 책임을 점차 작아지게 하는 결과를 만들었다. 예를 들면, 휴일에 같이 시간을 보내거나 그녀의 생일에 축하카드를 보내는 것과 같은 것이었다. 케이티는 자신의 삶에서 그러한 아버지에 대한 책임을 지우기로 결심했다. 그러나 케이티의 내면에서는 정말로 자신의 마음을 다해 사랑하고, 사랑받기를 원했지만, 자신의 노력이 헛되고, 그렇게 쉽게 서로 포기되는 것이 너무나도 화가 났다. 그녀에 대한 아버지의 사랑은 "(아무런 부담 없는) 편리한 존재"로서 자신에게 사랑을 조금 나누어 준 것에 지나지 않았다는 것에 그녀는 심한 박탈감을 느끼고 있는 것이다. 아버지에게 그녀는, 사랑을 나누어 주기에 편리한 존재이기 때문에, 자신의 사랑을 조금 나누어 주었을 뿐이다. 그러나 그가 형편이 점점 더 어려워지자 감당하기 힘든 초과 수화물처럼 자신을 무책임하게 폐기하려는 것으로 보였다. "폐기해야 할 초과 수화물"이라는 자신에 대한 아버지의 이런 취급을 도대체 어떻게 받아들일 수가 있는가! 아무렇게 대해도 되는 편리한 존재였기 때문에, 아버지는 자신을 사랑했던 것이다.

이런 판단이 예리한 바늘처럼 자신의 마음을 찌르자, 케이티는 자신도 자신을 사랑하는 방식을 "편익"에 맞추기 시작했다. 즉 음식을 탐하는 편익을 선택하게 된 것이다. 그녀는 음식을 통해서 자신이 주도할 수 있는 왜곡된 관계지향을 시도하게 된 것이다. 음식은 자신이 원하는 자리에 항상 존재하고 일시적이지만 자신을 만족시키는 것이 되었다. 두려움이 몰려오거나 심하게 스트레스를 받거나 부당한 대우를 받거나 화가 날 때면 그녀는 언제나 음식을 먹는 것으로 그러한 고통을 해소하고 스스로 위안을 삼고자 했다.

그녀가 대학교에 다니고 있을 때는 더없이 바쁜 학과 공부와 여타의 활동 때문에 몸무게가 비교적 잘 유지되고 있었고, 먹는 문제가 그렇게 심각해 보이지는 않았다. 그러나 대학을 졸업하고 취업을 하게 되자 그녀의 체중은 걷잡을 수 없이 늘어나기 시작했다. 나름대로 살을 빼기위해 수많은 시도를 했지만 체중이 줄지 않았다. 체중이 늘어나면 늘어날수록 그녀의 심리상태도 점점 더 악화되기 시작했다. 그녀의 비만은 "폐기되어야 할 초과 수화물"이라는 자기 자신에 대한 비하적인 인식의 또 다른 징후처럼 보였다. 자기 삶에 대한 통제가 잘 안 된다고 느낄 때마다 더 많은 음식을 섭취하게 되고, 과다 섭취한 만큼 살이 더 찌게 되면, 마음속에는 그만큼의 분노가 쌓여갔다. 분노가 쌓여갈수록 절망감도 더 깊어졌다. 그녀의 깊어진 절망감은 결국 우울증이 되고 말았다. 우울증이 점점 심해질수록 일을 하기가 힘들어졌고 그러한 내면의 고통을 해소하기 위하여 또다시 과다 섭취하는 자기 파괴적이고 가학적인 악순환 고리에서 헤어날 수가 없었다.

케이티는 언제나 새로운 이성교제를 꿈꾸지만, 그녀가 선행적으로 풀어야 할 과제는 결국 아버지와의 유년기적 결핍과 분노 문제를 해결해야 하는 것이었다. 그녀는 자신의 내면에서 아직도 해결되지 않은 채 응어리진 아버지와의 관계 회복 문제를 반드시 해결해야만 했다. 그녀의 내면에 고착된 이 문제가 해결되지 않고는 어떤 이성교제도 자신에게는 불가능한 것이 되었다. 해결되지 않은 상태로 남아있는, 모호하고 흐릿한 잔상 세계에 대한 자기 이해는 언제나 혼란스럽고 당혹스러운 것이었고, 그러한 불편한 세계에서 불안함을 느끼는 그녀의 의식은 또다시 과잉 섭취의 자리로 돌아갈 수밖에 없게 되었다. 절망의 악순환은 그녀에게 다시 분노를 포식하게 만든다.

케이티에게 필요한 것은 "초과 수화물"로서의 왜곡된 자의식을 벗어나고자 하는 과감한 용기이다. 아버지로부터 거절되고 포기된 고통에 의해 타자에게 닫혔던 마음의 빗장을 풀어내야만 한다. 성인인 그녀는 유년기의 끔찍하고 고통스러웠던 시절로 냉정하게 되돌아가 볼 필요가 있다. 누군가의 돌봄이 필요했던 불안하고 유약한 유년기적인 의식으로서가 아니라, 삶의 주체로서 철저히 독립적인 성인의 관점으로 그때의 분노와 상실감을 떠올리면서 통렬한 비탄과 슬픔에 잠겨보는 시간이 반드시 필요하다. 다시 한번, 위태로운 유년기에 당했던 그 쓰라린 고통의 경험에 온전히 자신을 잠기게 해볼 필요가 있다.

케이티가 감당해야 할 가장 힘든 것 중의 하나는 그녀의 엄마가 자신의 고통 중의 일정 부분 책임이 있다는 것이다. 그녀는 엄마에게서 자신의 고통에 대한 동지애를 느끼고 있다. 그녀는 아버지에 대한 비난에는 엄마와 함께 강한 연대적인 동지가 되지만, 엄마에 대해서는 아무런 비난도 하지 않는다. 그러나 그녀의 분노는, 그동안은 잠복하고 감춰져 있지만 아버지에게만 작동하는 것이 아니라, 사실은 엄마에게도 향하고 있었다는 것을 발견할 수가 있었다. 케이티에게 이러한 사실에 대한 인정은 고통스럽고 불편한 것이지만, 용감하게 그 문제들의 뿌리로 가서 해결책을 모색하고자 했다. 이러한 문제들을 감추고 은닉하는 그의 삶은 마치 뾰족한 첨탑에 매달려 있는 것과 같은 불안정하고 황폐한 삶의 모습이었다. 타인에 대한 분노와 자신에 대한 수치감은 미래지향적인 삶의 태도와 변화에 대한 갈망으로 해결의 실마리를 찾을 수 있었다. 그녀의 부모에 대하여 좀 더 냉철한 성인의 관점으로 명쾌하게 해석할 수 있게 된 것 같이, 자신의 삶과 존재에 대해서도 좀 더 선명하고 냉철한 관점으로 이해하는 힘이 생기게 되었다. 자신의 진정한 실체가 무엇인지, 앞으로 자신이 해야 할 것이 무엇인지를 진정으로 깨닫게 된 것이다.

케이티의 사례는 아주 특별한 것이 아니다. 이런 사례는 내가 상담했던 여자들에게서 가장 흔하게 찾아볼 수 있는 종류이다. 당신이 지금까지도 과거에 해결되지 않은 악한 관계의 고통에 사로잡혀 있다면, 그것은 지금까지 그 관계의 성격이 규명되지 않은 채 모호하게 남아있기 때문이다. 규명되지 않은 채, 모호한 악한 과거의 관계는 지금 당신이 만들어야 하는, 그리고 만들기를 원하는 모든 관계에 악한 영향을 행사하게 될 것이다.

## 내부의 전쟁

야고보서 4:1은 "너희 중에 싸움이 어디로부터 다툼이 어디로부터 나느냐 너희 지체 중에서 싸우는 정욕으로부터 나는 것이 아니냐"라는 말씀으로 시작된다. 서로의 관계가 원만하지 못하게 되면, 실현될 수 없는 욕망으로 살아가게 된다. 실현될 수 없는 욕망은 행복과 만족, 개인적인 평안을 획득하기 위해 각고의 사투를 벌이면서 서로 간에 끊임없는 불화를 유발시키게 된다. 이러한 사투는 자기 자신 혹은 다른 사람과 끊임없는 투쟁과 전투로 당신을 내몰아 낙담과 분노, 경계심, 피곤함에 녹초가 되도록 만든다. 욕망의 충족을 위한 투쟁은 관계의 균열을 일으킨다. 이 투쟁은 다양한 성격의 분노를 나타내는 붉은 깃발이 된다.

잠언은 이러한 욕망을 향한 인간의 투쟁에 대해 잘 다루고 있다. 나는 이러한 분쟁이 어떻게 인간존재를 손상시키는가를 잘 나타내고 있는 아래의 구절들을 읽는 것을 좋아한다.

- 잠언 13:10 – 교만에서는 다툼만 일어날 뿐이라 권면을 듣는 자는 지혜가 있느니라
- 잠언 15:18 – 분을 쉽게 내는 자는 다툼을 일으켜도 노하기를 더디 하는 자는 시비를 그치게 하느니라
- 잠언 17:14 – 다투는 시작은 둑에서 물이 새는 것 같은즉 싸움이 일어나기 전에 시비를 그칠 것이니라
- 잠언 17:19 – 다툼을 좋아하는 자는 죄과를 좋아하는 자요 자기 문을 높이는

자는 파괴를 구하는 자니라
- 잠언 19:13 – 미련한 아들은 그의 아비의 재앙이요 다투는 아내는 이어 떨어지는 물방울이니라
- 잠언 20:3 – 다툼을 멀리 하는 것이 사람에게 영광이거늘 미련한 자마다 다툼을 일으키느니라
- 잠언 21:9 – 다투는 여인과 함께 큰 집에서 사는 것보다 움막에서 사는 것이 나으니라
- 잠언 22:10 – 거만한 자를 쫓아내면 다툼이 쉬고 싸움과 수욕이 그치느니라
- 잠언 25:24 – 다투는 여인과 함께 큰 집에서 사는 것보다 움막에서 혼자 사는 것이 나으니라
- 잠언 26:17 – 길로 지나가다가 자기와 상관 없는 다툼을 간섭하는 자는 개의 귀를 잡는 자와 같으니라
- 잠언 26:20 – 나무가 다하면 불이 꺼지고 말쟁이가 없어지면 다툼이 쉬느니라
- 잠언 26:21 – 숯불 위에 숯을 더하는 것과 타는 불에 나무를 더하는 것 같이 다툼을 좋아하는 자는 시비를 일으키느니라
- 잠언 27:15 – 다투는 여자는 비 오는 날에 이어 떨어지는 물방울이라

위 구절들 중에는 특히 여자들에게 권면하는 내용이 있다. 즉 여자들의 관계를 배경으로 분쟁을 즐겨하는 사람들을 향한 훈계가 들어있는 것은 우연한 일치가 아니다. 즉 분쟁을 즐기는 여자를 떨어지는 물방울에 비유하는 구절이 두 번(잠 19:13; 27:15)있고, 또 두 번(잠 21:9 ; 25:24)은 여자들의 분쟁은 가족들을 집에서 나가게 만든다고 말하고 있다. 그들은 집안에서 매우 중요한 역할을 담당하고 있기 때문에 여자들이 분쟁을 즐겨하고 분노하며 불화를 일으키게 된다면, 그녀가 가장 사랑하는 사람들인 가족들을 결국 집 밖으로 내몰게 되는 것이다.

성경은 분쟁을 즐겨하는 내면적인 본성과 그 문제에 대해 명백하게 지적하고 있다. 여자들의 분쟁의 문제를 특별히 지적하고 있는 구절들은 다른 사람들의 속내를

시험함으로 무엇인가 이익을 얻어내려는 강한 욕구의 여자들을 위한 말씀이다.

- 잠언 13:10 – *"교만에서는 다툼만 일어날 뿐이라 권면을 듣는 자는 지혜가 있느니라"* 채워지지 않은 욕구와 실현될 수 없는 갈망에 의해 상처를 받고 있다면, 당신은 오직 자신의 고통스러운 상황에 대하여만 몰입하는 존재가 될 것이다. 마지막 장에서 나는 이러한 "희생자 의식" 개념에 대해 이야기를 하고자 한다. 이러한 의식의 외피는 자아 정체성의 원천을 바꾸어서 왜곡된 자존심의 원인으로 작용하게 만든다. 이러한 왜곡된 자아는 다른 사람에 대한 생각과 판단에 개입하고 간섭하며, 결국에는 올바른 판단력을 흐리게 만들 수도 있다. 왜곡된 자아의 판단력이 문제가 되는 것은 해결되지 않은 관계를 명료하게 판단하고 개선함으로 자신의 분노를 해결하려고 시도할 때 강한 저항으로 나타날 수 있다.

- 잠언 15:18 – *"분을 쉽게 내는 자는 다툼을 일으켜도 노하기를 더디 하는 자는 시비를 그치게 하느니라"* 분노는 매우 높은 염려와 경계심의 상태를 촉발시킬 수 있다. 이런 상태에 빠진 분노는 진실을 심각하게 왜곡할 뿐 아니라 전혀 의도하지 않은 형태의 모습으로 사실을 비틀리게 만든다. 분노는 당신을 흥분시키고 싸움에 대한 투지를 불러일으켜서 매우 강렬한 충돌과 투쟁의 태도가 되도록 의식을 자극한다. 그러나 인내는 분쟁을 가라앉힌다. 분노를 하나님께 맡길 수만 있다면, 그래서 하나님이 어떻게 명쾌하게 공의로움을 행하시는지를 경험하기 위해 참고 기다릴 수 있게 된다. 하나님을 의지하고 참고 기다리는 것은 능력이다. 인내하는 것은 당신의 마음을 평온하게 하며, 주어진 상황을 가장 적절하게 해결할 수 있는 것보다 탁월한 방법이 된다. 평온함은 당신에게 하나님의 은총이 임재할 수 있는 여지를 마음속에 남겨놓는 것이다.

- 잠언 17:14 – *"다투는 시작은 둑에서 물이 새는 것 같은즉 싸움이 일어나기 전에 시비를 그칠 것이니라"* 이 말씀은 사랑하는 사이에서 가장 잘 적용될 수

있는 구절이라고 볼 수 있다. 두 사람 사이에 해결되지 않은 감정적인 문제가 있다면, 다툼의 시작은 감추어진 문제의 둑을 무너뜨리는 결과를 가져올 수 있게 된다. 가끔씩 나의 상담실은 이러한 울부짖는 맹렬한 다툼, 끔찍한 비난, 되받아치는 격렬한 질책, 강력한 원망이 홍수를 이룰 때가 있다. 이러한 격렬한 다툼을 다 감당할 수 있는 관계란 결코 존재하지 않는다. 나에게 상담을 원하는 부부들에게 어떻게 하면 공평하면서도 치열하고, 진실하면서도 서로에 대한 연민을 담은, 은혜로운 "싸움"의 방법과 기술을 터득할 수 있을지를, 나는 항상 가르치고자 한다. 냉혹하고 무차별적인 공격은 결코 효과적인 갈등 해소의 방법이 될 수 없다. 오히려 갈등을 폭발시키는 계기가 될 뿐이다.

- *잠언 17:19* – *"다툼을 좋아하는 자는 죄과를 좋아하는 자요 자기 문을 높이는 자는 파괴를 구하는 자니라"* 이 책의 초반에 언급되었던 논쟁하는 것을 즐기는 여자들에 대한 이야기를 당신은 기억할 것이다. 그들은 주변에서 일어나는 어떤 것이라도 논쟁거리로 삼고, 서로 간의 격렬한 논쟁을 삶의 유일한 낙으로 삼는 것처럼 보인다. 당신이 이런 일로 낙을 삼는 사람이라면, 아마도 당신은 타자와의 격렬한 논쟁과 다툼에서 이겼다고 느꼈을 때, 말할 수 없는 큰 쾌감을 느끼게 될 것이다. 그러나 이런 방식으로 충족된 쾌감은 마치 죄와 악을 행한 후의 쾌감과 같아서 자신이 저지른 행위와 타자에게 풀어버린 분노에 대한 책임에서 자유로울 수 없다는 사실을 잊지 말아야 한다. 학대를 당했던 사람이 누군가를 학대 대상으로 삼을 때는 결코 죄책감을 느끼지 않는 냉혹한 존재가 된다. 그러나 이런 논리가 타당하다면, 누군가는 항상 누군가에게 학대를 당할 수밖에 없게 되고, 죄책감이란 세상에서 곧 사라지게 될 것이다. 자신의 분노를 싸매고 감당하기 위해서, 즉 자신을 타인의 공격에서 방어하기 위한 강력한 방어진을 구축하는 것처럼, 당신은 자신의 공격을 정당화할 수 있는 상황과 논리로 무장하게 된다. 이 구절이 경고하는 것처럼, 설령 당신이 누군가의 공격에도 무너지지 않는 강력한 방어적인 환경과 논리를 구성한다면, 역설적이게도 당신을 찾아오는 것은 결국 (자기 존재의) "파괴"적인 유폐일 것이

다. 이 말씀이 의심스럽다면, 당신이 정말로 사랑하는 사람에게 당신의 악한 분노를 한번 표출해 보라! 그리고 자신에게 반문해보라! 당신의 분노의 표출이 가족과의 관계를 보호하는 역할을 하고 있는가, 아니면 파괴하고 있는가?

- 잠언 20:3 – *"다툼을 멀리 하는 것이 사람에게 영광이거늘 미련한 자마다 다툼을 일으키느니라"* 이 말씀은 그저 "지나쳐도" 되는 흔한 격언이 결코 아니다. 이 말씀은 단순히 문제를 회피하기 위하여 당신의 입을 닫고 살아야 한다는 그런 단순한 경고가 아니다. 오히려 이 말씀은 더 적극적이고 능동적으로 다툼에 대처하지 않으면 안 된다는 것을 강조하고 있다. 다툼에 대한 사전적인 정의는 "좀 더 우월한 지위를 차지하기 위한 힘겹고 격렬한 반목이나 알력"이다. 그러므로 분노와 적대감은 다툼과 분쟁의 발화제 역할을 한다. 다툼을 통해서 문제를 제대로 해결할 수 있는 방법은 없다. 오히려 반목과 충돌의 불씨를 키우는 촉진제가 될 뿐이다. 다툼을 잠재우고 피하는 것은 당신의 가장 가치 있는 덕목으로서 신용카드와 같은 역할을 하게 될 것이다.

- 잠언 22:10 – *"거만한 자를 쫓아내면 다툼이 쉬고 싸움과 수욕이 그치느니라"* 앞선 장에서 자기 속에 "거만한 자"가 살고 있다는 것을 깨닫게 된 것을 기억하고 있는가? 당신이 직접 작성했던 그러한 비현실적인 기대는 결국 당신을 무가치한 존재로 만드는 것들이었다. 즉 당신 속에서 일어나는 허황된 기대와 망상은, 당신이 지금까지 당했던 무례한 일들과 파괴적인 모든 거짓된 것들에 의해 탄생한 악하고 거만한 괴물이다. 당신 속의 거만한 괴물이 당신은 결코 사랑스러운 존재가 아니라고 말한다면, 그것은 당신을 향한 하나님의 사랑의 진실을 조롱하는 것이다. 자신의 분노를 잘 극복하고, 자신에 대한 존엄성과 건강한 관계 회복을 원한다면, 당신은 반드시 자신 속의 거만한 괴물을 몰아내야만 한다. 자기 속의 거만한 괴물을 몰아낸다면, 분쟁이 그치고 다툼이 쉬며, 자기 파괴적인 수치도 사라지게 될 것이다. 그때 비로소 당신은, 삶의 평화로움을 말할 수 있게 될 것이며, 누군가와 아름다운 관계를 이룰 수 있는 자신감을 회복하게 될 것이다.

- *잠언 26:17* – *"길로 지나가다가 자기와 상관 없는 다툼을 간섭하는 자는 개의 귀를 잡는 자와 같으니라"* 우리는 삶 속에서 항상 죄에 의해 손상을 입게 된다. 우리 자신이 저지르거나 혹은 타인이 저지른 죄에 의해 고통을 당하게 된다. 당신은 죄의 전쟁에 휩쓸린 사상자가 된다. 이 전쟁은 우리의 삶의 영역 안에서도 일어나지만 때로는 우리가 이해할 수 없는 영역에서도 일어나고 있다. 에베소서 6:12에서는 "우리의 씨름은 혈과 육을 상대하는 것이 아니요 통치자들과 권세들과 이 어둠의 세상 주관자들과 하늘에 있는 악의 영들을 상대함이라"라고 말씀하고 있다. 정신적인 외상을 야기하는, 끔찍하고 잔혹한 학대의 이야기를 접할 때면 이 말씀이 의미하는 바가 마치 그림처럼 선명하게 이해된다. 이 말씀을 통하여 당신에게 하고 싶은 말은 분쟁과 다툼을 일으키는 것에 대하여 매우 신중하기를 바란다는 것이다. 당신을 둘러싸고 있는 악한 영의 파괴적인 활동을 당신은 다 알아차릴 수가 없다. 혹시라도 당신이 분쟁과 다툼의 자리에 있게 된다면, 하나님이 함께 하시는 전쟁의 예를 기억해야만 한다. 그분은 항상 당신을 위해, 당신과 함께 싸우시고 있다는 것을 명심하기 바란다.

- *잠언 26:20* – *"나무가 다하면 불이 꺼지고 말쟁이가 없어지면 다툼이 쉬느니라"* 어떤 종류의 원인이 당신의 분노를 촉발시키는지를 잘 이해해야 할 필요가 있다. 자신의 분노의 원인을 파악해내는 통찰력을 길러야 할 필요가 있다. 그다지 중요하지 않은 잡담이나 소문에 휩쓸려 화를 내거나 분노하는 것을 삼가야 한다. 이런 것들은 자신의 존재에 대한 성찰과 영적 회복을 방해할 뿐만 아니라 파괴적인 행위를 불러일으키는 악한 요인이 될 수 있다. 잠언 18:8과 26:22에서 잡담을 "별식"이라고 말하고 있다. 이런 쓸모없는 잡담에 시간을 허비하지 말고 자신의 일에 충실해지도록 애써야만 한다.

- *잠언 26:21* – *"숯불 위에 숯을 더하는 것과 타는 불에 나무를 더하는 것 같이 다툼을 좋아하는 자는 시비를 일으키느니라"* 당신만이 상처받고 있는 유일한 사람이 아니라는 것을 아는 것이 매우 중요하다. 다른 사람들도 당신처럼 상

처를 받고 그 고통 때문에 두려워하며 살아가고 있다. 사랑하는 사람들끼리 다투며, 싸움으로 인해 일어나는 맹렬한 분노의 불꽃으로 세상은 활활 타오르고 있다. 손바닥도 마주쳐야 소리가 난다는 옛말이 있다. 당신이 다툼을 즐기는 사람이라고 생각한다면, 그에 걸맞은 배우자를 찾는 것은 전혀 어렵지 않을 것이다. 분쟁을 즐기기에 부족하지 않은 배우자감을 만날 기회는 항상 열려있다.

다른 사람과 논쟁하는 것을 즐겨하는 사람이라면, 당신은 당신이 좋아하고 원하는 모임에서 논쟁을 시도하는 것이 어떤 의미가 있는지 혹은 어떤 효과가 있는지를 충분히 숙고하는 것이 바람직하다. 논쟁을 즐기는 당신의 태도는 다른 사람과의 관계에 불화를 일으키는 쐐기로 작용할 수 있기 때문이다. 좀 더 강한 결속력으로 오랫동안 유지되기를 원하며, 좀 더 새로워지기를 바라는 의미 있는 관계가 당신의 태도로 말미암아 순식간에 깨져버릴 수도 있다. 이것은 결국 당신의 마음에 쓰라림이 되고 삶에 대한 태도조차도 왜곡시키게 된다. 일상에서 언제나 일어나고 반복되는 다툼과 분쟁에 대한 연습의 장으로 세상은 바뀌게 된다. 당신의 마음속에는 평안을 위한 장소가 사라지게 된다. 당신의 분노로 말미암아 사람들이 모두 당신의 적대자가 된다면, 당신의 모든 관계는 오염될 것이고 결코 회복될 수 없게 된다.

## 다시 쓰는 역사

관계가 회복되지 않은 채로 계속 남게 되는 또 다른 상황이 있다. 새로운 관계가 시도될 때도 예전 관계와 같은 상투적이고 부정적인 관계가 반복되는 경우이다. 새로운 관계를 통해서 이상적인 관계 회복을 시도하지만 여전히 진정한 관계 회복의 힘은 생기지 않게 된다. 새로운 관계가 예전의 관계들을 회복할 수 있는 모델이 되기를 원하지만 실제로 그런 의도가 성공하는 경우는 거의 없다. 오히려 반복적인 시도가 결국 실패로 돌아가게 되면서, 관계 회복의 기대는 완전히 물거품이 되어버린다. 한 사람과의 관계 회복의 실패를 다른 대상을 통해 회복하거나 만회하려는 시도는 거의 불가능하다는 것이 훨씬 더 강한 설득력이 있다.

하나님은 매우 정교한 관계를 형성하고 있는 분이시다. 창세기 1:26에서 하나님은 "하나님이 이르시되 우리의 형상을 따라 우리의 모양대로 우리가 사람을 만들고"라고 말씀하신다. 하나님은 한 위(Singular)로 존재하는 것이 아니라 삼위일체(Trinity)로 존재하신다. 위의 말씀이 있기 전에 그는 이미 삼위로서 함께 존재하심을 보여주고 있다. 창세기 2:18에서 아담을 창조하신 후에 하나님은 "여호와 하나님이 이르시되 사람이 혼자 사는 것이 좋지 아니하니 내가 그를 위하여 돕는 배필을 지으리라 하시니라"라고 말씀하심으로, 하나님은 인간이 서로 간의 관계 안에 있기를 원하셨다. 하나님은 관계 안에 계심이 그의 본성이심을 친히 보여주시고 관계를 귀중하게 여기신다. 관계는 하나님께 매우 중요한 속성이다. 하나님은 죄로 말미암아 단절된 인간과의 관계를 회복시키시기 위하여 그의 독생자이신 예수 그리스도를 희생 제물로 내어 놓으셨다(고후 5:18).

하나님이 관계를 소중히 여기신다면, 당신도 마땅히 관계를 소중히 여겨야 한다. 당신을 둘러싼 모든 관계를 가볍게 여기는 것을 하나님은 결코 원하시지 않는다. 한 사람과의 실패한 관계를 다른 사람을 통하여 만회하겠다는 생각을 버려야 한다. 아버지와의 관계에 실패한 사람이 아버지와 닮은 유형의 남자를 통해서 관계 복원의 가능성을 기대하는 경우를 종종 볼 수 있다. 아버지에게 받지 못했던 사랑을 얻기 위해서 그녀의 희망, 꿈, 자존심, 심지어 자신의 처녀성까지도 희생하는 것을 감수하려고 한다. 과거에 받지 못했던 아버지의 포용, 인정을 대리적인 대상에게서 획득하기 위해서 엄격하고 권위적인 대상과의 결혼도 서슴지 않는다. 아버지와의 관계가 해소되지 않을 때, 자신과의 화해도 절대 해소되지 않는다는 것과 이 불화의 양상은 지금의 모든 관계에까지 영향을 끼치게 된다는 것을 당신은 알아야 한다.

또한 과거의 잘못된 관계를 회복할 목적으로 새로운 관계를 구성하지 말아야 한다. 아마도 당신은 과거에 잘못된 관계가 만든 고통에서 벗어날 수 있을 것이라는 간절함 때문에 새로운 관계형성을 통하여 과거 고통에서의 해방을 모색할 수도 있다. 오랫동안 자신을 괴롭히고 있는 고통 때문에 낡은 관계를 청산하고 이를 대신할 새로운 관계를 추구할 수도 있다. 그러나 낡은 관계를 청산하기 위한 새로운 시도가 실패하게 된다면, 낡은 관계 안에 누적된 분노가 새로운 관계로 옮겨오게 된다는 것을 잊지 말아야 한다. 비현실적이고 부당한 기대가 빚어낸 근시안적 안목은 최근에 당신이 시작한 새로운 관계 안에 분노의 방식으로 되돌아오는, 분노의 악순환을 만들게 된다.

마태복음 6:34에서 예수님은 "그러므로 내일 일을 위하여 염려하지 말라 내일 일은 내일이 염려할 것이요 한 날의 괴로움은 그 날로 족하니라"라고 말씀하신다. 그동안의 상담을 통하여 내가 얻은 진리는 "한 날의 괴로움은 그 날로 족하다"라는 것이다. 모든 관계를 올바르게 형성하는 것은 자신의 결정과 판단에 달려있다는 것을 잊지 말아야 한다. 당신이 형성하려고 하는 관계의 바람직한 모델은 당신이 원하는 대상이기를 강요하거나 반영함으로가 아니라, 있는 그대로의 자유로운 존재로 그를 인정하는 것이다. 이것은 그에 대한 진실한 모습의 반영이 아니다. 건강한 관계는 항상 진실에 기초하고 있다.

## 자신에게 쓰는 메모

이 장에서 나는 당신이 자신의 삶 속에서 정말로 중요하다고 생각되는 관계들에 대해 생각하고 그 중요도를 평가해보는 시간을 가지기를 원한다. 평가대상은 부모님을 비롯한 남편, 근친, 자녀들, 영적인 스승, 좀 더 넓은 범위의 친척들이 될 것이다. 이 평가는 그들이 당신에게 왜 그렇게 중요한 존재들인가에 대한 정당화를 의미하는 것이 아니다. 맺고 있는 관계가 영적인 경건함이 필요하다고 생각하거나 그렇지 않거나 간에, 나는 하나님과의 관계라는 개념 안에서, 관계에 대한 당신의 평가가 이루어지기를 바란다. 아마도 긴 목록이 만들어 질 수 있을 것이라고 생각된다.

중요하다고 판단하는 관계들에 대해 생각하는 기회를 가지게 될 때, 아마도 당신은 붕괴되거나 손상된 관계를 떠올리게 될 것이다. 심지어 오랫동안 대화를 단절하고 있다면 그 관계란 붕괴된 관계라는 사실을 증명할 수도 있다. 목록의 구성 방법은, 처음에는 당신이 중요하다고 느끼는 순서에 따라 대상을 나열하는 것이고, 마지막으로 갈수록 내가 중요하다고 생각되는 사람보다 하나님이 중요하다고 생각되는 대상을 기록하는 것이다. 그리고 그 목록의 중간은 나에게 꽤나 비중 있는 사람들이 해당될 것이다.

관계에 대한 활동영역이 크지 않은 사람들은 대략 열 명 내외가 될 것이다. 관계의 양상이 이것보다 훨씬 더 복잡하다면 영적인 영역으로 관계를 축소하고 선별하는 것이 더 좋을 것이다. 이런 관계에 대한 평가에 잘 따라온다면, 그동안 드러나지 않았던 관계가 새롭게 그 모습을 드러내게 될지도 모른다. 수년 동안 한 번도 생각하지 않았던 존재가 떠오를 수도 있다.

대가족인 관계를 유지하고 있다면, 좀 더 많은 사람들을 분류해야 할 종이가 필요할 것이다. 그렇지만 평가와 분류해야 할 사람이 너무 많다고 건성으로 작성하지 말아야 한다. 당신이 맺고 있는 관계는 한 사람, 한 사람 당신에게 매우 중요한 관계이기 때문에 시간을 들여서라도 공들여 평가할 필요가 있다. 자 이제 시작해보자!

### 나의 중요한 인적 관계도

1. 나의 입장에서
2.
3.
4.
5.
6.

> 7.
> 8.
> 9.
> 10. 하나님의 입장에서

당신 입장에서의 대상 평가가 중요하기 때문에 그 대상과 관련된 자신의 사적인 삶에 대한 이야기를 작성해보는 것이 좋을 것이다. 물론 이야기는 당신에게 고통을 주었거나, 가슴 아프게 했던 사건, 기억하고 싶지 않은 예민한 것들을 말한다. 즉 당신이 감당하기 힘들었던 절망적인 것들을 토로해야 한다. 가능한 더 먼 기억의 저편, 유년기까지라도 내려가야 한다. 유년기의 어느 시점, 절망과 모욕, 수치, 감당할 수 없는 곤경의 정점과 쓰라렸던 영역까지도 생각해 낼 수 있어야 한다. 온 힘을 다해 그 모든 것들을 지금 떠올려야만 한다.

지난 제4장에서 당신은 이런 작업을 이미 한 번 시도한 적이 있을 것이다. 그러나 아직도 많은 사람들이 이런 훈련을 할 마음의 준비가 되지 않고 있다. 물론 이런 작업을 시도하는 것이 결코 쉬운 일은 아니다. 악몽 같은 과거의 고통스러웠던 기억을 묻고 잊어버리기 위해서 얼마나 많은 시간과 애를 썼는지 나는 잘 알고 있다. 이미 다 잊어버리고 극복된 사건을 다시 떠올리는 것은 굉장한 어려움이 될 수 있다는 것을 나는 인정한다. 정말로 과거의 고통스러웠던 기억들을 작성하는 것이 힘들다면, 새로운 방법으로 그림이나 사진을 이용하는 것도 한 방법이 될 수 있다.

과거의 앨범을 찾아내, 힘겨웠던 때를 기억해 낼 수 있는 사진들을 살펴보자. 사진은 과거를 재생하게 하는 좋은 도구가 될 수 있다. 사진 속에서 친척들, 어릴 적 친구들, 차, 장난감, 집, 사람들을 발견할 수 있을 것이다. 이 모든 것들은 또 다른 기억들을 생각나게 하는 장치가 될 것이다.

사진을 사용하는 또 다른 유익한 방법은 사진 속의 장면을 그림으로 그려보는 것이다. 자신의 고통스러운 사건을 재현해내기 위하여, 사진 속의 장면을 그림으로 그리는 것이 처음에는 당황스러울 만큼 힘든 일이 될 수도 있다. 이런 방법을 시도하는 것이 당신에게 장애가 된다면, 처음에는 그림 그리기를 통해서 자신의 고통을 상기해 보는 것도 좋은 방법이 될 수 있다. 크레용, 색연필, 마카, 수성, 유성물감을 이용해서 그림을 그려보는 것이다. 색깔이 없는 도구를 사용하는 것이 더 편하다면 그렇게 해도 된다. 글로 나타내는 것이 힘들다면 다른 방법을 강구해 볼 수도 있다. 일단 당신의 고통 문제를 파악하게 되었다면, 그 문제의 원인이 무엇인가, 어디에서 기원하고 있는가를 분명하게 찾아내는 것이 중요하다.

만약 당신의 고통의 근원이 음악적인 일이나 음악가와 관련된 것이라면, 자신의 감정을 대변하는 음악의 한 부분을 들어보거나, 직접 작곡을 해보는 것이 문제의 원인을 찾는 하나의 실마리가 될 수 있다. 또한 비유나 시를 통해서 자신의 이야기를 표현하는 것도 좋은 방법이 된다. 감정의 원인을 찾기 위해서 색감이나 그림을 그리는 대신에 시나 비유적인 이미지를 사용할 수도 있다.

글로 자신의 감정을 표현하는 것이 마치 펌프질을 하는 것처럼 처음에는 어렵겠지만, 물을 퍼 올리기 위해서는 필수적이다. 처음에 생각이 잘 떠오르지 않더라도 포기하지 말아야 한다. 어떻게든 자신의 고통과 관련된 것들을 생각해내고 서술하려는 노력을 계속해야만 한다. 일단 한 번만이라도 그 기원을 파악하고 연결할 수 있게 된다면, 점점 더 쉽고 자연스러운 서술의 과정을 향해 나아갈 수 있게 된다. 문법이나 철자, 어법 같은 것들에 그다지 신경 쓸 필요가 없다. 그것은 나중에 얼마든지 교정할 기회가 있다. 당신의 문제 기원을 찾는 데 방해가 되는 어떤 것이라도 과감히 제거할 수 있는 용기가 필요하다. 글을 잘 쓰지 못한다는 두려움 때문에 이 작업의 중요한 방향을 잃어버리면 안 된다. 목표를 향해 담대하게 진군해야 한다.

나는 당신에게 고통스럽지만 반드시 작성해야 하는 자신의 이야기를 위한 여백을 이 책에서 남기고자 한다. 당신에게 다시 오지 않을 기회가 될 수 있다. 모든 사람들에게 이런 기회가 다 주어지지는 않는다. 중편 정도의 이야기를 만든 후에, 요약된 내용을 이 책의 빈칸에 서술해보는 것이 좋은 방법이다. 혹은 다른 곳에서 이미 작성된 내용들을 다시 한 번 확인하는 공간으로 사용해도 좋다. 이 빈칸은 당신의 작업을 결코 취소하지 않게 하며, 항상 읽을 수 있고, 이런 작업이 필요하다는 생각조차 하지 못하고 있던 당신만을 위한 초대장이다. 당신은 할 수 있다. 이 일을 위해 투자하는 당신의 정념과 열정은 반드시 보상을 받게 될 것이다.

## 나의 이야기

당신이 자신의 고통과 두려움의 이야기를 숙고하고 있을 때, 당신의 의식 속에 두려움과 수치, 죄책감을 일으키는 존재로서 누군가가 너무나도 뚜렷이 나타나게 될 때, 그것을 감당할 수 있는 대응책이 필요하다는 것을 느끼게 된다. 때로로 여자들은 자신의 고통의 원인에 대하여 너무 쉽게 드러내는 반면에, 그 원인을 향하여 용감하게 맞서는 것을 두려워한다. 자신의 두려움의 원인을 책상 위에 올려놓고 살펴볼 필요가 있다. 왜냐하면 당신의 분노와 고통의 원인이 거기에 있기 때문이다.

두려움과 수치, 죄책과 분노를 피하기 위하여, 당신은 자신의 삶에서부터 없어지기를 원하는 행동을 하거나 냉소, 그리고 수없는 분노의 표출, 그리고 조롱이 대응책의 전부였다. 그러나 이러한 당신의 대응책은 결국 당신의 관계에 악영향을 미치게 했을 뿐이다. 그러므로 새로운 관계를 모색하기 위한 또 다른 대응책이 필요하게 되었고, 새로운 관계를 지탱할 수 있는 새로운 대안을 만들어내야만 하는 상황에 놓이게 된 것이다.

당신들 중의 몇몇은 그러한 한계를 극복하기 위해 자신만의 대응책을 마련하고자 한다. 그동안의 상담의 경험을 통해 자신이 마련한 대응책을 살펴보면, 그 목록은 대체적으로 아래와 같은 부정적인 것들이다.

- 다양한 형태의 중독
- 알콜 중독
- 우울증
- 섭식장애
- 불감증
- 도박
- 무책임
- 정죄주의
- 상습적인 거짓말

- 낭비벽
- 패닉과 염려증
- 완벽주의
- 권력적 탐욕
- 난잡한 성적탐닉
- 흡연
- 약물남용
- 대리적 삶(대리인생)
- 일 중독증

- 심기증(건강에 대한 지나친 걱정을 하는 증세)

이것들은 당신의 문제를 평가하는 완벽한 목록을 의미하는 것은 아니지만, 당신의 삶의 태도, 행위를 평가하고 자극을 가하기에는 충분하다고 생각한다. 당신의 문제를 파악할 수 있는 또 다른 방법은 아래와 같은 질문에 대답하는 것이다.

- 가족이나 혹은 친한 친구들이 당신의 특별한 행동이나 태도에 문제가 있다고 말하는 것을 들은 적이 있는가?
- 당신의 행동이나 습관의 특별한 반복적인 패턴 때문에 회사에서 일하는 것에 문제가 된 적이 있는가?
- 당신의 악습(부정적인 대응책) 때문에 친구관계가 단절된 적이 있는가?
- 자신도 통제되지 않은 문제 행동이 있는가?

위의 항목들을 읽고 당신에게 해당되는 대응책이 있는지 살펴보고 그 목록을 아래에 작성해보자.

나의 대응책

1.
2.
3.
4.
5.

당신의 대응책을 발견했다면, 이러한 것들이 언제 촉발되었는지 생각하면서 아래의 질문에 대답해 보자.

- 그때(대응책에 대하여 고심하게 된 때)에 나에게 무슨 일이 생기고 있었는가?
- 그것에 대하여 나는 무슨 생각을 하고 있었는가?
- 나는 의도를 가지고 그렇게 한 것인가 아니면 그렇게 한 나의 행동에 나 또한

놀라고 있나?
- 내가 반응할 수 있는 다른 방법은 없었을까?

내가 바라고 소원하는 바는, 자신이 만든 부정적인 대응책이 결국 병리가 되어 버린 내면을 치료하고 악습을 종결시키기 위해서는, 자신의 삶을 지배하고 있는 부정적인 대응책이 침투된 범위와 영역을 명확하게 파악하는 것이다. 이런 부분을 명확히 파악하고 올바른 해결책을 모색할 수만 있다면, 당신은 과거의 상처와 고통으로부터 방해받지 않고도 모든 관계들을 새롭게 해석하고 재구성하게 되는 자유로움을 누리게 된다. 즉 어떤 관계는 재평가를 통하여 다시 회복될 수 있는 가능성을 확인할 수 있게 될 것이며, 또 다른 관계는 그동안의 무거운 부담과 책임을 벗어버릴 수 있게 될 것이며, 또 어떤 관계는 그동안의 아픔과 비탄을 마음에서 담담하게 내려놓을 수가 있게 될 것이다. 물론 어떤 또 다른 관계는 감사함과 기쁨을 가져다 줄 것이다.

앞에서 작성한 중요한 관계들에 대한 목록으로 되돌아가 보자. 그리고 그 목록들 옆에 "기쁨, 재평가, 회복, 복구가능, 정리"라는 분류의 표기를 써넣어보자. 물론 이러한 분류는 당신의 입장에서의 중요한 관계와 하나님의 입장에서의 중요한 관계 모두에 해당된다. 당신이 분류한 관계들에 대한 분류의 놀라운 점의 하나는 "복구"의 가능성이다. 각각의 항목에서 어떤 느낌이 발생하는지 확인해 보자.

- "즐거움"이라고 표기한 사람이라면, 그 관계를 생각하면 생기는 "기쁨"의 감정들 예컨대 환호, 이메일 보내기, 큰 소리로 웃기, 전화하기, 편지쓰기, 포옹하기 등과 같은 것들을 옆에 같이 써보자.
- "재평가"라고 표기한 사람이라면, 재평가를 할 수 있는 시간을 충분히 가져보자. 재평가를 위하여 떨어져 있어야 할 시간이 필요가 있다면, 적절한 기회를 만들어 보도록 하자. 그 관계에 대한 재평가에 도움이 된다면 보다 탁월한 통찰력을 가지고 있는 전문가들 예컨대 심리치료사, 목회자, 상담사, 친구, 가족을 찾아보는 것도 좋은 방법이 된다(만약 당신이 목록에 있는 사람을 상담자

로 삼기를 원한다면, 그는 "즐거움"의 목록에 해당되는 사람이 될 것이다).
- "회복"이라고 표기한 사람이라면, 그 사람과의 만남과 교제의 재추진을 시도할 필요가 있다. 그 사람과의 관계가 소원하고 진부해졌다면, 그와의 관계를 회복하기 위해 진심을 다하여 노력할 필요가 있다. 서두르지 말고 점진적으로 하되 서로 간의 신뢰를 회복하는 것이 무엇보다 중요하다는 것을 인식해야 한다.
- "복구가능"이라고 표기한 사람이라면, 화해와 관계 회복을 위한 노력을 기울여야 한다. 관계의 복원을 위하여 당신이 먼저 화해를 위한 진심을 상대에게 전달할 필요가 있다. 진솔한 복원의 태도를 보이고 상대방의 반응을 기다릴 필요가 있다.
- "정리"라고 표기한 사람이라면, 조금은 애통하고 비탄에 젖는 시간을 필요로 하겠지만, 결국은 마음속에서 정리될 것이다. 당신이 정말로 그를 마음에서 정리하고 잊기를 원했다면 사실은 오래전에 그렇게 했었어야 한다. 그러므로 유념해야 할 점은 그를 잊지 못하도록 집착하는 것은 자신을 지배하는 분노 때문이라는 것이고, 당신이 반드시 정리해야만 하는 관계는 분노에 찬 관계이다.

요한계시록 3:20에서 예수님은 "볼지어다 내가 문 밖에 서서 두드리노니 누구든지 내 음성을 듣고 문을 열면 내가 그에게로 들어가 그와 더불어 먹고 그는 나와 더불어 먹으리라"라고 말씀하신다. 모든 진정한 관계의 주관자이시며 창조주이신 하나님은 항상 당신의 관계가 하나님과의 관계 안에서 회복되고 복구되며, 부활되기를 기대하시고 준비하고 계신다. 그의 사랑과 진리는 하나님 안에서 모든 관계에 새로운 활력을 부어주고 다른 사람과의 모든 관계를 바르게 인도한다.

> 사랑의 하나님 아버지! 당신은 언제나 저의 마음 문 밖에서 문을 두드리고 계심을 잘 알고 있습니다. 분노로 가득 찬 저의 마음 문을 두드리시면서 언제나 들어오시기를 청하고 있습니다. 수치와 오욕으로 가득한 부끄러운 제가 어떻게 감히 당신에게 문을 열 수 있겠

습니까? 아무에게도 마음의 문을 열지 못하는 부끄러운 존재로 지금껏 살아왔음을 또한 당신에게 고백하고자 합니다. 분노는 모든 관계를 적대감과 유린의 악한 결과를 초래하였습니다. 분노는 제 삶의 또 다른 우상이 되었고, 저는 전능하신 하나님을 저버리고 저의 얄팍한 위안을 위해 자발적인 분노의 숭배자가 되었습니다. 만군의 여호와 하나님! 부디 저를 저의 분노에서 자유하게 하여 주시옵소서. 분노의 굴레에서 저를 구원하여 주옵소서. 제 영혼에서 저를 조롱하는 악한 것을 제하여 주옵소서. 당신이 저를 위하여 사랑과 은총으로 노래하는, 당신의 목소리에만 귀 기울일 수 있도록 저를 인도하여 주옵소서.

# 8

## 나는 나의 몸과 화해할 수 있을까?

"라헬이 그의 아버지에게 이르되 마침 생리가 있어
일어나서 영접할 수 없사오니 내 주는 노하지 마소서 하니라
라반이 그 드라빔을 두루 찾다가 찾아내지 못한지라"(창 31:35)

    여자의 분노에 대한 논의는 사춘기부터 폐경기 이후까지, 신체와 호르몬 주도적인 영향력을 이해하지 못하고는 완결될 수가 없다. 이러한 신체변화의 단계마다 여자들이 극복해야 할 도전과 난관이 존재한다. 그러나 그것이 무엇이든지 간에 자신의 몸을 귀하고 소중하게 다루어야 하는 것이 상식적인 태도이다. 분노를 마음에 담고 있는 많은 여자들이 자신의 몸을 분노의 희생양으로 삼는 것을 종종 발견하게 된다.

    매달마다, 셰리(Sherry)는 자신의 몸에 의해 맹렬한 공격을 받는 느낌에 사로잡힌다. 간신히 몸과의 전쟁을 마쳤다고 해도 그 휴전은 그리 오래가지 않을뿐더러, 어떤 순간에는 미칠 듯이 배고픔이 몰려오다가도 갑자기 머리가 깨질 듯이 아프기 시작하며, 조금 괜찮아질 만하면 곧바로 얼굴 여기저기에 여드름이 솟아오르고, 몸은 마치 물로 채워진 풍선처럼 퉁퉁 붓기 시작한다. 또한 여기 저기 아프지 않은 곳이 없을 정도가 되며, 피곤함이 밀물처럼 몰려와서 한번 잠에 빠지면 일어날 수가 없게 된다.

잠에서 헤어나오지 못하지만, 마음이 편한 것은 결코 아니다. 모든 것이 그녀를 성가시게 만든다. 하나에서 열까지 어느 것도 그녀를 짜증스럽게 만들지 않는 것이 없다. 그녀가 화를 내지 않을 때에는 정확히 언제, 어디서, 무슨 일이 일어날지도 모른다는 조바심에 머리가 지끈거리고, 온갖 종류의 걱정으로 마음이 평안할 날이 없다. 이러한 높은 긴장감은 걱정거리로부터 그녀의 몸을 정상적인 상태를 유지하지 못하도록 끊임없이 그녀를 괴롭히고 있다. 머릿속을 떠나지 않는 난관에 대한 생각은 결국 그녀로 하여금 힘겨움, 낙담, 절망의 관점으로 급격하게 기울어지게 만든다.

세상의 모든 것들이 자신을 힘들게 한다는 생각에 빠지게 되자, 그녀는 가능한 적은 시간 동안만 세상에 은덕을 끼쳐야겠다고 생각을 고쳐먹었다. 불편한 환경이라고 생각되는 작업장에서 그녀는 나름대로 최선을 다해 일했다. 그러나 집에 돌아온 그녀는 만사를 귀찮아하면서 간식을 챙겨 자기 방으로 사라졌다. 가족 누구도 그녀의 잠을 방해할 수 없으며, 폭풍이 지나가기만을 기다릴 뿐이었다.

## 잉태를 위한 비상

당신의 일상은 당신의 월경 주기의 영향을 받고 있다. 많은 여자들에게 이 기간은 자신의 활동과 일상적인 생활의 자연스러운 배경이 된다. 일반적으로 여자들은 이 기간을 잘 순응하지만, 월경의 주기가 당신의 생활을 지배하게 하지 말아야 한다. 이 기간이 때로는 불편하고 불안한 상황이 될 수는 있겠지만, 자연스럽게 다가오고 또한 지나가게 된다. 물론 이 기간의 절반은 자신의 모습으로 지내겠지만, 나머지 절반은 당신이 싫어하는 낯선 존재로 변할 수도 있다.

이 기간에 당신은 평소와는 다르게 훨씬 더 예민해져서 눈물이 많아질 수도 있고, 방어적이며, 짜증을 많이 내고, 분노를 쉽게 표출할 수도 있다. 평소에는 잠복하고 있던 분노와 짜증이 이 시기에 폭발하게 되는 것이다. 억눌려있던 염려와 두려움이 이 예민한 시기에 절망적 감정을 담아 새롭게 분출하게 되는 것이다.

"달거리"라는 표현을 누가 처음 사용했는지 알 수는 없지만, 이러한 기간을 겪을 수밖에 없는 여자들과 그 주변 사람들에게는 매우 보편적인 의미가 되었다. 월경의 전후에 당신이 직면하게 되는 신체적이며, 감정적인 어려움이 존재하는 것은 명백한 사실이다. 몇 년 동안 나는 이러한 불평과 몇 개의 체험들을 듣고 본 적이 있다. 아래에는 그러한 사항들에 대한 정보목록이며 내가 찾아낸 곳은 "WebMD"라는 인터넷 사이트이다.

- 여드름
- 붓기
- 예민한 가슴(유방)
- 식탐
- 무기력
- 월경통
- 두통
- 요통
- 슬픔, 분노, 염려
- 무신경
- 집중력 저하
- 가족과 친구들과의 고립감
- 적대적이거나 완고한 행동

위에 목록들은 월경 증후군의 극히 일부분에 지나지 않는다. 이런 증후군은 모두 호르몬의 작용에 의해서 발생하는 것들이다. 월경이 시작되면, 여성 호르몬과 황체 호르몬의 수치가 떨어진다. 그러나 배란기가 시작되면, 여성 호르몬과 황체 호르몬 수치는 다시 증가하기 시작한다. 건강한 여성에게는 매달마다 이러한 호르몬 작용이 오르락내리락하는 것에 시달리게 된다. 자신의 신체적인 호르몬의 작용과 영향에 대하여 완전하게 다 파악하고 있지는 못한다 하더라도, 대부분의 여자들은 월경 기간 동안 여성 호르몬과 황체 호르몬이 자신의 몸에 어떤 영향을 주는지는 대체적으로 잘 알고 있는 편이다.

여자들은 "달거리"를 하는 동안 많은 증후를 겪게 된다. 그러나 월경기에 대한 일반적인 우리의 이해와는 달리, 월경기의 중간에 여성호르몬과 황체호르몬이 증가하는 배란기가 시작되며, 이 기간에 여자들은 아래와 같은 증후군에 빠지기 쉽다.

- 편두통
- 천식 혹은 관절염
- 치은염이나 치석의 원인으로 야기되는 치통
- 여드름
- 나른함

이 증후군은 일반적인 월경기에 발생하는 것들이기도 하다. 물론 여자들 각각의 신체적인 특징이 다르기 때문에, 당신의 월경기의 증후가 아주 특별한 형태를 보일 수도 있지만, 전체적인 측면에서는 유사한 특징을 보이게 된다. 이런 영향은 월경이 지속되는 기간 동안에는 계속적으로 유사하게 나타나는 증후군들이다.

중년이 되면, 폐경기 전후 증후군이라고 알려진 시기에 접어들게 된다. 대략 사십 대 전후부터 여자들의 난소는 여성 호르몬의 분비가 줄어들기 시작한다. 이후 몇 년 동안 여성 호르몬의 분비가 점차 줄어들다가 폐경기에 이르면 완전히 멈추게 된다. "WebMD"라는 인터넷 사이트에서는, 폐경기 전후와 폐경기 이후에 겪게 되는 다양한 증후군들을 소개하고 있다.

### 폐경기 전후 증후군

- 전신 열감
- 유방 압통
- 월경 전 증후군의 심화
- 성욕의 저하
- 피로감
- 불규칙한 월경
- 질 건조증
- 요실금
- 감정기복
- 수면장애

### 폐경기 증후군

- 불규칙적이거나 주기를 지나치는 월경
- 불면증
- 감정기복
- 심장의 두근거림
- 두통
- 관절염, 근육통

- 피로감
- 우울증
- 과민성
- 성욕의 변화
- 질 건조증
- 소변조절장애

위의 항목들이 여성들의 폐경기 전후의 대표적인 증후군들이다. 이러한 증후군들은 여자들의 삶에 분노, 무기력함, 짜증, 낙담의 감정을 유발하는 원인이 되기도 한다. 이런 증후군에 시달리는 여성들이 자신에 대한 부정적인 감정에 사로잡히게 되는 것은 어쩌면 당연한 것일지도 모른다. 그럼에도 불구하고 자신을 괴롭히는 부정적인 감정을 효과적으로 극복하는 여성들이 많다는 것은 놀라운 일이다. 당신도 이러한 부정적인 폐경기 증후군을 잘 극복할 수 있는 가능성을 가지고 있는 존재라는 것을 깨닫기를 바라며, 삶 속에서 담대하게 실천해내는 사람이기를 바란다. 이런 증후군 때문에 힘들다고 징징거리지 말아야 한다. 당신은 이런 부정적인 것들을 충분히 극복할 수 있으며, 최선을 다해서 이겨내야만 한다.

나에게 중요한 관심사가 되고 나의 연구를 고무시키는 것은, 여자들이 월경에 대해 단지 감추거나 침묵해야 하는 것으로만 생각하지 않는다는 점이다. 월경을 단지 "여성만의 문제"로만 여겨 그것으로부터 발생되는 수많은 문제들에 대하여 공개적으로 이야기하지 못하도록 여성들은 교육받아 왔었다. 여자들이 월경하는 것은 불결한 것이기 때문에 함부로 말하지 않는 것이 바람직한 것으로 여겨왔다. 많은 기독교 여성들은 레위기 15장에 근거하여 월경이 시작되었을 때는 자신에게 "불결한" 시기라는 의식을 내면화하고 있다. 이것은 자신에게 수치스러운 일이 되었다. 이 수치스러움은 자신에 대한 분노의 원천으로 작용하여 고통과 부당함, 억압, 두려움, 죄책이라는 부정적인 감정을 정당화하게 되는 쓰라린 절망감의 원인이 되었다. 자신의 힘으로 어쩔 수 없는 자연스러운 생리적인 현상을 자신들에 대한 원죄처럼 여기게 된 것이다. 자신의 분노를 항상 억누르기를 억압받은 수많은 여자들은 "달거리"를 하는 동안 억압된 분노를 분출하기 위해서는 이미 자신 속에 형성된 분노의 거리를 찾아갈 수밖에 없었다.

## 월경의 창조자

월경이 고통과 낙담, 수치와 분노를 유발시키는 혐오스럽고 반복적인 수난이라고 생각한다면, 당신은 하나님을 원망하는 것이 훨씬 더 나을지도 모른다. 만물의 창조주이신 하나님이 당신의 월경의 창조자이시기 때문이다. 당신의 관점으로 월경은, 하나님의 명백한 오류처럼 보이고, 당신을 불행하게 만드는 것처럼 보인다. 하나님은 처음부터 당신의 월경을 "불결한" 것으로 선언하셨고 당신의 입장에서 그것은 너무나도 불공평한 것이다. 남자들의 호르몬 작용은 여자들처럼 그렇게 복잡하게 만들지 않으셨다. 여자들의 입장에서 이것은 단순한 불이익을 넘어서는 부당함이라고 생각할 수 있다. 세상이 여자들에게 불공평함과, 편협함, 억압으로 존재할 뿐만 아니라 하나님이 왜 이렇게 불평등한 방식으로 인간을 만드셨는지를 원망하게 될 것이다.

나는 성경학자나 교수가 아니다. 그러므로 좀 더 다른 관점으로 이 문제에 접근해보고자 한다. 나는 사람들이 왜 특정한 행동을 하려고 하는지, 치료사의 입장에서 인간의 본성을 이해하려고 한다. 나는 위의 월경과 관련한 다양한 증후군들을 찾아보면서 여자들이 왜 불이익을 당하고 있다고 생각하는지를 충분히 이해하게 되었다. 그러나 하나님을 공평과 사랑의 하나님이라고 이해하는 나로서는 하나님이 왜 이렇게 여자들에게만 불리한 것을 감당하도록 하셨는지 이해가 되지 않았다. 남자들과는 전혀 다른 일을 여자들에게 감당하도록 하신 하나님의 뜻과 그 사례를 포착하지 못했다면, 어쩌면 나는 월경이 여자들에게 가장 불리한 일 중의 하나라고 판단했을지도 모른다.

"하나님이 지으신 그 모든 것을 보시니 보시기에 심히 좋았더라"(창 1:31).

여성이 출산하도록 만드신 후에 하나님이 보시기에 그것은 좋은 것이었다. 새로운 생명이 탄생하고, 양육되고, 보호받는 과정은 이 세상에서 가장 아름답고 놀랄 만큼 복잡하고 정교한 일 중의 하나이다. 월경주기 그 자체는 영적인 진리의 육체적인 계승이다. 하나님은 회복과 부활을 약속하셨다.

> "오직 하나님이 몸을 고르게 하여 부족한 지체에게 귀중함을 더하사"(고전 12:24).

여자가 출산하는 일은 결코 수치스러운 일이 아니다. 자신의 몸에 대한 자신의 관점을 반성하면서 아래의 말씀을 묵상해보라!

> "그뿐 아니라 더 약하게 보이는 몸의 지체가 도리어 요긴하고 우리가 몸의 덜 귀히 여기는 그것들을 더욱 귀한 것들로 입혀 주며 우리의 아름답지 못한 지체는 더욱 아름다운 것을 얻느니라 그런즉 우리의 아름다운 지체는 그럴 필요가 없느니라 오직 하나님이 몸을 고르게 하여 부족한 지체에게 귀중함을 더하사 몸 가운데서 분쟁이 없고 오직 여러 지체가 서로 같이 돌보게 하셨느니라"(고전 12:22-25).

당신의 몸은 유기적이며 통일된 목적 안에서, 모든 지체가 영광을 얻기 위하여 특별히 계획되고 준비된 것이다.

> "하나님은 무질서의 하나님이 아니시요 오직 화평의 하나님이시니라"(고전 14:33).

이 장 앞에서 밝힌 월경 증후군의 목록을 살펴보면서, 한 소녀가 사춘기를 맞이하자마자 매달 일어나는 여성호르몬의 바닷속에 던져져 파고에 흔들리는 삶을 살 수밖에 없는 운명인 것을 알게 된다. 이것은 마치 여자의 삶을 장애인의 삶처럼 여길 수도 있는 부분이지만, 그녀에게 장애적인 삶을 살게 하시는 것이 하나님의 섭리는 아니다. 오히려 하나님은 여자들에게 진정한 평안이 깃드는 삶을 살아가도록 하신다. 그러므로 하나님의 돌보심을 의지하면서 살아간다면, 육체적인 격렬한 변동 속에서도 정서적인 안정을 유지하는 것은 결코 어려운 일이 아니다.

> "오직 마음에 숨은 사람을 온유하고 안정한 심령의 썩지 아니할 것으로 하라 이는 하나님 앞에 값진 것이니라"(벧전 3:4).

세상과는 달리, 자신의 월경과 그것으로 인한 분노를 포함한, 당신의 모든 부끄러운 것들을 아무리 감추고 싶어 하더라도, 하나님은 당신에 대하여 모든 것을 다 알고 계실 뿐 아니라 당신의 감추어진 아름다움을 아시는 유일하신 분이시다. 하나님은 성령을 통하여 적대감이 아니라 관대함으로, 혼돈이 아니라 관조함으로 삶을 살아갈 수 있도록 당신을 항상 도우신다. 월경은 결코 당신을 억압하기 위한 고통스러운 어떤 때에 대한 경고가 아니다.

"온유와 절제니 이같은 것을 금지할 법이 없느니라" (갈 5:23).

절제란 당신의 감정을 뒤흔드는 월경기 동안 당신이 획득할 수 있는 강렬한 성령의 열매이다. 많은 여자들은 월경을 하는 동안 자신을 통제하거나 절제할 수 없는 것에 대하여 낙담에 사로잡힌다. 자신의 감정을 절제할 수 없게 될 때, 우리는 마치 무너진 성벽의 황폐한 도성의 꼴이 될 것이라고 잠언 25:28은 경고하고 있다. 자신의 분노로 마음의 성벽을 쌓아 유지하려고 아무리 애를 쓴다 하더라도, 결국은 허물어질 수밖에 없음을 말씀하고 있다.

나의 약한 부분이 하나님을 원망해야 할 이유가 될 수 없다. 나의 결점이 자신의 분노를 표출하는 핑계가 될 수 없다. 나의 이 모습이 마음속에 분노를 담아 두거나 수치심을 느껴야 할 이유가 될 수 없다. 하나님은 그의 사랑의 약속, 창조적인 에너지의 원천인 아름다움, 그리고 성령의 부어주심에 대한 보증을 당신에게 허락하셨다. 당신의 몸은 원수가 아니라, 특히 당신을 힘들게 하는 월경 기간 동안에도 여전히 하나님의 선한 뜻을 이루기 위한 연합체이다. 그러므로 월경 증후군이 아무리 당신을 괴롭게 한다 하더라도 자기를 절제하는 힘으로 견뎌내는 사람이 되어야 한다.

## 월경이 주는 축복

월경의 주기나 기간이 어떻든지 간에, 월경을 좀 더 편안하게 이겨낼 수 있는 몇 가지 기본적인 요소들이 있다. 물론 이런 것들은 매우 특별한 것이 아니라 누구에게나 해당하는 생활 속의 필수적인 요소들이다.

- 건강한 식단관리
- 건강한 몸무게 유지하기
- 건강을 해치는 약물 조심
- 규칙적인 운동
- 다양한 비타민 섭취
- 충분한 수분 섭취
- 충분한 휴식과 수면
- 호르몬 보조제 복용

당신의 몸은 월경을 관리하기 위한 당신의 조력자가 되어야 한다. 많은 월경 증후군을 겪고 있는 여성들을 상담하면서, 위와 같은 몸 관리의 방법들이 보기에는 단순해 보이지만, 실제로는 결코 만만하게 볼 일이 아니라는 것을 알게 되었다. 위의 각 항목은 당신에게 하나씩 극복해야만 하는 장벽이 될 것이다. 위의 제시된 항목들을 통해 자신이 극복해야 할 것들이 무엇인지를 잘 이해하고 꼼꼼히 분석하는 것이 월경 증후군을 극복할 수 있는 첫걸음이 될 것이다.

### 건강한 식단관리

건강한 식단관리는 월경 증후군을 극복하기 위해, 당신이 시작해야 할 가장 중요한 출발점이 된다. 경계를 게을리하지 않고 적절히 음식을 조절한다면, 건강을 유지하는 바람직한 식단을 선택할 수 있을 것이다. 그러나 절제력을 잃고 습관적인 과식과 건강에 좋지 않은 음식을 지속적으로 섭취하게 된다면, 당신의 건강은 곧 망가지게 될 것이다. 특히 상심하거나 기분이 좋지 않을 때, 너무 쉽게 건강한 식단을 포기하고 낙담하게 된다. 또한 몸이 나른해지거나 식단조절에 대한 스트레스를 받게 될 때 쉽게 지치고 건강한 식단을 유지해야 하는 부담 때문에 오히려 분노에 사로잡히게 될 수도 있다. 먹는 것에 억압받거나 낙담하게 될 때, 당신은 자신에게 화를 내거나 혹은 다른 사람에게 분노를 표출하게 된다. 그러나 건강한 자신만의 식단을 꾸준히 유지할 수만 있다면, 당신은 다른 사람을 비난하거나 자신의 태만함을 후회하는 일이 없게 될 것이다.

대부분의 여자들은 건강한 식단의 중요성에 대해 잘 알고 있지만, 그러한 식단으로 가기 위한 길목에는 극복하기 쉽지 않은 장애물이 있다는 것을 또한 잘 알고 있다. 건강한 식단을 지키기 위해 극복해야 하는 첫 번째 장애물은 인스턴트 식품의 과잉 섭취이다. 인스턴트 식품이란 미리 기름에 튀겨지고 구워진 음식을 말하며, 항상 당신의 주변에 늘려있다. 쿠키나 크래커를 포함한 모든 종류의 간식거리도 여기에 해당된다. 이런 음식은 간편하고 편리하다. 그러나 이런 음식들은 필요한 영양분이 거의 없을뿐더러 건강에 좋지 않은 염분, 지방, 열량은 매우 높은 편이다. 이런 유형의 음식은 불안함, 외로움, 지루함, 슬픔, 염려의 느낌을 완화해주는 것에 도움이 되는 소위 위로 음식이라고 말할 수 있다. 호르몬이 왕성해질 때 강하게 유혹받는 음식들이기도 하다. 그러나 오랫동안 인스턴트 식품의 섭취는 우리 몸에 영향 불균형만 초래할 뿐, 유익한 점은 거의 남겨놓지 않는다.

건강한 식단을 유지하기 위해 당신은 텔레비전이나 라디오에서 상업적으로 광고하는 식품에 대해 항상 조심할 필요가 있다. 건강한 식단이란 매일 조금씩이라도 야채와 과일을 먹는 습관과 함께 한다. 이러한 완전 식품은 에너지와 영양소와 섬유가 함께 포함되어 있다.

푸드 피라미드(Food pyramid)

이미 몇몇 저작에서 언급한 바 있지만, 미농무부의 건강한 식단을 추천하고 있는 웹사이트 "mypyramid.gov"에 접속하는 것을 권장한다. 그 사이트에 제시된 푸드 피라미드(Food pyramid)는 내가 처음으로 접속한 이후에도 건강에 관한 좋은 정보를 꾸준히 올리고 있으며, 지금도 건강한 식단을 위한, 신선하고 유익한 정보가 많이 올라오고 있다. 위의 푸드 피라미드 그림은 건강식단의 계단을 어떻게 효과적으로 올라갈 수 있는가와, 건강한 음식의 종류와 선택에 대한 통찰력을 얻는 것에 도움을 준다.

- 피라미드의 왼쪽에서부터 오른쪽으로 가장 넓은 부분은 시리얼, 크래커, 빵을 포함한 곡물을 나타내고 있다. 당신이 시장에서 구입할 수 있는 식품의 항목으로, 가능한 모든 종류의 곡물을 찾아보기 바란다. 물론 이 곡물은 "정제되지 않은" 완전한 형태의 미정제 곡물을 의미한다. 도정하는 동안 식이섬유나 영양소는 소실되어버린다. 미정제 곡물은 당신의 소화기관에 더 많은 식이섬유를 제공할 것이며, 소화를 위해 더 오랜 시간이 필요로 하기 때문에 포만감을 오래 가게 만든다.
- 다음 영역에서 권하고 있는 것은 암녹색, 녹황색 채소를 나타낸다. 좀 더 다양하고 많은 양의 채소를 섭취하는 것이 몸에 좋다. 말린 콩과 완두콩도 많이 먹는 것이 건강에 유익하다는 것은 널리 알려진 사실이다.
- 피라미드의 세 번째로 얇은 부분은 과일을 나타낸다. 과일의 영역이 야채의 영역보다 좀 더 더 적게 표시된 것에 주목할 필요가 있다. 과일은 건강에 매우 좋은 음식이기는 하지만, 또한 다량의 당분도 소유하고 있다는 것을 명심해야 한다. 특히 과일 주스에는 당분이 집약되어 있기 때문에 많은 양의 과일 주스를 마시는 것은 건강에 그다지 유익이 되지 않는다.
- 그 다음 부분은 얇기가 아닌 한줄기 노란색으로 나타난 부분이 중요하다. 이 부분은 식용 기름을 나타낸다. 이것은 지방을 의미하며, 건강을 위해 추천되는 기름은 야채, 땅콩류, 물고기로부터 채취한 것들이다. 과자용 기름, 돼지기

름, 마가린, 버터와 같은 고체 기름은 많이 사용하지 않은 것이 좋다.
- 피라미드의 다음 쐐기는 우유나 유제품을 나타낸다. 치즈, 요거트, 우유와 같은 다양한 유제품을 선택할 때는 항상 무지방이거나, 저지방 유제품을 구입해야 한다. 유당불내증(유당소화장애)이 있는 사람들은 무유당 제품을 구입해야 한다. 유제품은 여성들에게 칼슘을 제공하기 때문에 중요한 영양소이다. 특히 칼슘은 여성들의 골 밀도와 골 형성에 중요한 영양소의 역할을 한다.
- 마지막 영역은 계란과 같은 단백질 식품과 콩, 육류를 나타낸다. 여기에서 추천되는 것은 튀긴 것들이 아닌, 석쇠나 오븐, 혹은 그릴로 구워 지방이 적은 단백질을 섭취하도록 권장하고 있다.

위의 피라미드는 과다한 지방섭취, 혹은 설탕이나 당분의 섭취를 증가시킬 수 있는 음식이나 "임의적 칼로리"라고 불리는 것에 대한 중요한 정보를 우리에게 제공하고 있다. 위의 피라미드를 통해 당신이 계획한 영양소 섭취의 주된 부분이 무엇인지 비교해보고 당신이 보다 더 줄여야 할 임의적 칼로리의 섭취의 영역이 어디에 치중되어 있는지를 살펴보아야 한다.

오랫동안 섭식 문제를 비롯한 다양한 여자들의 문제를 접하면서, 심리적인 손상과 분노를 조절하지 못하는 여자들은 대체적으로 건강한 식습관을 지속적으로 유지하지 못하게 된다는 것을 발견하게 되었다. 그들의 하루 칼로리 섭취량은 절제되지 않는 임의적인 칼로리 양이었다. 건강한 식습관을 유지하려고 시도하지만, 여전히 포만감을 느끼지 못하고 계속적으로 더 많은 음식을 섭취하려고 하거나, 혹은 그런 자신의 모습에서 죄책감을 느끼면서도, 결국 푸드 피라미드에서 제시하는 건강한 식단에서 벗어난 건강하지 않은 원래의 식습관으로 되돌아가게 된다. 이것은 건강을 망치는 악한 요인으로 작용하게 될 것이다. 음식이 당신의 몸에 영양분을 제공하는 대신에, 고통스러운 삶에 대한 친근한 위로자이거나 절친한 동료가 되며, 심지어 당신의 삶에 가장 큰 기쁨을 주는 원초적인 존재로서, 깊이 맺어진 연인과 같은 존재가 될 것이다. 음식이 이런 자리를 차지하게 될 때, 음식은 그저 음식이 아니라 당신의 삶에 우상이 될 것이다. 영양분을 섭취하는 것은 건강한 몸의 상태를 유지하는 것에 그 목적이 있다. 이것이 음식에 대한 하나님의 섭리이다. 음식이 자신에게 기쁨과 안락함을 줄 것이라는 망상은 하나님이 우리에게 음식을 허락하신 진정한 뜻이 아니다.

### 건강한 체중을 유지하라

건강한 식단을 얼마나 잘 지키느냐 하는 것뿐만 아니라, 어떻게 적절하게 균형을 갖춘 건강식단을 짜는가라는 점도 매우 중요하다. 각자마다 자신의 체형과 체질에 맞는 하루의 섭취열량과 건강한 체중 정도가 다를 수 있다. 아직까지 당신이 가지 않았다면, 가능한 빨리 일차 진료 의사와 산부인과 의사를 찾아가 자신에게 적정한 체중이 어느 정도인지를 상담받기를 진심으로 촉구한다. 똑같은 여자라 하더라도 각자의 체형과 골격이 다르기 때문에 적정한 체중이 다를 수가 있다.

많은 여성들은 월경 기간 동안 체중이 일정한 범위 안에서 올랐다가 내려갔다가를 반복한다. 체중은 적게는 10파운드에서부터 많게는 20파운드까지 찌거나 빠질 수도 있다. 체중이 빠지게 되면 기분이 좋아지게 된다. 그러나 체중이 늘게 되면 당연히 스트레스를 받게 된다. 일종의 요요현상에 의해 월경의 주기에 따라 살이 빠졌다가 제자리로 돌아왔다가 다시 찌기를 반복할 수 있다. 그러므로 의사와의 상담을 통해 그러한 체중의 변화를 확인하고 적정한 체중 유지 방법을 찾아서, 지속적으로 그 체중을 유지할 수 있도록 하는 것이 현명하다.

### 건강을 해치는 약물을 조심하라

우리가 섭취하는 음식물의 양과 질이 건강을 결정하는 중요한 요소 중의 하나라고 한다면, 우리가 습관적으로 복용하는 약물은 건강에 어떤 영향을 주게 될까? 당신이 습관적인 흡연자라면 지금 바로 담배를 끊기를 바란다. 당신의 폐와 체내로 흡수되는 담배 연기는 건강에 치명적이다. 폐암에 치명적이라는 것 외에도, 건강을 해치는 수많은 증거가 있다. 신체적인 활력을 급격하게 약화시키거나 노쇠화를 가속하는, 노화의 주범이 바로 흡연이다. 이 점이 당신이 지금 바로 담배를 끊어야 하는 이유이며, 혼자의 힘으로 금연하기가 어렵다면 의사의 진단과 처방을 받을 필요가 있다.

건강한 몸을 유지하기 위해 당신이 평소에 먹고 마시는 음식 속에 들어있는 방부제, 각종 첨가제, 호르몬제 또한 유의할 필요가 있다. 이러한 것들에 대하여 알레르기 반응이나 민감성을 나타내는 여성들이 적지 않다. 그러므로 가능한 한 유기농 농산물을 선택하는 것이 바람직하다. 당신의 몸이 이러한 첨가제에 민감한 반응을 보인다면, 그것들이 무엇인지를 찾아내기 위하여 알레르기 반응검사나 약물검사를 해볼 필요가 있다. 알레르기 반응검사에서 양성반응을 보이는 성분이나 물질이 당신이 섭취하는 식품에서 포함되어 있다는 것이 발견된다면, 월경 기간에는 특히 삼가는 것이 마땅하다. 월경 기간에도 이러한 음식이나 약물을 계속 복용하게 된다면 틀림없이 호르몬과 충돌을 일으키게 되고, 알레르기 반응을 비롯한 여러 가지 좋지 않은 몸 상태를 만들게 된다. 물론 감정적인 불안에 빠지는 것은 당연한 결과이다.

음주 또한 건강을 해치는 중요한 요인이라는 것을 명심해야 한다. 상담사이며, 약물중독 연구자로서, 그동안의 치료와 연구의 경험에 비추어 보면, 약물중독의 주된 요인은 결국 알콜중독이었다. 당신이 알콜중독자라면 반드시 술을 끊어야 한다. 알콜중독자가 아니라 하더라도 술을 마시는 것을 매우 조심해야 한다. 술을 마시는 것은 알콜중독의 위험성뿐만 아니라 우리가 예상하지 못하는 엄청난 칼로리를 섭취하게 되므로 비만의 원인이 된다는 사실을 깨달아야 한다. 술을 많이 마시면 마실수록 더 많은 칼로리가 우리 몸에 축적된다는 것을 유념해야 한다.

마지막으로 당신이 복용하는 약의 종류와 양에 대해서도 조심해야 한다. 의사에게 처방받은 약이거나 혹은 편의점에서 구입할 수 있는 것이거나 불법적으로 구입한 모든 약에 대하여 나타날 수 있는 부작용을 항상 유념해야 한다. 자신이 복용하고 있는 약이 어떤 종류이며, 그 분량이 적절한 것인지에 대하여 의문이 생긴다면, 약물중독 여부에 관한 측정과 평가를 받는 것이 바람직하다. 약물중독에 관한 측정과 평가는 처방된 약, 불법적으로 구입한 약에 대한 중독과 남용여부를 측정하고 판단하는 것이다. 자신이나 가족, 혹은 친구들이 당신의 약의 과다복용이나 중독에 대해 염려하거나 걱정할 정도라면, 또는 회사에서 자신에게 주어진 업무를 하는 것에 지장을 초래할 정도라고 판단된다면, 가능한 빨리 약물중독 여부를 검사받거나 전문가의 조언을 받을 필요가 있다. 특히 여성들에게 빈번하게 나타나는 약물의 과다복용이나 오용은 자신의 분노를 스스로 치료하려고 하는 전략 중 하나이다. 분노는 쉽게 조절되지 않고 잘 억눌러지지 않기 때문에 기대만큼 쉽게 사라지지 않는다. 분노가 쉽게 없어지지 않기 때문에 쉽게 약물에 의존하게 되고, 결국에는 약물의 남용이나 중독에 빠지게 된다.

### 운동

여자들 중에는 생각하기도 싫어할 만큼 운동을 끔찍이도 싫어하는 사람들이 많다. 대체적으로, 자신의 분노를 내면에 봉인하고 잘 감추는 것이 미덕이라고 배워 온 여자들에게 운동은 정숙한 여자가 정말로 하지 말아야 하는 것들이라고 생각해 왔다. 운동이란 남성의 전유물이거나 여성 운동선수에게만 해당되는 것이라고 생각했다. 정말로 안타깝고 불행한 고정관념이 아닐 수 없다. 운동을 통해 활력을 얻는 것은 하나님이 모든 여성에게 허락한 매우 중요한 선물이다.

운동을 통해서 얻을 수 있는 수많은 혜택 중 단지 몇 가지의 항목을 살펴보자.

- 탄력과 유연성 증가
- 근육 강화
- 골밀도 강화
- 지구력과 순발력 강화
- 관상동맥질환 발병 위험성 완화
- 고혈압 위험성 방지
- 좋은 콜레스테롤 수치 증가, 나쁜 콜레스테롤 수치 완화

- 비정상적인 혈중지질 조절에 효과(미국심장학회의 자료참조)
- 당뇨 조절에 효과
- 비만 완화
- 심장마비 생존율 상승
- 우울증 개선
- 삶의 질 개선
- 스트레스 완화
- 숙면
- 신진대사 증강
- 면역체계 증강
- 월경 전 증후군 완화
- 운동수위를 적절하게 조절함으로 얻는 긍정적인 유익

    위의 내용들을 살펴보면서 용기를 가지기를 바란다. 이미 규칙적인 운동을 하고 있는 분들은 더 적극적인 의지를 가지고 운동을 계속하기를 바란다. 과거에 운동을 하다가 포기한 사람이라면 다시 시작하기를 권면한다. 아직까지 한 번도 운동해보지 않은 사람이라면 지금부터 시작하자. 결코 늦지 않다. 지금 바로 시작해보라!

    지금 운동을 시작하려는 사람들은 먼저 의사와의 상담을 통해 자신에게 알맞은 운동을 파악할 필요가 있다. 잘못된 운동방식으로 몸이 상하지 않고 자신이 원하는 최고의 효과를 얻기 위해서는, 지금 자신에게 알맞은 운동방법과 양에 대해 의학 전문가와 상담을 하는 것이 바람직하다. 운동을 함으로써, 신체적 역량이 좋아지게 되면 덩달아 활동의 수준도 높아지게 될 것이다. 그럼으로 자신의 운동에 관해 좀 더 체계적인 생각과 열정을 가져야 한다. 운동을 통한 건강한 체중을 유지하는 것은 당신의 삶의 활력에 엄청난 힘을 더해줄 것이다.

    창의적으로 운동하라. 즉 300파운드의 역기를 들어 올리거나 마라톤을 주파하라는 것이 아니다. 가장 바람직한 운동은 걷기이다. 좋은 신발을 준비하고 걷기에 적절한 환경을 선택하라. 자신의 목적지보다 차를 좀 더 먼 곳에 주차하고, 매일 걷는 거리와 양을 늘려나가는 것이 바람직하다. 에스컬레이터나 엘리베이터를 이용하지 말고 계단으로 올라가거나, 식사를 하러 갈 때도 걸어서 가는 것이 좋은 습관이다. 미농무부 웹사이트에는 건강한 식단을 위한 푸드 피라미드 외에도 건강한 운동을 위한 내용 역시 풍부하게 게시되어 있다. 운동을 시작했다면, 당신이 하고 싶은 어떤 운동을 과감하게 도전해보라! 지속성을 유지하고 즐길 수 있는 단계까지 나아가 보라! 시간이 지나고 나면, 도대체 자신이 무엇을 이루었는지, 그 기분이 정말로 어떠한 것인지 놀라게 될 것이다.

### 복합비타민 섭취

전문가들은 건강한 식단을 꾸준히 유지하더라도 우리가 매일 필요로 하는 미네랄과 모든 비타민을 모두 섭취하는 것은 불가능하다고 말한다. 이러한 부족한 부분을 채우는 것이 바로 미네랄과 복합비타민을 섭취하는 것이다. 그러므로 당신은 높은 생체 이용 가능성의 보조제를 찾으려고 할 것이다. 밖으로 배설되지 않고 체내에 효과적으로 흡수될 수 있도록 분말이나 알약이나 정제약의 형태로 만들어진 보조제를 복용하는 것은 이미 오래전에 검증된 비타민 섭취방법이다. 복합비타민을 복용하는 것은 권장할 만하다. 그러나 당신에게 맞는 것을 잘 선택해야 한다.

하나님은 초미세발포 단계에 이르기까지 당신의 몸을 정교하게 만드셨다. 각각의 영양소, 비타민, 미네랄, 효소, 아미노산에 이르기까지 자기의 역할을 맡기셨다. 이 모든 요소들은 몸 안에서 부드럽게 돌아가는 엔진처럼 작동하게 된다. 그러나 생체적인 영양소가 부족하게 되면, 우리의 몸 안에는 질병이나 문제가 발생하게 되고, 기능적인 장애가 발생하게 된다.

알약을 복용하는 것에 어려움을 느낀다면, 액체나 분말의 형태로 복용하는 방법이 있다. 비타민을 섭취하는 것을 자꾸 잊어버린다면, 당신이 활동하는 부엌의 수납장이나 화장실의 칫솔을 두는 곳에 함께 두는 것도 좋은 방법이 된다. 건강한 식단을 유지하거나 운동을 규칙적으로 하는 것처럼 복합비타민을 섭취하는 것 또한 당신의 건강을 위해서 익숙해져야만 한다. 복합비타민을 섭취하는 것이 당신에게 충분한 당위성과 가치를 갖게 된다면, 머지않아 익숙한 일이 될 것이고, 자연스러운 자신의 삶의 일부가 될 것이다.

### 충분하게 물을 섭취하기

간단하게 말하자면, 물을 많이 마셔야 한다는 것이다. 건강에 좋지 않은 음료수나 알콜성 음료를 섭취하는 것은 삼가야 하겠지만, 건강한 몸을 유지하기 위해서는 충분한 물을 마셔야만 한다. 가정에서 나오는 수돗물의 안전성이 의심스럽다면, 냉장고 속에 항상 생수를 사다놓는 것도 좋은 방법이 된다. 쓰레기 매립지를 뒤덮는 일회용 생수를 마시는 것에 거부감이 든다면, 씻어서 사용할 수 있는 유리병을 구입하면 된다. 물은 하나님이 주신 고귀한 당신의 몸에 생명을 유지하는 필수 요소이다. 그러므로 몸이 수행해야 하는 수많은 일들을 위해 충분한 물을 공급해야만 한다. 당신이 자신의 몸에 충분한 수분을 공급하고 있는지를 알 수 있는 좋은 방법은 소변의 색깔을 확인하는 것이다. 건강한 소변 색깔은 투명하거나 약간 노란색을 띄게 된다(비타민을 복용하게 되면 소변 색깔에 약간의 변화를 줄 수 있다는 것을 이해하기 바란다). 또 다른 확인방법은 당신이 하루에 화장실을 몇 번 정도 가게 되는가와 소변의 양이 어느 정도인가를 통해 알 수 있다. 의사와의 상담을 통해 하루에 어느 정도의 물을 마시는 것이 적당한지를 파악할 수 있다.

### 충분한 잠

폐경기 여성들의 흔히 겪는 어려움 중의 하나는 잠자리에 드는 것의 어려움과 숙면을 취하지 못하는 것이다. 잠을 잘 자지 못하는 것은 당신의 힘으로 해결할 수 있는 문제가 아니라, 명백한 질병이다. 그러나 잠의 문제를 해결하기 위해서는 확인해야 할 것들이 몇 가지 있다.

- *잠자리에 드는 시간을 규칙적으로 만들어라.* 당신의 몸에서 방출되는 호르몬은 당신이 자고 일어나는 시간과 밀접하게 연계되어 있다. 그러므로 주말이라도 가능한 한, 잠자리에 드는 시간과 기상 시간을 규칙적이 되게 해야 한다. 당신의 몸은 당신이 언제 잠자리에 들고 기상하는지에 따라 자연스럽게 학습된다.

- *잠자리 환경을 살펴보라.*
    ∨ 침실 조명이 숙면에 적절한가?
    ∨ 숙면에 적절한 정숙함이 유지되고 있는가?
    ∨ 숙면에 적절한 온도를 유지하고 있는가?
    ∨ 숙면에 적절한 침구가 마련되어 있는가?
    ∨ 숙면에 적절한 방안 공기를 유지하고 있는가?

- *오후 늦은 시간에는 술이나 담배를 절제하라.* 담배의 니코틴 성분은 매우 자극적이며, 술의 알콜 역시 숙면을 취하는 것에 매우 중대한 방해요소들이다. 다시 한번 강조하지만, 당신이 가벼운 흡연자라 하더라도 망설이지 말고 지금 당장 담배를 끊는 것이 숙면을 비롯한 건강한 생활을 위해 매우 바람직한 결단이 될 것이다. 잠자리에 들기 전에 한 잔 정도의 와인을 마시는 것은 어느 정도 숙면에 도움이 된다.

- *가능한 침실에서 잠을 자도록 하라.* 거실에서 텔레비전을 보거나 컴퓨터 방에서 혹은 작업실에서 잠드는 것을 피하는 것이 좋다. 침실이란 하루의 모든 것을 정리하거나 종결한 후 오직 "잠"을 위한 장소가 되어야 한다.

- *숙면을 취하기 어렵다면 따뜻한 우유를 마시는 것도 좋다.* 이 방법은 오래된 민간요법이기는 하지만 숙면을 취하는 방법으로 꽤나 효과적이다. 우유가 싫다면 조그만 잔에 카페인 없는 뜨거운 차를 마시는 것도 좋은 방법이 된다. 그러나 차를 너무 많이 마시게 되면 오히려 밤새 화장실을 들락거리게 되어 숙면을 망치게 된다.

- *침실의 벽시계를 치워보라.* 침실에서 시간을 자꾸 확인하는 것은 숙면을 취하

거나 휴식을 취하는 것에 방해가 될 수 있다.
- *잠자리에 들기 전에 가벼운 샤워나 따듯한 물로 목욕을 하라.* 목욕이나 샤워를 통해 몸의 긴장을 완화하는 것은 당신의 무의식적인 활동모드의 스위치를 꺼놓는 것과 같은 효과를 가져다 줄 것이다.

여성에게 숙면은 매우 중요하다. - 충분한 잠을 자지 못해도 어쩔 수 없다는 생각은 결코 바람직하지 않다. 숙면을 취하지 못하게 되는 것은 남자들보다 여자들의 건강에 훨씬 더 심각한 결과를 초래한다. 듀크대학교(Duke University)에서 실시한, "수면부족이 여성과 남성에게 미치는 영향에 대한 연구"라는 최신 기사가 *Science News*에 게재되었다. 수면에 대한 과거의 연구는 대체적으로 남성이 주요 연구 대상이었고 여성들은 그 연구에 의한 유사한 결과를 추측하는 정도였다. 그러나 이 연구의 주 저자인 듀크대학교 부교수인 에드워드 수아레즈(Edward Suarez)에 의하면 여성의 수면부족은 단순히 남성의 수면과 비교해서 추측할 수 없는 특별함이 있다는 것을 발견했다. "잠을 자는 총량, 밤에 깨어있는 정도, 보다 중요하게, 얼마나 오랫동안 잠을 자는가에 대해 측정한 이 연구는 수면부족이 남성보다 여성의 건강에 훨씬 더 심각한 결과를 초래할 수 있다고 보고한다.… 수면부족의 여성들은 매우 강력한 심리적인 스트레스를 받게 되고, 분노와 우울증과 공격성이 충분한 잠을 잤을 때와 비교하여 훨씬 더 강하게 나타나게 된다." 숙면은 당신의 신체적, 정서적 측면에서 매우 중요하다. 즉 숙면은 양질의 삶과 건강을 위해 매우 중요한 활력충전의 근간이며 필수적인 요소이다.

### 호르몬 보조제 복용

월경 기간에 통증이 너무 심하다면, 마냥 참고 견디는 것은 좋지 않다. 가능한 통증을 완화할 수 있는 방법을 찾아보는 것이 좋다. 호르몬 보조제 복용에 대해 의사와 상담해 볼 필요가 있다. 엄밀한 약학적인 선별 과정을 거치는 것은 물론, 동종 요법이나 자연 요법을 생각해 볼 수 있다. 자신에게 유용할 만한 것들과 그 부

작용 등을 면밀하게 살펴볼 필요가 있다. 호르몬 대체요법은 특히 약학적인 측면에서, 사용 가능한 요법으로 확인된다. 동종 요법이거나 약학적인 요법이거나 자연 요법이든지 간에, 자신에게 어떤 방법이 적절한 것인지 충분하게 검토한 후에 사용하는 것이 바람직하다.

월경 기간을 성공적으로 보내기 위해서는 무엇보다도 자신 몸의 도움을 받는 것이 절실하다. 즉 이 기간에 당신은 자신의 몸에 해를 끼치거나 독이 되는 일을 하지 말아야 한다. 건강을 잘 유지하면 할수록, 당신의 기분도 더 좋아지게 될 것이다. 당신의 기분이 점점 더 좋아질수록 월경 기간을 치루는 과정의 어려움이나 고통도 그만큼 줄어들게 될 것이다.

## 꼼꼼히 기록하고 다시 살펴보기

여성의 "달거리와 분노"라는 주제에 대해 다시 한번 강조하고 싶은 점이 있다면, 나의 아내 라퐁은 이것에 관하여 매우 영리하게 대처한다는 것이다. 우리는 그동안 이 주제에 대하여 많은 이야기를 나누었고, 그냥 지나쳐도 좋겠다고 생각하는 것조차 그녀는 매우 밀도 높은 논의를 시도했다. 월경 기간 동안 그녀의 마음을 다치게 하고 분노하게 만드는 것들을 그저 흘려보내지 않았다. 월경 기간이 지난 후에 다시 한번 살펴볼 수 있도록 그녀를 분노하게 만든 것들에 대하여 꼼꼼하게 기록으로 남겼다. 그녀는 분노를 터뜨리며 격한 논쟁을 하는 것이 이 기간에는 적절하지 않은 것으로 판단하고, 월경 기간에는 가족들에게 즉흥적으로 화를 내지 않기 위해 노력했다. 대신에 그녀는 월경기가 끝난 후에 좀 더 이성적으로 생각할 시간을 가질 수 있도록 꼼꼼하게 기록하고 자신의 감정을 진정시킬 수 있었다.

여자들은 언제나 자신의 감정을 잘 드러내지 않는 경향 때문에, 해결해야 할 고통스러운 문제들이 있다는 것을 잘 인정하려 들지 않는다. 그러나 월경 기간이 되면 이런 문제들이 수면 위로 급격하게 떠올라 그동안 조심스럽게 억제하고 있었던 내면의 구조를 깨뜨리고 마침내 자신도 모르게 폭발하게 된다. 자신도 통제할 수 없는 갑작스러운 감정의 폭발은 격정적으로 표출하는 것에만 머무르게 되어, 자신을 고통스럽게 하는 것의 원인과 정체가 무엇인지를 진지하게 사색하고 성찰할 수 있는 계기를 상실하게 만든다. 월경 기간에 야기되는 분노를 참고 견뎌낼 수 있다면, 자신의 내부로부터 발생되는 분노를 해결할 수 있는 최상의 방식이 무엇인가를 파악하고 시험해 볼 수 있는 시간과 여유를 가질 수 있을 뿐 아니라 분노의 실체를 이해하는 기회가 될 수 있을 것이다. 문제 해결을 위해 적절한 시기를 기다리는 것은 결코 패배하는 것이 아니다. 다만 해결의 시기를 조금 늦추는 것일 뿐이다. 매우 감정적인 불안정인 문제는 적절한 시간을 조절이 문제 해결의 중요한 열쇠가 된다.

많은 여성들은 월경기의 감정 조절 실패에 대한 두려움과 사랑하는 사람에게 소외와 무시당할 수밖에 없을 것이라는 체념과 염려 때문에, 자발적으로 굴욕적이며 낮은 단계의 자기 준거점을 세우고자 한다. 심지어 "당신 생리해?"라는 반쯤은 조소적인 말을 듣는 것조차 마치 당연한 것처럼 감내할 때도 많다. 특별한 생리학적 염려와는 무관하게, 모든 사회적인 구조 안에서 당연히 보장된 특권이나 양보처럼, 하나의 안전장치로서의 월경을 언급하는 것이 당신에게 점점 더 편안하게 느껴지는 상황이 될지도 모른다.

## 자신에게 쓰는 메모

보다 더 충실한 심리적인 건강을 유지하기 위해, 먼저 자신 몸의 건강을 지속적으로 잘 유지하는 것에 게으르지 말아야 한다. 자신의 존재를 치료하고 회복하기 위해 육체적, 감정적, 영적인 관점으로 당신의 문제를 바라보는 "전인격적 존재"로서의 치료방법을 나는 전적으로 신뢰한다. 자신의 몸을 어떤 시각으로 바라보는가? 라는 점은 자기 존재감의 인격적인 측면에 말할 수 없이 큰 영향을 끼친다.

내가 이 장에서 언급하고 있는 내용은 당신을 경악시킬 만한 전혀 새로운 것들이 아닐 수도 있다. 앞선 장에서도 언급한 것처럼 이 책에서 내가 주장하는 것들의 상당히 많은 것들은 누구나 잘 알고 있는 상식적인 것일 수 있다. 다만, 전인격적인 측면의 건강한 삶을 유지하기 원하는 자신의 열망을 이루기 위해서는 반드시 넘어야 할 과제가 있으며, 그 과제는 각각의 개인마다 다르게 존재하는 독특한 장애물이다. 많은 여성들은 지속적인 관리가 필요한 만성적인 질환이나 진행성 질환을 앓고 있다. 건강한 삶을 위협하는 장애는 이런 신체적인, 정신적인 어려움에서부터 시작된다. 또한 누군가에게는 심리적인 병이 중대한 장애가 된다. 여기에 대부분 영적인 요소를 가지고 있다.

"자신에게 쓰는 메모"에서, 당신 자신의 개인적인 장애를 확인하고 작성해보기를 바란다. 그런 후에 자신을 괴롭히는 과거의 장애물들을 제거하기 위해 당신이 실천해야 하는 첫 발걸음이 무엇인지를 생각해보기를 바란다.

이 장의 마지막에서 내가 제시하고자 하는 실천적 구성 요소들을 살펴볼 수 있을 것이다. 당신이 이루고자 하는 건강한 삶을 위해 제거해야 할 장애물이 어떤 것이 있는지를 신중히 생각해보고 작성하는 시간을 가져보기를 바란다. 장애물을 작성하면서 왜 이런 장애물이 생기게 되었는지 그 이유를 또한 작성해보기를 바란다. 장애물을 나열하는 것만으로는 충분한 성찰을 할 수 없다. 반드시 그 이유와 원인에 대하여서도 같이 기록해야만 한다.

자신의 생활에서 이미 정립된 긍정적 생활패턴이 있다면, 이러한 긍정적인 삶의 패턴이 당신에게 왜 중요한지를, 그 목록과 함께 작성해보도록 하자. 당신이 그러한 패턴으로부터 얻은 이익은 무엇인지, 그 패턴이 생활 속에서 어떤 동기를 부여하는지도 또한 기술해보자. 자신이 알고 있는 가능한 많은 진실들을 솔직하게 서술해보자. 자신이 성취한 목표를 서술하는 것에 부끄러워하거나 죄책감을 느낄 필요는 없다. 이것은 당신이 실패한 어떤 치부를 드러내는 것이 아니라, 성공적인 삶의 지름길을 발견할 수 있는 지혜를 얻고자 하는 것에 있다.

1. 건강한 식단관리

2. 건강한 몸무게 유지하기

3. 건강을 해치는 약물을 조심하라

4. 규칙적인 운동

5. 다양한 비타민의 섭취

6. 충분한 수분의 섭취

7. 충분한 휴식과 수면

## 8. 호르몬 보조제 복용

건강을 최우선으로 생각하는 않고 자신의 불안정한 감정을 달래기 위한 식단으로 인해, 결국 자신에게 장애물이 될지도 모른다.

건강한 체중이 자신에게 어떤 가치를 부여하는지 생각하지 않는 것으로 인해, 비만을 비롯한 심각한 신체 불균형을 초래할지도 모른다.

자신의 몸을 적으로 여겨 돌보지 않거나 주의를 기울이지 않는 것으로 인해, 당신의 몸에 무엇을 집어넣든 신경 쓰지 않게 될지도 모른다.

땀에 젖은 사람을 대단히 불쾌하게 여기고 몹시 힘든 일을 상상하는 것조차 겁먹는 것으로 인해, 운동을 헉헉거리는 모습으로 상기하게 될지도 모른다.

삶을 위해 매일 복용해야 하는 비타민을 마치 돈을 낭비하게 만드는 교활한 사기라고 생각하는 것으로 인해, 비타민 복용을 꺼리게 될지도 모른다.

항상 커피나 탄수음료를 마시는 습관으로 인해, 정말로 몸에 필요한 수분을 공급하는 것을 소홀히 여기게 될지도 모른다.

항상 쓸모없는 잡다한 생각에 사로잡혀있을 뿐 정작 생활 속에서 제대로 실천하지 못하는 실패의 반복으로 인해, 자기 연민이 지배하는 불면의 밤을 보내게 될지도 모른다.

자신의 상황을 개선하기 위해서 어떻게 하는 것이 가장 바람직한 것인지, 또한 의사가 어떤 진단과 처방을 하게 될 것인가에 대해 항상 걱정만 앞서는 것으로 인해, 정작 가족들이나 자신에게 실질적인 대안을 실행할 수 없는 무력함에 빠지게 할지도 모른다.

당신은 당신의 분노가 항상 의존해오던 부정적이고 악습적인 행위들을 극복하거나 변화를 시도하기보다는, 일시적으로 자신의 감정을 조절하거나 임기응변으로 상황에 대처하려는 안일함에 빠지게 될지도 모른다.

위에 작성한 항목들을 살펴보고 자신이 세운 목표 중 달성하지 못한 항목에 반드시 체크를 해보기 바란다. 이것은 당신의 실패 목록이며, 왜 성공하지 못했는가의 반영과 반성이 될 것이다. 동기부여가 분명하게 될 때, 당신의 마음속의 "왜 못하는가?"라는 성찰은 어떻게 하든지 간에 자신 의식의 최상에 오르기 위해, 끊임없이 기어오르기를 계속하게 될 것이다. 체크된 어떤 항목은 실패 목록이 아니라 당신의 생활 패턴에서 감안되어야 할 정당한 것이 될 수도 있다. 또 어떤 목록은 그럴 수밖에 없었다고 정당화를 강하게 원하는 것일 수도 있다. 어떤 실패의 항목이 정당화될 수 있을지는 오직 당신 자신만이 알고 있을 것이다.

비록 신체적인 장애나 피치 못할 상황 때문에 위의 항목들이 개선되지 못하는 점을 감안한다 하더라도, 위의 항목들이 더 심화되지 않기를 바라며, 조금씩이라도 개선되거나 완화되는 것이 바람직하다. 때때로, 자신의 삶에서 개선해야 할 중요한 문제들을 회피하지 않고 정면으로 맞서는 일명 "영웅"이라고 부르는 사람들이 종종 있다. 바울은 빌립보서 3:12-14에서 과감한 결단과 용감함으로 그들의 목표를 향해 달려 나가고자 하는 모습을 우리에게 보여준다. 실패가 될 수 있는 장애를 극복하기 위해서는, 그저 한 번 해보는 것이 아닌, 수없는 시도가 필요하다. 즉 밀고 나가는 용기와 담대함이 필요하다. 즉 바울이 밀고 나아가는 모습은 자신을 반대하는 쪽을 향해서도 과감하게 전진하는 모습으로 그려지고 있다.

이제 자신의 삶에서 정한 하나의 목표를 향해 강하게 밀고 나아가야 할 길을 찾아야 할 때가 당신에게 다가온 것이다. 나 또한 여전히 그 길을 찾고 있는 중이다. 만약 다른 방법이나 해법이 있다면, 그것이 무엇인지 한 번 써보라. 그리고 그것이 정말로 새로운 출발을 위한 대안이 될 수 있는지를 숙고해 보라! 하나님이 위에서 부르신 상을 향해 한 걸음씩 나아가라. 그리고 한 걸음이 단단하게 미래를 향해 나아가게 될 때, 그다음 발걸음을 옮길 수 있게 될 것이다. 한 걸음 한 걸음 당신의 미래를 향해 강하게 나아가라!

## 과거의 한계를 극복하기 위해 강한 추진이 필요한 부분

1. 건강한 식단관리를 위해...

2. 건강한 몸무게를 유지하기 위해...

3. 건강을 해치는 약물을 조심하기 위해...

4. 규칙적인 운동을 위해...

5. 다양한 비타민의 섭취를 위해...

6. 충분한 수분의 섭취를 위해...

7. 충분한 휴식과 수면을 위해...

### 8. 호르몬 보조제 복용를 위해...

위의 항목들을 효과적으로 실행하기 위해 누군가의 도움이 필요하다. 가능하다면, 가족들이나 친구들에게 지원과 도움을 요청하기를 바란다.

- 자신이 달성하려는 목표를 가족들에게 알리고 그 목표에 책임감을 가질 수 있도록 도움을 요청하라.
- 당신과 같은 문제를 겪고 있는 믿을 만한 친구와 함께 하며 당신의 목표에 동의를 구하라.
- 마음이 맞는 협력 단체에 가입하고 동일한 목표를 위해 함께 일하라.
- 교회와 신앙공동체 멤버들에게 당신의 도전과 성공을 위해 솔직히 고백하고 기도를 요청하라.
- 당신의 의사와 당신의 목표에 참여하는 파트너와 함께 만나라. 만일 당신이 내과나 산부인과 의사의 중요한 돌봄을 받을 수 없다면 주위에 추천을 요청하라.
- 당신의 건강의 목표를 달성하는 것에 장애가 되는 심각한 중독의 문제나 이 장에서 밝힐 수 없는 문제가 있다면 전문상담가나 치료사의 상담을 받을 필요가 있다.
- 건강을 위해 어떤 약리적인 음식과 음료를 선택할 것인가에 대하여 확신과 열정을 가져야 한다. 건강의 목표를 성취하기 위해서는 철저한 준비가 필요하다. 건강에 도움이 되지 않는 식품이나 음료수를 멀리하고 자신의 건강의 목표에 적합한 것들을 생활 속에서 항상 접할 수 있도록 준비해야 한다.
- 자신의 욕구에 맞는 행동을 하는 것이 아니라 당신이 진정으로 바라는 바가 무엇인가를 숙고하며 생활해야 한다.

당신이 이러한 노력을 펼칠 때, 하나님 역시 당신의 노력을 눈동자처럼 지켜보고 계신다는 것을 깨닫기 바란다. 전능하신 만유의 하나님은 당신이 장애물을 극복하기 위해 투쟁하고 있는 것을 너무나 잘 알고 계신다. 그는 당신의 좌절의 정체와 분노의 원천이 무엇인지도 다 알고 계신다. 건강한 몸과 맑은 정신, 거룩한 영혼의 존재로 살아가기를 하나님은 항상 바라시고 계신다.

전능하신 하나님 아버지! 저를 여자로 태어나게 해주셔서 너무나 감사드립니다. 그러나 과거에는 제가 여자라는 것이 부당하다고 생각했고, 그것이 항상 분노 요인이었음을 고백합니다. 저는 그동안 당신이 주신 이 고귀한 몸을 함부로 사용해왔으며, 나에게 일어나는 모든 부조리한 것에 분노하는 것으로 사용해왔음을 다시 한번 고백합니다. 하나님 아버지! 제가 자신의 몸과 마음을 하나님이 당신의 형상으로 지으신 고귀한 몸이라는 사실을 인정하고 다른 사람에게도 온유한 존재가 될 수 있도록 지혜를 허락하여 주옵소서. 제 자신을 진지하게 성찰할 수 있는 용기를 허락하여 주옵시고, 무엇이 자신의 건강에 유익이 되는지, 혹은 해가 되는지를 이해하고 통찰할 수 있는 힘을 주시옵소서. 제 몸은 성령님의 성전인 것을 고백합니다. 오! 하나님 아버지! 저의 몸과 마음과 영혼은 하나님만을 찬양하며, 감사드립니다. 하나님이 지으신 뜻에 따라 가꾸어 나갈 수 있도록 도와주옵소서!

Controlling Your Anger Before It Controls You

# PART 3
# 분노 뿌리 뽑기와 가지치기

제 9 장  수용의 힘 배우기
제10장  용서의 힘 경험하기
제11장  긍정, 희망, 기쁨의 힘으로 살기
제12장  하나님의 능력에 의존하기

# 9

## 수용의 힘 배우기

"그러므로 그리스도께서 우리를 받아
하나님께 영광을 돌리심과 같이 너희도 서로 받으라"(롬 15:7)

　많은 여자들은 실제적인 자신을 감추기 위해 필사적인 노력을 기울이면서, 마음속에 그리는 존재나 혹은 최소한 지금의 자신의 모습이 아닌 사람으로 살기 위해 평생토록 몸부림친다. 그렇기 때문에 있는 그대로의 자신을 이해하거나 받아들이는 것은 엄청난 노력을 필요로 한다. 위의 말씀처럼, 예수님은 당신의 모습 그대로를 수용하시며, 당신 역시 다른 사람을 있는 모습 그대로 수용하기를 원하신다. 그러나 자신의 못난 모습을 수용하는 것보다 차라리 다른 사람을 수용하는 것이 당신에게는 훨씬 더 쉬운 일이 될지도 모른다.

　산드라(Sandra)가 세 번씩이나 자신의 계산을 확인했으나 결과는 여전히 똑같았다. 그렇지만 계산이 틀리면 어떻게 하나라는 두려움이 의식의 바닥에서부터 스멀스멀 기어오르고 있었다. 그녀는 종종 계산이 틀리는 실수를 반복해오곤 했었다. 세 번씩이나 계산을 다시 훑어보았다. 이제 자신이 할 수 있는 방법은 다 해본 셈이다.

　과거의 자신이었다면, 이런 상황에 부딪힐 때마다 계산이 틀릴 것이라는 두려움 때문에 거의 공황에 빠졌을 것이다. 그리고 실수가 절대로 없었을 것이라는 자기 암시를 걸고 있었을 것이다. 어떻게 하든지 자신의 실수를 감추고, 설령 드러나더라도 그것을 정당화할 수 있는 정교한 발판을 고안해내고자 했을 것이다. 그녀는 그동안 실수를 계속하고 있는 자신을 자책하며, 자신의 실수에 대한 끔찍함과 실수가 발견되면 어떻게 하나라는 두려움으로 지금껏 살아왔다. 그러나 이제 더는 그렇게 살 수 없다고 결단했다.

'침착해, 산드라!' 라고 자신을 격려했다. '너는 결코 완벽할 수만은 없는 사람일 뿐이야! 네가 할 수 있는 최선에서 실수가 발견된다면, 단지 상사에게 그 문제에 대해 보고하면 돼! 오류가 발생하는 것은 네 실수가 아니야! 그 오류는 네가 발견할 수 있는 것이 아니야! 그래, 좋았어! 이제 일어나서 자신 있게 보고하는 거야!'

그녀는 정리한 서류를 챙겨서 상사의 방으로 내려갔다. "사실대로 보고하는 거야!"라고 자신을 다독거린 후 담대하게 방문을 노크하며 생각했다. '다 잘 해결될 거야.'

## 수용성 강한 존재

수용이란 말은 매우 흥미로운 단어이다. 수용이란 수용됨의 성질과 수용함의 행위적 양면성을 다 포함하고 있다. 수용이란 단어가 가지는 추론적인 정의는 "잉크를 흡수하지 못할 것 같은 표면에다가 어떤 것을 덧대거나 발라서 잉크를 흡수할 수 있도록 만들거나 능력을 갖도록 만드는 것과 같은 것"이라고 말할 수 있다. 수용성에는 두 측면이 존재한다. 한 측면은 잉크를 흡수할 표면을 의미하며, 또 한 측면은 잉크를 의미한다. 수용이란 종이의 표면이 잉크를 흡수하려는 의지를 갖는 것이 선행되어야 함을 의미한다.

예전에 나는 유명한 화가가 질 좋은 린넨지(Linen paper)에 잉크 드로잉(ink drawing)을 하는 것을 본 적이 있다. 그는 유려한 붓놀림으로 꽃이 핀 나뭇가지를 아주 적절하고 우아한 그림으로 만들어 나가는, 환상적인 실력을 보여 주었다. 그것은 마치 배고픈 종이가 잉크를 빨아들여서 영원토록 종이의 표면에 수용하려는 것처럼 보였다. 그 화가는 잉크를 얼마나 붓에 많이 적셔야 하는지, 한 번 적신 붓을 얼마 동안이나 종이에 사용해야 하는지, 또 종이는 얼마나 많은 잉크를 흡수하게 되는지를 너무나 잘 알고 있었다. 부드러운 붓질의 정교함은 감동적이었으며, 붓이 지나간 곳에는 정말 아름다운 그림이 탄생했다.

하나님은 정교하고 아름다운 그림을 그리는 화가와 같으신 분이시다. 종이의 표면은 당신의 자아이며 감정이고, 잉크는 하나님의 진리이다. 이 수용의 진리를 마음속에 진정으로 받아들일 때만 하나님은 당신을 처음에 예정하신 아름다운 모습으로 완성할 수 있다. 자신을 수용적이며 역동적인 성격으로 만들기 위해서는, 자신의 삶의 표면에 진리가 와 닿을 때 흡수하고 포착할 수 있는 능력을 반드시 갖추어야만 한다. 앞서 수용에 대해 정의한 것처럼, 하나님은 당신이 존재와 진리를 수용할 수 있는 존재가 될 수 있도록 당신을 만드실 것이라고 나는 확신한다.

대부분의 사람들은 진리를 수용하지 못한다. 오히려 진리를 받아들이지 않으려고 완강하게 저항한다. 그러나 진리는 진정으로 당신이 원하는 것이기 때문에 절대로 사라지지 않는다. 당신이 인정하든지 말든지 간에 진리는 당신의 삶에 지속적인 영향을 끼치게 된다. 진리가 당신의 삶에 주관자가 되는 것을 싫어하고 계속적으로 방어적인 태도를 보이게 된다면, 그 강한 고집은 결국 분노와 낙담이 되어 자신을 강타하게 된다. 당신은 자신의 더 큰 욕망과 욕구를 채우고 만족하기 위하여 진리를 이용하려고 한다. 그러나 자신의 뜻대로 되지 않을 때, 그것은 당신을 광기에 물들게 할 것이다.

진리를 계속적으로 거절하고 저항할 때, 당신은 쓸모없이 자신의 에너지를 낭비하게 된다. 그러나 진리를 온전히 수용하고 진리와 함께 융합되는 삶을 위해 자신의 시간, 에너지, 감정을 사용하는 것은 진실로 지혜로운 일이다. 진리를 수용하거나 재건하는 것이 때로는 심각한 고통을 동반하기 때문에, 당신은 진리를 거절하거나 회피하기 위한 방어막을 만들고자 할 때도 있을 것이다. 그러나 사실, 고통은 진리를 수용할 때 생기는 호전현상으로서의 고통을 거부할 때 더욱 심각한 고통이 발생하게 된다는 것을 깨달아야 한다. 즉 이것은 성경이 말씀하고 있는 올바른 방법이 아니다. 히브리서 12:11에서는 "무릇 징계가 당시에는 즐거워 보이지 않고 슬퍼 보이나 후에 그로 말미암아 연단 받은 자들은 의와 평강의 열매를 맺느니라"라고 말씀하고 계신다. 비록 진리를 받아들이는 것에 약간의 고통이 따른다 하더라도, 그 고통을 이기고 극복한다면, 강한 힘을 얻게 될 것이며, 모든 고통과 상처를 치료하는 놀라운 복원력의 소유자가 될 것이다.

"나는 과연 진리를 수용하려는 의지가 있는가?"라고 자신에게 반문해 볼 필요가 있다. 이 질문은 그동안 나에게 상담의 특권을 선사한 많은 여성들에게서 깨달았던 중대한 문제였다. 진리를 수용해야 한다는 사실을 처음에는 인정하지만, 그것이 자기 삶의 치부이거나, 솔직한 지금의 자신의 모습이거나, 혹은 수치스러운 과거이거나 숨기고 싶은 가족사라면 이야기가 달라진다. 진리로서의 진실을 수용하지 못하기 때문에, 그들은 자신의 고통과 분노의 틀 속에 계속적으로 남아있게 되는 것이다. 진실의 수용을 거부하는 대신에, 진실을 왜곡하거나 변조함으로, 그들은 여전히 지금의 자신의 모습을 유지하기를 더 원하고 있다. 그들은 진리를 수용함으로 발생할지도 모르는 위험한 미래 대신에, 차라리 아무것도 그리지 않은 백지로 남겨놓으려는 허황된 생각에 빠져있다. 그들에게, 진리의 잉크는 아름다운 그림을 그려내는 것에 아무 소용이 없으며, 단지 지금의 자신을 힘겹게 유지하기 위한 허황된 생각의 밑거름에 지나지 않는다. 이 부정적인 의식의 표면은 진리의 잉크를 거부하고 있을 뿐이다. 부정적인 자기의식이 진리를 만나게 되면, 진리를 흡수하는 것이 아니라 강하게 거부하게 되고, 결국 잉크가 엉키고 밀려난 채, 그림은 흉한 꼴이 되고 마는 것이다.

## 완벽주의에 대한 거부

앞서 논의한 것처럼, 완벽주의는 결코 진리가 될 수 없다. 당신의 삶의 외형적 완벽주의는 진리를 수용하는 것을 완강하게 거부하고 있다. 이 완벽주의는 당신의 전 생애를 지배하는 것이거나 삶의 도피처 역할을 한다. 예수님의 믿음을 가진 당신은 하나님의 살아계심을 인정하거나 혹은 다른 사람을 용납하는 것이 마땅한 것이라고 생각하며, 적어도 외형적으로는 그렇게 나타내 보여야 한다고 생각할 것이다. 우리는 이것을 "조건부 사랑"이라고 부를 뿐 아니라, 이러한 태도는 심각한 감정적인 남용과 손상을 일으키는 요인이 된다고 진단한다. 이것은 성경적인 형식만 가지고 있을 뿐 실제로는 자기 기만적인 감정일 뿐이다. 자신을 다른 사람들에게 "완벽하게" 보이려고 하는 당신의 노력은 자신의 삶의 의미와 목표를 낭비하고 붕괴시키고 말 것이다. 이런 허위에 속지 말아야 한다. 성경이 말씀하고 있는 것을 자신도 완벽하게 흉내 내야 한다고 생각해서는 안 된다. 고린도후서 11:14에서는 "이것은 이상한 일이 아니니라 사탄도 자기를 광명의 천사로 가장하나니"라고 말씀하고 있다. 다시 한번 강조하는 것은, 성경의 말씀을 볼 때, 자신의 힘으로 하나님 앞에 완벽한 존재가 되려고 하는 것이 아닌, 하나님의 본뜻이 어디 있는지, 완벽함, 존귀함의 의미를 하나님이 어떻게 이해하고 계신지를 신중하게 발견하는 것이 더 중요하다.

마태복음 5:48의 산상수훈에서 예수님은 "그러므로 하늘에 계신 너희 아버지의 온전하심과 같이 너희도 온전하라"라고 말씀하신다. 많은 사람들이 "그러므로"라는 단어를 간과함으로 이 구절의 의미를 오해하고 있다. 예수님이 하신 많은 말씀의 결론이 바로 이 단어에 있다. 예수님은 인간들의 사랑하는 것, 행동하는 것, 살아가는 것 등 모든 것을 하나님과 비교하신다. 너무나 당연하게도, 인간에게는 자신이 의지할 수 있는 기준을 기대할 수 없다. 그러므로 인간은 하나님의 기준에 의지해서 살아가야 한다는 것이 예수님의 말씀의 결론이다. 하나님이 완전하신 것처럼 우리도 또한 하나님의 완전함의 기준에 따라 살아가는 것이다.

그러나 이것은 하나님의 온전함이지, 우리가 반드시 통과해야 하는 관문이 아니다. 즉 이것은 당신의 삶의 기준으로 삼는 하나님의 온전함일 뿐, 그의 사랑의 실천을 위한 필수적인 관문이 아니다. 하나님은 결코 당신이 하나님의 사랑을 받기에 완전해질 때까지 기다리시지 않는다. 로마서 5:8에서 "우리가 아직 죄인 되었을 때에 그리스도께서 우리를 위하여 죽으심으로 하나님께서 우리에 대한 자기의 사랑을 확증하셨느니라"라고, 완벽주의의 거짓에 대해 반박하고 계신다. 위의 말씀을 달리 표현하자면, 당신이 비록 완전하지 않다고 하더라도 그것과는 상관없이 예수님은 당신을 구원하시기 위해 기꺼이 죽으셨다는 것이다. 사랑이 우리가 통과해야 하는 하나의 관문이라면, 완벽한 사랑이 아니라, 사랑이라는 이상을 향한 동기부여가 출발점이 된다.

만약 완벽한 사랑을 추구하게 된다면, 이것은 결국 자신을 향한 분노의 씨앗을 잉태하게 될 것이다. 조금만 더 생각해보면, 완벽한 사랑은 결코 가능한 것이 아니라는 것을 깨닫게 될 것이다. 자신의 힘으로 사랑을 감당하고 지탱할 수 있다는 생각으로 사랑을 통제하려는 시도는 결코 하나님이 원하시는 것이 아니라는 것이 바로 성경적인 관점이다. 자신의 힘으로 해결하려는 노력의 실망스러운 결과와 반복적인 좌절은 결국 고통과 분노로 연결된다. 그러므로 진리를 받아들이는 것은 때때로 자신이 설정한 꿈을 포기하게 만든다. 당신이 반드시 수용해야 하는 진리는 때때로 당신이 기대하는 만큼 완벽해질 수 없다는 한계를 나타내 보일 수도 있다.

사도 바울은 자신의 기대만큼 완벽해질 수 없는 현실의 고통을 철저하게 경험한 사람이다. 율법사의 제자인 사도 바울은 보다 완벽한 유대인으로서 바리새인이 되는 것과 완벽한 영적존재가 되기 위해 신앙적인 구도의 삶을 시작했다. 그가 추구하는 영적인 완벽주의는 빌립보서 3:4에서 언급한 것처럼 "신뢰할 만한 육체"에 대한 기대에서부터였다고 말하고 있다. 그는 계속해서 경건한 유대인이 되기 위해 필요하다고 생각했던 자신의 모든 주요한 신앙적 덕목들을 다음 구절에서 나열하고 있다. 그러나 이러한 유대인의 덕목은 예수 그리스도 안에 임재하는 하나님의 은총에 비한다면 아무짝에도 쓸모없는 것이었다. 바울은 유대교적인 완벽주의를 달성하려고 몸부림쳤지만, 결국에는 그 모든 노력이 쓸모없는 것이었고 "쓰레기"였음을 깨닫게 되었다. 어떤 노력도, 어떤 곳에서도 자신의 완벽주의의 이상을 이룰 수가 없었다. 결국 바울은 예수님을 만나서 비로소 예수님을 닮아가는 것이 자신의 목표가 된 것이다.

예수를 닮아가는 바울의 자기 체험을 언급한 빌립보서 말씀을 읽어보기를 바란다.

> "내가 이미 얻었다 함도 아니요 온전히 이루었다 함도 아니라 오직 내가 그리스도 예수께 잡힌 바 된 그것을 잡으려고 달려가노라 형제들아 나는 아직 내가 잡은 줄로 여기지 아니하고 오직 한 일 즉 뒤에 있는 것은 잊어버리고 앞에 있는 것을 잡으려고 푯대를 향하여 그리스도 예수 안에서 하나님이 위에서 부르신 부름의 상을 위하여 달려가노라"(빌 3:12-14).

바울은 완벽주의의 환상에 더 이상 집착하지 않는다. 바울은 12절에서 언급하고 있는 것처럼 지금 완벽한 존재가 된 것이 아니라 끊임없이 미래를 향해 달려가고 있는 존재라는 점을 인정하고 있다. 12절 하반부에서 이러한 자신의 태도를 명확하게 진술하고 있다. 바울은 그의 상황을 설명하면서 "잡힌 바"라는 표현이나 "잡으려고"라는 말을 사용하고 있다. 그는 자신이 과거와 현재의 불완전함에 패배하고 있다고 표현하지 않고, 진리를 수용하며 미래를 향해 나아가고 있다고 선언하고 있다.

바울은 자신의 불완전한 삶의 지면에 진리의 사실성을 수용한다. 그는 오히려 한 발짝 더 나아가 너무나도 쉽게 사실적 진리를 받아들이고 있다. 바울은 결코 자신의 진실을 감추려 하거나 포장하려 하지 않는다. 오히려 바울은 자신의 사실성을 하나님의 영광을 위하여 사용하고자 한다. 고린도후서 12장에서 바울은 "육체의 가시"와 싸우고 있음을 고백하고 있다. 바울이 말하는 육체의 가시가 무엇을 의미하는지는 성경학자들 사이에서도 분명하지 않다. 바울 또한 이것에 대해 자신의 "연약함"이라고 말할 뿐 다른 말을 하지 않는다. 바울은 하나님께 세 번씩이나 이것을 제거해 달라고 요청했지만 하나님은 그럴 필요가 없다고 응답하셨다.

결국 이 메시지는 예수님께서 자신에게 주신 것으로 받아들여야 한다는 것이 바울의 결론이었다. "나에게 이르시기를 내 은혜가 네게 족하도다 이는 내 능력이 약한 데서 온전하여짐이라 하신지라 그러므로 도리어 크게 기뻐함으로 나의 여러

약한 것들에 대하여 자랑하리니 이는 그리스도의 능력이 내게 머물게 하려 함이라"(고후 12:9). 바울은 자신의 연약함의 진실을 온전히 받아들여서 자기 존재의 표면에 흡수한 것이다. 바울은 자신의 연약함이란 하나님이 자신을 구원하신 능력을 보여주시는 하나의 표적임을 절대적으로 인정하게 된 것이다. 즉 자신의 약함을 감추기보다 들어냄으로, 바울은 자신의 약함이 곧 하나님의 영광을 드러내는 결과를 만들고자 한 것이다.

## 정직하지 않은 기준들

당신이 다른 사람을 사랑하거나 자기를 사랑하는 기준을 완벽주의에 맞추게 된다면, 이 기준은 결코 도달할 수 없는 것들이기 때문에 결국 자기 기만적인 기준이 되어버린다. 레위기 19:35에서는 "너희는 재판할 때나 길이나 무게나 양을 잴 때 불의를 행하지 말고"라고 정직한 기준에 대하여 말씀하고 있으며, 잠언 11:1에서도 "속이는 저울은 여호와께서 미워하시나 공평한 추는 그가 기뻐하시느니라"라고 말씀하고 있다. 기름이나 곡식을 저울에 달 때 양을 속이는 것을 하나님이 혐오하시거나 싫어하시는 것이 명백하다면, 하나님이 사랑하시는 자들을 속이는 자에 대해 하나님은 얼마나 극심하게 혐오하시는 것일까? 완벽주의란 당신이 사랑을 주는 것에 대해 주저하거나 위선된 행동을 의미한다. 완벽주의란 다른 사람에게 행하는 위장된 사랑이나, 당신이 만든 비현실적인 사랑에 도달하기 위한 교활한 기준이다. 진리의 사실성이 자신의 삶에 수용되고 작동되기 위해서는, 어떤 형태든지 간에, 당신은 이 교활한 기준(완벽주의)을 자신의 삶에서 반드시 폐기해야만 한다.

완벽주의 기준을 폐기하는 것은 아무 기준도 없이 조악한 삶을 살아가기를 원하는 것이 아니다. 지금까지 자신의 내면에 자리 잡고 있던 완벽주의적인 원천에서 나오는 판단을 폐기하는 것을 의미한다. 사람들은 항상 완벽하지 않을 뿐더러 언제나 다른 사람을 실망시키는 존재이다. 누군가가 자신에 대하여 공평하게 대하기를 원하거나 공의롭게 행동하는 것이 당신의 행복과 직결된다면, 당신은 언제나 불행한 존재가 될 수밖에 없다. 왜냐하면, 당신을 포함한 모든 사람들이 "언제나" 공의롭지 않기 때문이다.

우리는 우리를 진정으로 강하게 하시는 하나님을 의지해야 하며, 우리의 판단을 공의로운 하나님께 맡겨야 한다. 이것은 사무엘하 22:33에서 우리가 얻을 수 있는 충고이다. 사무엘하 22:33은 "하나님은 나의 견고한 요새시며 나를 안전한 곳으로 인도하시며"라고 우리에게 말씀한다. 우리는 자신의 힘으로 완벽함에 도달할 수 없다. 그러나 하나님은 당신의 길을 완벽하게 하실 수 있다. 이것은 로마서 8:28에서 우리가 명심해야 하는 절대적인 약속의 말씀이다.

로마서 8:28은 "우리가 알거니와 하나님을 사랑하는 자 곧 그의 뜻대로 부르심을 입은 자들에게는 모든 것이 합력하여 선을 이루느니라"라고 말씀하고 있다. 이 말씀은 당신을 비롯한 모든 사람을 구원하시는 하나님의 절대적인 의지와 능력의 표출이다. 하나님은 그의 계획하심과 목적 안에서 모든 불완전한 것들을 완전하게 만드실 능력을 가지고 계신다. 하나님의 모든 불완전한 것들을 완전하게 하시는 역사하심은 우리의 생각을 넘어선다. 내가 확신을 가지고 증언할 수 있는 것은, 나를 비롯한 또 다른 많은 사람들에게 하나님은 어떻게 자신의 의도와 목적에 따라 완전함을 이루시는지를 나의 눈으로 직접 목격할 수 있었다는 것이다.

## 놓아주기

절대로 자신의 태도와 행위가 잘못된 것이 아니라는 생각 때문에 완벽주의를 포기하는 것은 결코 쉽지 않다. 자신의 내면적 탐구를 통해 빌립보서 3:9에서 바울이 말하는 것처럼 완벽주의를 달성하려는 시도는 너무나도 의로운 것처럼 보인다. "그러므로"라는 말씀을 잊어버리고 당신은 자신의 힘으로 예수님의 말씀을 실천해보려는 강한 유혹에 빠지게 된다. - 하늘의 하나님이 완전한 것처럼 너도 또한 완전하게 되라. 그러나 이 구절은 "그러므로"가 전제된다. 즉 너는 불완전한 존재이기 때문에 자신의 힘으로 완벽함에 도달하려는 그 어떤 시도도 또한 항상 불완전할 수밖에 없다는 것이다.

아무리 완벽해지려고 최선을 다한다 하더라도, 인간은 완벽함을 성공할 수가 없다. 인간이 완벽해질 수 없는 이유는 너무나도 당연한 말이지만, 인간의 심연 속에 있는 죄와 오염된 본성 때문이다. 또 다른 이유가 있다면, 인간은 결코 하나님과 같이 완벽하게 사고할 수가 없기 때문이다. 당신의 생각이 절대적으로 옳고 정당하다고 아무리 확신한다 하더라도 하나님 보시기에는 불완전한 것일 뿐이다. 이사야 55:9에서 "이는 내 생각이 너희의 생각과 다르며 내 길은 너희의 길과 다름이니라 여호와의 말씀이니라 이는 하늘이 땅보다 높음 같이 내 길은 너희의 길보다 높으며 내 생각은 너희의 생각보다 높음이니라"라고 말씀하고 있다. 자신이 항상 옳고 완벽하다는 생각으로 모든 것을 처리함으로, 남은 가족들을 소외시키고 그들의 모든 관계를 황폐하게 만들어 마침내 건강조차도 심각한 손상을 입은 한 여자를 상담하면서 이를 깨달을 수가 있었다. 그녀를 둘러싼 모든 사람들은 그녀의 행동이 결코 잘못된 것이 아니라고 확신하고 있다. 그들은 또한 그녀가 감추어야만 하는 것들을 감추기 위해 자신을 미화하고 포장하고 있다는 것도 잘 알고 있다. 그들은 그녀가 버려야만 하는 어떤 것들을 버리지 못해서 생기는 분노의 힘에 부속되었다.

당신도 또한 자신의 분노가 완벽한 것이라고 생각할지도 모른다. 그러므로 절대로 버릴 수 없는, 혹은 절대로 버려서는 안 되는 것 중의 하나라고 생각할지도 모른다. 이러한 생각은 분노가 당신에 삶에서 얼마나 중요하고 그 필요성이 얼마나 명백한가를 증명하며, 분노하는 삶을 자신 속에 명확하게 정당화하는 논리가 될 것이다. 그러나 분노에 대해 경고하고 있는 야고보서 1:19-20의 말씀을 귀담아 들어야 한다. "내 사랑하는 형제들아 너희가 알지니 사람마다 듣기는 속히 하고 말하기는 더디 하며 성내기도 더디 하라 사람이 성내는 것이 하나님의 의를 이루지 못함이라" 아무리 자신의 분노가 옳다 하더라도, 분노는 결코 의로움을 생산할 수가 없다는 것이 말씀의 핵심이다.

## 자유하라

파올라(Paula)는 차를 몰아 치장용 벽토(stucco) 건물 앞에 주차했다. 비가 오고 있는 바깥 풍경은 그녀를 더욱 우울하게 만들었다. 건물의 입구에는 여름이 지나 가을로 접어들고 있는 쓸쓸함을 그리고 있는 듯 커다란 팬지와 국화가 자리 잡고 있었다. 자신이 이렇게까지 해야만 하는지를 잠시 고민하던 그녀는 유리문이 미끄러지듯이 열리는 것을 보면서, 그제야 안으로 들어가기로 결심했다.

프런트의 안내원을 통해 그의 아버지가 있는 병실이 2층인 것을 확인한 그녀는 응접실을 지나 오른쪽에 있는 엘리베이터로 향했다. 엘리베이터를 타는 동안, 그녀는 자신이 지금 왜 여기에 왔는가를 다시 한번 잠깐 생각했다. 복잡해지는 머릿속을 정리할 필요가 있었다.

부드럽게 방문을 노크한 그녀는 방안으로 들어갔다. 아버지는 의자에 앉은 채 그녀를 기다리고 있었다. 그녀는 아버지에게 가볍게 미소를 지어 보였다. 아버지는 죽음이 코앞에 다가왔음에도, 그다지 예전과 달라진 것 없는 그 모습 그대로였다. 완고한 아버지는 결코 자신에게 침대에 누운 채 죽어가는 초라한 모습을 보이고 싶지가 않았던 것이다. 자신을 똑바로 바라보면서 의자에 앉아 있는 저 자세를 유지하는 것이 얼마나 힘든 것인지를 깨달은 파올라는 아버지를 향한 미소가 자신의 얼굴에서 조금씩 사라지는 것을 느꼈다. 그렇게 아버지는 죽어가고 있었다.

그녀는 옆에 있는 의자를 끌어당겨 앉아, 아버지의 차가운 볼에 키스를 했다. 아버지는 작은 목소리로 그녀가 와준 것에 대하여 고마움을 표시했다. 그녀가 타고 온 비행기와 아이들의 안부를 물었다. 그녀는 무심하고 건성으로 아버지의 질문에 대답했다. 그녀의 내면으로는 아버지와 격렬하게 싸우고 싶은 욕구를 억눌려야만 했다. 자신이 그동안 가슴에 품고 있었던 아버지에 대한 분노와 원망에 대해 한마디라도 아버지의 해명을 듣고 싶은 욕구가 훨씬 더 강렬하게 그녀를 지배하고 있었다.

지난 몇 년 동안 파올라는 아버지에 대한 원망과 분노를 지우기 위해 미친 듯이 일에 몰입하며 생활했다. 자라면서 그녀는 한 번도 아버지가 자기를 사랑한다는 느낌을 받아본 적이 없었다. 그녀를 대하는 아버지의 태도는 어쩔 수 없이 수행하는 아버지의 노릇 같은 것이었고, 그녀에게 아버지는 그저 의무적으로 같이 지내야 하는 사람일 뿐이었다.

진실의 역할은 당신의 고통을 증폭시키는 것이 아니다. 진실의 역할은 당신이 알기를 원하지 않는 사실들에 당신을 칭칭 묶는 것이 결코 아니다. 진실의 역할은 진리의 사실성을 수용하는 의지를 촉진시키는 것이다. 예수님은 요한복음 8:32에서 "진리를 알지니 진리가 너희를 자유롭게 하리라"라고 말씀하신다.

당신은 어쩌면 자신의 욕망이 만들어낸 허상에 휘감겨 있기 때문에 진리가 주는 자유로움을 절대로 원하지 않고 있는지도 모른다. 이것은 당신의 감정이 원하는 것일지는 모르지만 당신에게 진정으로 필요한 것은 결코 아니다. 당신이 진리 안에 살고자 하는 치열한 열망을 가질 때, 당신의 삶을 유린하는 비탄과 절망, 끊임없이 억압하는 모든 것으로부터 해방될 수 있다. 진리는 당신의 분노가 귀를 열고 분노의 진실을 들을 수 있는 힘을 준다. 진리는 당신의 분노를 개방된 영역으로 데리고 나와서 그 고통이 말하게 하는 능력을 부여한다.

한번 당신의 분노의 원인이 되는 진리의 사실이 수용되어진다면, 진정으로 당신 내면에 수용되고 흡착된다면, 분노는 점차 녹아지고 사라지기 시작할 것이다. 분노와 격분의 상태로 하나님과 함께 살아갈 수는 없다. 갈라디아서 5:22-23의 "오직 성령의 열매는 사랑과 희락과 화평과 오래 참음과 자비와 양선과 충성과 온유와 절제니 이같은 것을 금지할 법이 없느니라"라는 말씀을 통해, 하나님이 허락하시는 진정으로 좋은 삶이 어떠한 것인지를 귀담아들어야 한다. 분노와 격분은 이 항목의 어디에도 존재하지 않는다.

## 다양한 진리의 얼굴

유대인들의 고소로 빌라도 앞에 끌려가신 예수님이 빌라도 앞에 섰을 때, 빌라도는 그들의 요구대로 예수님을 죽이기 위해 예수님께 질문한다. 그는 예수님과 대화를 진행하다 "진리가 무엇이냐"(요 18:38)라는 유명한 질문으로 마친다. 이 질문은 중대한 질문이다. 빌라도 앞에 선 예수님은 예수님의 무죄하심과, 무죄한 예수님을 죽음으로 내모는 빌라도의 과실과 그 책임에 대한 진실, 유대인의 왕이신 그리스도로서의 진실과 복합적으로 관계되어 있다. 또한 이 질문은 인간을 죄에서 구원하시려는 하나님의 계획으로서의 진실과 죄의 진실(본질)과도 관계되어 있다. 진리는 여러 가지 얼굴을 가지고 있기 때문에, 겉으로 잘 보이는 것이 항상 모든 진실의 핵심적인 증거라고 말할 수 없다.

당신의 분노의 배후에도 이와 같은 진실의 실체가 존재할 수 있다. 분노의 힘이 너무나 강렬해서 또 다른 진실한 내면적인 실제가 규명되지 않고 있는지도 모른다. 수용의 능력은 당신의 삶에서 발생된 모든 진실이 철저하게 규명되고 인정되며, 자신의 것으로 통합되고 흡수될 때만 생기게 된다. 범죄를 목격한 증인이 법정에서 증언을 약속하는 범죄 드라마를 본 적이 있을 것이다. 그들은 법정에서 "사실에 가까운 것이 아니라, 오직 진실만을 말할 것"을 약속하도록 선서한다. 이 선서는 과연 진실에 대한 진정성을 담보하는 맹세가 될 수 있을까? 아니면 법적인 절차와 과정을 위한 단순한 언어적인 과장일 뿐일까?

진리를 받아들인다는 것은 거의 진실에 가까운 것을 받아들이는 것이 아니라 오직 진실만, 오직 진리만을 받아들여야만 한다는 것이다. 진리의 기반으로서 진실을 받아들이는 것은 첫째, 당신의 분노와 고통의 원인, 원천에 대한 진실을 담대하게 수용하는 것이다. 이것이 당신이 수용의 능력을 가지게 되는 첫걸음이 된다. 둘째, 당신의 삶의 진실이 무엇인가를 끊임없이 검토해야 한다. 이 검토는 자신의 내면을 넘어서서 타자의 객관적인 관점으로부터 주어지는 증언과 외부적인 경험에 의존해야 한다. 외부적인 판단과 검토를 통해 진실성에 대한 검토가 끝난 후에야 비로소 삶의 온전한 진실성을 보장할 수 있게 된다. 진실성에 대한 보다 폭넓고 치밀한 검토를 하게 될 때, 당신은 자신이 수용하고자 하는 진실의 일부분에 대하여 오류와 왜곡됨을 느끼고 수정이 필요함을 느끼게 된다. 또한 당신이 진실이라고 믿고 있었던 어떤 것들은 사실은 폐기해야 하는 것임을 당신은 깨닫게 된다. 진실에 가까운 것이지만 진실이 아닌 것들을 폐기해야 하는 것은 당신의 결단에 달려있다. 진실을 지탱하지 못하는 단정, 태도, 인식, 의견 등, 비진리적인 요소들이 당신의 진실 수용 능력을 방해하는 것들로 층을 이루고 있을지도 모른다.

진실을 실현하고자 하는 첫 시도는 상당한 내면적 고통을 동반할지도 모른다. 또한 성급하게 서둘러야 할 것도 아니다. 진실은 단지 단 하나로만 구성되어 있지 않기 때문이다. 그림의 대가가 한 점에서부터 아름다운 그림 실현이라는 수용의 진리를 종이의 여백 위에 구현해내기 위하여, 붓질 위에 붓질을, 색상 위에 새로운 색상을, 해석에 해석을 거듭하듯이, 당신의 내면의 진리와 진실의 실현을 위한 거듭되는 연습과 훈련의 과정이 필요하다.

특히 고통을 감내해야 하는 진실의 실현 과정을 참고 견디는 것은 결코 쉽지 않다. 당신은 하루속히 자신의 내면에서 진실의 문제가 해결될 수 있도록, 하나님의 적극적인 개입하심과 기적이 일어나기를 바라고 있을지도 모른다. 즉각적으로 수용적인 능력이 생기기를 갈망하는 조급한 생각을 가지게 될 수도 있다. 만약, 당신의 내면에 진실의 수용이 즉각적으로 발생했다면, 그것은 기적의 본질조차도 뒤집은 것이라고 말할 수 있는 것일까? 하나님이 당신으로 하여금 진실을 수용하는 능력을 갖게 하시는 것은 단지 표면적인 측면만이 아니라, 당신의 존재 전체를 아우르려는 큰 뜻의 역사하심이 아닐까?

진실을 수용하는 새로운 삶에 대하여 한번 숙고해보라! 하나님은 당신이 진실의 수용적 존재가 되기를 진정으로 바라시기 때문에, 그것은 즉각적으로 이루어지지 않는다. 오히려 시편 139:13에서 다윗이 자신의 진실한 존재로서의 형성에 대해 "주께서 내 내장을 지으시며 나의 모태에서 나를 만드셨나이다"라고 아름답게 묘사하고 있는 것처럼, 진실과 진리의 수용은 긴 기다림과 인내를 통해 이루어지는 것이다. 인간의 생로병사에 대해 한번 생각해보라! 인간은 붉은 몸으로 태어나 자라고, 점차 성숙해져 가는 것일 뿐, 결코 장성한 성인으로 태어나지 않는다. 영적인 거듭남에 대하여서도 다시 한번 생각해보라! 바울은 로마서 12:2에서 이러한 인간의 영적인 거듭남에 대해 이미 언급하고 있다. 하나님은 기적의 하나님이실 뿐만 아니라 우리의 일상 속의 진실 수용의 훈련과 연단을 감찰하시는 하나님이시다. 그러므로 이 두 가지는 결코 분리할 수가 없다. 당신이 만약 진실 수용에 실패하고 있다면, 그 원인은 하나님의 기적이 즉각적이고 급속하게 실현될 것이라는 조급하고 잘못된 믿음 때문이다. 진실 수용은 성찰과 반성, 숙고와 자신의 수치스러운 진실에 대한 뼈아픈 고백을 통하여 일어나게 된다.

 진실 수용에서 가장 중요한 것은 진실을 진실로서 인정할 만한 충분한 시간을 갖는 것이라는 점을 진정으로 이해해야 한다. 마치 눈 깜짝할 사이에 상대를 때려 눕히듯이 진실 수용 능력을 갖추기를 바라는 것은 비현실적인 당신의 과욕이 될 뿐이다. 자신이 기대하는 기간과 속도로 이 문제를 해결하기를 원하는 태도는 결코 바람직한 것이 아니다. 대신에, 당신의 삶에서 진실을 수용하기 위한 중요한 학습으로, 이 시간과 과정을 인정하고 따라가야 한다.

 당신의 어떤 진실은 그것을 통합하고 흡수하기까지 다른 것보다 훨씬 더 많은 시간을 필요로 할지도 모른다. 왜냐하면 그것의 상처가 다른 어떤 것보다 훨씬 더 깊고 심각한 것이기 때문이다. 그러므로 당신이 예정하는 시간에 그 문제를 해결하려고 하기보다 오히려 당신이 실행하고 있는 과정에 충실 하는 것이 더욱 중요하다. 과정의 중요성을 소홀히 하거나 의심하지 말아야 한다. 당신이 자신의 내면에 진실 수용을 깨닫고 감당하기 위해 노력할 때(딤전 2:4), 하나님 역시 당신과 함께 한다는 것(빌 2:13; 엡 3:20)을 신뢰하라!

## 자신에게 쓰는 메모

 진실의 진정한 수용성에 대해 숙고하고, 확실하고 올바르게 그것들을 파악할 수 있든지 그렇지 않든지 간에, 당신은 필연적으로 자신의 믿음의 근거가 되는 어떤 진리로부터 그 일을 실행하게 될 것이다. 이 진리는 이미 오래전에 검증된 경험에 근거해서 수용될 수 있다고 판단한 것과 자신의 실제적인 경험에 의한 것이다. 이것은 앞선 3장에서 이미 우리가 다루었으며, 당신이 직접 작성한 것이기도 하다. 다시 3장으로 돌아가서 당신이 직접 작성한 것들을 다시 한 번 살펴보도록 하자.

당신이 지금까지 실행해오던 진실의 수용성을 숙고하면서, 그때 작성한 항목으로 다시 되돌아가 보자. 그때 당신은 무엇이 그리고 왜, 진실이 되기를 원하는지를 솔직하게 작성했다. 이미 작성된 항목과 그 원인과 이유는 당신의 분노가 솟아오르는 감정의 핵심적이고 근원적인 자리이기도 하다. 이제 그것들을 살펴보면서 당신의 내면에서 진실을 뛰어넘는 진리는 무엇이며, 흔들리지 않는 명백한 진실은 무엇이고, 진실처럼 보이지만 사실은 진실이 아닌 것은 무엇인지를 가늠해야 할 때가 된 것이다.

앞선 3장에서 작성했던, 진실이 되기를 원하는 것들의 항목을 살펴보면서 다음 작업을 시작해 보자. 3장에서 작성한 것 위에 첨가하거나 덧붙이기를 원하는 것들이 새롭게 다시 생겼는지 살펴보도록 하자.

### 진실이라고 생각했던 목록들

1.
2.
3.
4.
5.

다음으로, 당신이 진실이라고 믿었던 것을 둘러싸고 있는 실체적인 진실에 대하여 숙고하는 시간을 가져야 한다. 진실이라고 믿었던 당신 내면의 진실들의 또 다른 의도나 목적은 무엇이었을까? 당신이 실체적인 진실을 놓치고 있는 또 다른 측면은 무엇일까? 작성된 당신의 진실에 대하여 숙고하고 위의 의문들은 해명하기 위하여 이 책의 여백을 사용하기를 바란다.

### 실체적인 진실

1.
2.
3.
4.
5.

　자신이 작성한 진실이 되기를 원하는 각 항목을 하나씩 살펴보고, 그 항목들의 공통점만큼 다른 어떤 측면과 요인을 분석할 수 있다면, 당신은 그 항목이 전혀 다른 요소들을 내포하고 있다는 것을 발견할 수 있게 될 것이다. 수용 능력에서부터 당신을 이탈하게 하거나, 당신 속에 내재하려는 수용 능력을 빼앗기 위해, 당신이 만든 허약한 진실 속에 강력하게 접착된 두려움, 수치스러움, 죄책감으로부터 유출되고 있는 매우 부정적인 존재감이 도사리고 있다는 것이다. 이것은 당신이 자신의 분노를 제거하고 진실을 온전히 수용하기 위해 명확하게 파악하고 확실하게 폐기해야 하는, 악한 것들로부터 유래하는 감정, 느낌, 혹은 생각들이다. 그렇다면 그것들이란 당신에게 구체적으로 무엇인가? 당신에게 그것들이 구체적으로 무엇인지를 명확하게 파악해야 한다. 그래야만, 그것들의 영향력에서부터 해방될 수 있는 기회를 갖게 될 것이다.

### 진실처럼 보이지만 진실이 아닌 것으로 드러난 것들

1.
2.
3.
4.
5.

　마지막으로, 당신이 자신의 각각 진실에 대한 항목에서도 적용해볼 수 있는 것처럼, 나는 빌라도가 예수님에게 한 질문을 당신에게 적용해 보고자 한다. 각각의 진실에 대한 항목이 충분히 이해되었다면, "진리가 무엇이냐?"라고 당신도 또한 하나님께 질문해 보기를 바란다. 그리고 각각의 항목을 두고 하나님께 간절하게 기도하라. 또한, 각각의 항목 안에서 나타나는 하나님의 관점과 진리가 무엇인지를 솔직하게 당신이 이해하는 만큼 서술해 보기를 바란다.

### 하나님의 진리의 관점

1.
2.
3.
4.
5.

진리는 다양한 속성을 가지고 있지만, 그 실체는 오직 하나일 뿐이다. 하나님은 전지전능하시며, 모든 것의 진정한 진실과 사실성을 파악하실 수 있는 깊은 안목을 가지고 계시는 분이시다. 하나님은 당신에게 진실의 실체를 온전히 드러내 보이시고, 당신의 삶 속에 수용의 힘과 공간을 가질 수 있도록 하신다. 당신의 삶에 어떤 빈 곳이 생긴다 하더라도 하나님은 능히 그곳을 채우실 수 있는 분이시다. 어떤 환란과 고통이 있다 하더라도 하나님은 당신을 안위하게 하여 주신다. 어떤 죄책감에 시달린다고 하더라도 하나님은 그 죄책감에서 해방할 수 있도록 도와주신다. 어떤 치욕과 수치에 시달린다 하더라도 하나님은 그것을 다 덮어주신다. 어떤 두려움으로 고통받는다 하더라도 하나님은 그 두려움을 이길 수 있는 용기를 허락하여 주신다.

사랑의 하나님 아버지! 저를 도와주시옵소서. 저는 너무나도 오랫동안 분노의 절벽 앞에 떨며 제 자신의 힘으로 그 공포를 해결하려고 노력했습니다. 하지만 오히려 두려움만 더 커져가고 있음을 고백합니다. 너무도 강한 두려움과 공포 때문에 제 자신이 분노의 진실을 감히 해결하고자 노력할 수 없었음을 또한 고백합니다. 권능의 하나님 아버지, 저에게 용기와 담대함을 허락하여 주시옵고, 거짓된 진실이 아닌, 진리이며 실체인 진실을 받아들일 수 있는 용기와 능력을 허락하여 주시옵소서! 진리의 진정한 주인이신 하나님 아버지! 진실을 온전히 받아들이고 진실로 말미암아 거듭난 자신을 인정하고 받아들일 수 있는 영혼의 진리를 배울 수 있도록 은혜를 허락하여 주시옵소서. 진실이란 제가 체험한 악한 것에 의해 실체가 되는 것이 아니라, 당신의 용서와 사랑, 자비, 은총을 담은 절대적인 진리와 진실의 현현에 있음을 깨닫게 하여 주심을 너무나도 감사드립니다. 주님, 당신은 저를 그 크고 아름다운 은총의 품에 품어주셨습니다. 전능하신 하나님 아버지! 제가 저의 진실한 존재성을 온전히 받아들일 수 있도록 용기를 허락하여 주셔서, 저의 삶이 당신의 영광을 드러내는 증인의 삶이 되게 하여 주옵소서.

## 용서의 힘 경험하기

"누가 누구에게 불만이 있거든 서로 용납하여 피차 용서하되
주께서 너희를 용서하신 것 같이 너희도 그리하고"(골 3:13)

당신의 감정의 어떤 부분은 시간이 지나면 진정될 것이며, 또는 원상태로 복구될 것이고, 상처는 아물거나, 상처받았던 상황이나 대상조차도 다 용서가 될 것이다. 그러나 용서란 단순한 감정만의 작용은 아니다. 용서란, 감정적으로 용납할 수 없는 것일지라도 행동으로 실천할 수 있는 어떤 힘을 의미하며, 자신의 상처와 고통에 대하여 의도와 목적을 동반한 전략적인 대응을 보이는 것이다. 어떤 부분에서는, 용서의 약수(healing water)만이 분노의 불꽃을 꺼뜨릴 수 있을지도 모른다. 용서의 힘을 증강시키는 것은 어쩌면 성공적인 삶을 위해, 갖추어야 할 가장 힘든 과업일지도 모른다. 용서의 힘은 하나님의 속성과 가장 닮아갈 수 있는 영역이다.

지나(Gina)는 배신감과 불신으로 가득 찬 동생의 불만이 폭죽처럼 터져 나오는 소리를 계속 듣고 있어야만 했다.

"언니는 왜 아직도 엄마 곁을 떠나지 못하고 있는지 도대체 알 수가 없어! 어릴 때, 엄마가 우리를 어떻게 대했는지 벌써 잊어버렸어? 나는 죽어도 잊을 수가 없어!"

지나는 동생 패트리샤(Patricia)의 분통이 터지듯이 묻는 말에 담담하게 대답했다.

"그래, 엄마가 어린 시절 우리에게 어떻게 대했는지 잊지는 않았지만, 그래도 이제는 다 용서할 수 있을 것 같아!"

지나와 패트리샤가 엄마 문제로 싸운 것이 어제 오늘의 문제는 아니었다. 지나가 엄마랑 지내는 시간을 틈틈이 챙기는 동안에도 패트리샤는 일 년에 한두 번씩 다가오는 명절에도 엄마를 찾아오지 않으려고 했다. 패트리샤는 명절을 꼬박꼬박 챙기는 것도 모자라 엄마랑 같이 보내는 시간을 더 많이 가지려고 애쓰는 언니를 도대체 이해할 수가 없었다. 패트리샤는 언니 지나가 엄마랑 그렇게 계속 좋은 관계를 유지하려고 애쓴다면, 다시는 자기와 만날 생각을 하지 말라고 몇 번씩 엄포를 놓기도 했다.

패트리샤는 자신의 생각이 결코 틀리지 않았다는 의지를 다지면서 단호하게 말했다.

"음, 언니가 엄마를 용서할 수는 있을지 모르지만, 난 아직 아니야! 엄마가 우리의 삶을 얼마나 엉망으로 만들었는지 인정하고 사죄한다면 모를까, 그러기 전에는 결코 엄마를 용서할 수가 없어!"

지나는 그녀의 말을 듣고 잠깐 생각을 한 후에, 다시 한번 패트리샤를 설득하기 시작했다.

"트리쉬(Trish), 얘야, 내말 좀 들어보렴, 엄마는 이제 더 이상 의식이 바뀔 수 없는 존재가 되어버린 거란다. 과거의 자신을 반성하고 성찰할 수 있는 능력조차 없어져 버린 거지. 엄마는 너무 힘든 삶을 살아왔고, 그래서 우리들을 사랑으로 양육할 수 있는 여력이 없었던 거야! 나는 어느 순간, 엄마가 우리를 막 대했던 것에 대한 분노와 고통을 이해하고 용서함으로 비로소 지금의 편안한 마음과 삶을 찾을 수가 있었단다."

패트리샤가 대답했다.

"나는 언니가 어린 시절 당했던 고통스러웠던 경험을 어떻게 잊어버릴 수 있었는지 이해가 되지 않아. 설령 내가 엄마를 용서한다 하더라도, 엄마는 지금도 여전히 과거와 같이 부정적이고, 타인에 대한 비난에 익숙하고, 정죄하는 것을 포기하지 못하는 늙고 어리석은 사람에 지나지 않는다는 거지. 어린 시절 엄마가 한 번도 나에게 칭찬하는 소리를 들어본 적이 없었던 것 같아. 나는 절대로 엄마 가까이에 있고 싶지가 않단 말이야. 엄마는 언제나 나를 화나게 만들 뿐이야."

패트리샤는 언니 지나와 함께 언제나 엄마의 잔소리와 부정적인 힐난의 대상이 되곤 했다. 지나는 동생 패트리샤가 엄마를 용서하지 못하는 가장 큰 이유가 거기에 있다는 것을 잘 알고 있었다. 엄마에 대한 원망을 토로하는 패트리샤의 목소리에 어린 시절 당한 고통의 쓰라림과 비통함이 묻어나고 있었다.

"언니가 어떻게 그런 엄마 곁을 떠나지 않고 남아있는지 나는 도대체 이해할 수가 없어!"

"엄마가 과거에 나에게 행했던 부정적인 것들을 내가 먼저 용서하게 되면, 나를 화나게 했던 많은 부분들이 내 마음속에서 점차 사라지게 된단다. 네가 엄마와의 과거 문제 때문에 더 이상 화를 내거나 원망하지 않게 될 수만 있다면, 너는 지금부터 엄마랑 새로운 관계를 시도할 수 있게 될 것이고, 이것은 정말로 네가 원하던 엄마와의 이상적인 관계의 새로운 영역을 펼쳐내게 되는 거란다. 내가 원하는 것과 내가 받아들일 수 없는 것을 엄마가 이해할 수 있도록 만들 수 있단다. 물론 이런 일이 완벽하게 이루어질 수는 없겠지만, 최소한 엄마는 내가 진정으로 원하는 것이 무엇인지를 배우게 된다는 것이지. 몇 번씩이나 엄마가 나에게 잔소리하는 것을 자제하지 못할 때마다, 나는 집으로 와 버렸단다. 그리고는 늘 하는 것처럼 집에 도착하자마자 엄마에게 전화하곤 했단다."

패트리샤는 마치 의문을 지울 수가 없다는 듯이 머리를 흔들면서 언니 지나에게 되물었다.

"용서를 요구하지도 않는 사람을 어떻게 용서할 수가 있지?"

지나가 대답했다.

"그녀의 결정에 의해 용서할 수 있는 것이 아니라, 내가 가진 결정권이기 때문에 그녀를 용서할 수 있게 되는 것이란다. 어쩌면, 용서가 필요한 사람은 그녀가 아니라 내 자신일지도 몰라. 내가 더 이상 분노의 모든 부정적인 것에 휩싸여 살기를 원하지 않는다면, 용서가 나에게 진정으로 유익한 것이 된단다. 나의 마음속에서 나를 괴롭히고 고통스럽게 하는 모든 원망과 복수의 마음을 지우고, 제거하는 것이 곧 용서가 되는 것이란다."

패트리샤는 마치 머리가 둘 달린 괴물처럼 지나를 쳐다보았다. 그녀는 언니의 말이 무슨 뜻인지 도저히 이해할 수가 없었지만, 그것처럼 더 정확한 설명은 없었다. 지나는 요즘 날마다 동생 패트리샤도 자신처럼 용서에 대한 진정한 이해와 깨달음이 생기기를 소망하며 기도하고 있다.

용서란 사실 기이하고 특이한 행위일 수도 있다. 누군가가 저지른 잘못으로 인해 당신이 고통을 받을 수 있다는 것을 서로 간에 인정하고 수용하는 바이다. 이 점에 대한 인정은 당연히 그 잘못으로 인한 비난의 대상을 확정하게 될 것이다. 당신은 당신에게 잘못한 것이 없는 대상을 용서하게 되는 엉뚱한 일을 저지르지 않을 것이며, 나에게 잘못을 저지른 존재가 누구인가가 명확해질 것이다. 당신은 당신에게 잘못을 저지른 사람에게 비난을 가함으로, 그 사람을 정죄할 자격이 있음을 선언하게 되는 것이다. 즉 그들은 정죄와 비난을 당할 것인지 말 것인지와 상관없이, 그들이 제공한 잘못의 원인으로 인해 당신에게 비난당해야만 하는 빚을 지게 되는 셈이다. 용서의 행위는 정죄의 권능을 소유하게 되는 것임에도 불구하고 그것을 포기하는 것이다. 여타의 어떤 의도와 목적을 향한 행위가 아닌, 정죄의 권능을 단순히 포기하는 것이다.

분노를 잊는 것이 용서의 과정이라면, 그 과정의 진정한 종착지는 용서 그 자체이다. 용서는 자신의 분노의 힘과 원천으로서의 타자의 잘못을 잊어버리기를 강력하게 요구한다. 상대의 잘못을 계속 생각하고 유지한다면, 당신은 결코 진정한 용서의 권능을 소유하지 못하게 된다. 때로는 용서가 지금까지 당신을 지탱해왔던 분노의 힘을 사라지게 함으로, 당신을 매우 약한 존재가 되는 느낌을 받을 수도 있다. 지금까지 내가 상담해왔던 많은 여자들이 이러한 분노로부터 자신을 떼어놓는 것을 힘들어했으며, 부정적인 자아를 극복하는 가장 힘든 관문이 되었다.

용서의 실천은 자신의 인격적인 힘을 소멸시키는 것이 결코 아니다. 오히려 자기 속의 분노의 부정적인 에너지를 방출시키고 실체적인 진실의 힘을 재건하는 것이다. 용서가 만약 자신의 힘의 소진이나 소멸을 의미한다면, 용서의 하나님은 무기력한 하나님이 될 것이다. 하나님이 우리를 용서하시기 위해 그의 권능을 사용하신다는 것은, 용서를 통해 우리를 내버려 두시는 것이 아니라, 매우 역설적이게도 우리를 그의 곁에 보다 가까이 두시고자 함을 의미한다.

수용에 대한 논의의 마지막 부분을 생각해보면, 하나님의 수용 방법과 당신의 수용 방법이 같지 않다는 것을 상기할 수 있을 것이다. 용서의 행위에 관해 숙고할 때면 언제나 하나님과 인간 사이에는 메꿀 수 없는 수용의 질적 차이가 있음을 생생하게 깨달을 수가 있다. 하나님의 수용 방법은 인간의 생각으로는 결코 이해할 수 없는 것이다. 그러므로 용서는 언제나 우리를 다루시는 하나님의 수용 기준이 절대적인 기준이 된다. 누가복음 6:36-38에서 예수님은 "너희 아버지의 자비로우심 같이 너희도 자비로운 자가 되라 비판하지 말라 그리하면 너희가 비판을 받지 않을 것이요 정죄하지 말라 그리하면 너희가 정죄를 받지 않을 것이요 용서하라 그리하면 너희가 용서를 받을 것이요 주라 그리하면 너희에게 줄 것이니 곧 후히 되어 누르고 흔들어 넘치도록 하여 너희에게 안겨 주리라 너희가 헤아리는 그 헤아림으로 너희도 헤아림을 도로 받을 것이니라"라고 용서의 진정한 기준을 우리에게 제시하고 계신다. 용서의 상호 호혜적인 측면은 주기도문으로 잘 알려진 누가복음 11:4에서도 잘 나타나고 있다. "우리가 우리에게 죄 지은 모든 사람을 용서하오니 우리 죄도 사하여 주시옵고 우리를 시험에 들게 하지 마시옵소서 하라"

용서에 대한 신학적 개념을 이보다 더 명확하게 설명할 수 있는 방법이 없다. 용서가 실천되는 것보다 더 가슴이 아리게 아름다운 것은 세상에 없다. 용서의 모든 속성을 다 이해할 수는 없지만, 내가 체험하고 목격한 모든 용서의 장면은 언제나 나에게 말로 다할 수 없는 감동을 선사한다. 용서가 실현될 수 있는 기회와 실제로 실천하는 것은 매우 힘든 일이기 때문에, 내가 상담을 해왔던 긴 세월 동안 용서는 내가 반드시 이루어야 할 가장 중요한 과제이며, 꼭 풀어야만 하는 핵심적인 일이 되었다.

## 골 건너기

용서는 건너기 힘든 깊은 골일 수도 있다. 특히 상대에게 받은 상처와 고통이 클수록 골의 깊이도 깊어진다. 골을 건넌다는 것은 자신의 분노와 원망을 뒤에 완전히 버리고 간다는 의미이다. 그동안의 상담 과정에서 여자들에게 특히 어려웠던 것이 바로 이것이었다. 그들은 자신의 마음속에 분노와 원망의 자리가 있다는 점은 잘 알고 인정하지만, 그 맞은편에는 용서할 수 있는 자리도 함께 존재한다는 것을 확신하지 못했다. 자신의 분노와 원망을 완전히 버린다면 오히려 더 극심한 고통과 박탈감이 따라오지 않을까 염려하고 있었다. 그들은 자신을 고통스럽게 만들었던 대상을 용서한 후에도 박탈감과 상처에 시달리지 않을 수 있는지에 대한 확신을 가지기를 원했다. 용서가 정말로 자신의 삶에서 합당한 보상을 보장해줄 것이라는 확신이 없기 때문에, 용서하는 일이란 정말로 힘든 것이 되었다. 용서의 골을 건너기를 간절하게 원하지만 여전히 고통과 박탈감에 대한 두려움을 지우지 못하는 몇 개의 염려의 이야기를 소개하면 다음과 같다. 아마도 이 의문들이 당신이 가지고 있는 용서의 골을 건너기 위한 거울이 될 것이다.

**왜 꼭 용서해야만 하는가?** 서두에서 이미 밝힌 것처럼, 용서란 감정에 의존한 행위가 아니라 자신의 의지에 기반으로 하는 목적 지향적인 행위라고 말할 수 있다. 즉 목적 지향성이 용서의 가장 중요한 동력이다. 용서의 정당성은 다른 사람에게서 발현되는 것이 아니라 자신 속에서 시작된다. 용서의 정당성은 당신에게 잘못을 저지른 사람 때문에 발생되는 것이 아니다. 용서의 정당성은 용서하려는 당신의 결단이 자신에게 가장 가치 있고 중요한 결단이라는 의식 속에 있다. 즉 용서하는 것은 다른 사람을 용서하는 행위이지만, 사실은 자신에게 가장 유익한 결단이며, 자신의 영혼을 구원하는 행위이다.

이사야 43:25에서는 하나님으로부터 오는 용서에 관한 말씀이 기록되어 있다. 하나님은 "나 곧 나는 나를 위하여 네 허물을 도말하는 자니 네 죄를 기억하지 아니하리라"라고 말씀하고 계신다. "나를 위하여"라는 말씀이 하나님이 왜 죄를 저지르는 인간을 용서하시는지의 가장 중요한 이유가 된다. 하나님은 자신의 거룩한 본성에 의해, 또한 자신의 거룩함을 지키시기 위해 용서의 행위를 택하신 것이다. 그러므로 하나님은 언제나 용서와 사랑과 자비를 인간에게 허락하시기를 원하신다.

하나님은 언제나 당신의 죄와 허물을 용서하시기를 원하시는 것이 자신의 본성인 것을 알고 있었는가? 하나님의 이러한 속성에 관하여서는 갈라디아서 5:22-23을 통해 이미 앞 장에서 언급한 바가 있다. 하나님은 당신이 "사랑과 희락과 화평과 오래 참음과 자비와 양선과 충성과 온유와 절제"와 같은 성령의 열매를 소유하는 전인격적인 존재가 되기를 원하신다. 오랜 상담 과정을 통하여 얻은 중요한 결론은 분노를 조절하지 못하는 대부분의 여자들이 위에서 언급한 성령의 열매들을 맺고 싶어 하는 갈망이 매우 강렬하다는 것이다. 고통과 상처로부터 일어나는 분노는 하나님이 당신에게 기대하시는 삶과 전혀 다른 낙담과 절망의 삶을 살도록 강요한다. 분노를 흘려보내고 성령이 지배하는 삶을 살기 위한 유일한 방법은 용서의 미덕을 실천하는 것이다.

앞에서 언급했던 대가의 이야기를 당신은 기억하고 있는가? 이사야서 43장에서 하나님이 말씀하신 것처럼, 진정한 용서는 당신의 삶을 더럽히고 있던 원망, 비통함, 분노를 포함한 모든 더러운 죄를 말끔히 씻어 내는 놀라운 능력이 있다는 것을 깨닫게 될 것이다. 이것이 왜 자신에게 용서가 중요하고 절대로 필요한 것인지의 이유가 될 것이다.

용서는 언제나 자신을 온전하게 나타내 보이는 꽃과 같이, 충만한 삶이 되게 한다. 당신의 자신의 삶 속에서 심리적으로나 육체적으로 용서의 유익함이 어떤 것인지를 경험하는 시간을 가질 필요가 있다. 「정신생리학 국제저널」(International Journal of Psychophysiology)에 수록한 최근 연구에 의하면, 용서는 술을 비롯한 약물의 사용을 줄어들게 하며, 혈압과 심장박동에서 발생할 수 있는 병리성을 현격하게 줄이거나 개선하는 효과를 주는, 흥미로운 경향을 보여주고 있다.

"미국국립보건원"(National Institutes of Health)의 사이트는 용서의 효과에 대하여 "용서는 단순히 분노를 해소하는 차원을 넘어, 건강과 관련되는 여타의 광범

위한 영역에도 유익을 제공한다는 것과 용서와 건강 사이의 관련성에 관한 중요한 이론적인 의미를 발견할 수 있다"라고 간략하게 소개하고 있다. 용서는 당신이 다른 사람에게 베푸는 은혜이기도 하지만 무엇보다도 당신이 자신에게 베푸는 귀한 선물이다.

어디까지 용서해야 하는가? 수용과 같이 용서도 하나의 과정이다. 수용처럼 용서도 자체적이며 내부적인 추진력을 가지게 된다. 한번 용서를 실천하게 되면, 자신의 삶에서 용서가 얼마나 유익한 것인가를 느끼게 되며, 다음에는 훨씬 더 쉽게 상대를 용서할 수 있게 된다. 그러나 내가 상담해왔던 많은 여성들은 용서를 실천하는 것에 상당한 저항감을 느끼고 있었다. 100가지의 잘못을 용서해 줄 수도 있지만, 또 다른 장애물에 늘 부딪히게 되는 것이다. 즉 어디까지 용서해야 하는가? 이다.

이 질문에 대한 간명한 대답이 성경에 있다. 마태복음 18장에 예수님과 제자들 사이에 있었던 용서 횟수에 대한 토론이 나온다. 베드로가 예수님께 질문했다. "그 때에 베드로가 나아와 이르되 주여 형제가 내게 죄를 범하면 몇 번이나 용서하여 주리이까?" 베드로에게 가능한 횟수는 겨우 일곱 번이었다. 이것은 예수님이 보시기에 매우 작은 횟수였다. 예수님은 그에게 일곱 번의 일흔 번 용서해 주라고 베드로에게 말씀하신다(마 18:22). 그렇다면 490번까지는 용서할 수 있는 것이고 491번은 안 되는 것일까? 이것은 횟수의 문제가 아니라 태도를 말씀하시는 것이다.

이 말씀의 뜻을 설명하시기 위해 예수님은 주인으로부터 거액의 빚을 탕감 받은 종이 자신에게 사소한 채무를 진 동료를 만나 목을 조르면서 빚을 갚기를 요구하는 악한 행위에 대한 이야기를 비유로 말씀하신다. 자신에게 거액의 빚을 탕감 받은 종이 동료의 소소한 채무를 탕감해주지 않았다는 것을 전해 들은 주인은 그 종의 이율배반적인 행위에 격노해서 자신의 빚을 당장에 갚으라고 요구하게 된다(마 18:23-24). 마태복음 18:35에서 예수님은 이 비유의 결론을 말씀하신다. "너희가 각각 마음으로부터 형제를 용서하지 아니하면 나의 하늘 아버지께서도 너희에게 이와 같이 하시리라"

**용서의 필요를 인정하지 않거나 용서를 원하지도 않는 사람에 대해서도 용서를 해야 하는가?** 이 의문은 자신의 잘못을 시인하지 않으려는 인간의 악한 본성 때문에 흔히 일어나는 문제이며, 해명하기가 결코 쉽지 않은 문제이다. 실제로 잘못을 저지른 사람들은 자신의 잘못에 대해 책임을 인정하거나, 받아들이거나, 수용하려 하지 않는 완고한 의식을 나타내 보인다. 그러나 마태복음 18장의 예수님과 제자들의 토론은 용서에 대한 또 다른 접근방식을 우리에게 제시하고 있다.

예수님은 누군가가 당신에게 잘못을 저질렀다면, 당신은 그 사람에게 찾아가 그 사람의 잘못이 무엇인지를 설명할 필요가 있다고 말씀하고 계신다. 만약 그 사람이 자기의 잘못을 시인하지 않는다면, 한두 명의 사람과 함께 다시 찾아가서 잘못을 인정하도록 설득한다. 그래도 그 사람이 여전히 자기의 잘못을 시인하지 않는다면, 당신은 자신의 공동체에 그러한 사실을 알릴 필요가 있다고 예수님은 말씀하신다(아마도 예수님은 교회와 같은 신앙공동체를 말씀하고 계시는 것 같다). 이렇게 했음에도 그가 자기 잘못을 시인하지 않는다면, 그는 신앙공동체로부터 "이방인과 세리"와 같은 취급을 당하게 될 것이다(마 18:17).

누군가가 당신에게 잘못을 범하고도 자기 잘못을 인정하거나 받아들이지 않을뿐더러, 책임을 지지 않으려고 한다면 당신은 과연 어떻게 해야 하는 것일까? 그 해답은 결국 당신 자신 속에 있다는 것을 다시 한번 강조하고자 한다. 앞에서 다루었던 지나처럼, 당신도 또한 다른 사람 못지않게 자신에게 잘못을 저지른 사람을 용서하려는 강한 열망의 소유자인지도 모른다. 누군가의 잘못과 악행으로 말미암아 분노와 원한과 비탄, 격분으로 중독된 삶을 살고 있다면, 자신을 위해서, 또한 그것들을 마음속에서 완전히 제거하기 위해서, 당신에게는 용서가 절실히 필요한 것이다. 용서는 그들을 위한 것이 아니라 자신의 마음과 영혼을 치료하는 행위가 될 것이다.

그러나 마태복음 18장의 악한 종의 비유와 논쟁에서 당신이 결코 잊지 말아야 할 것이 있다. 즉 당신이 어디까지 용서받을 수 있는가에 대해 깊은 생각을 하게 될 때 비로소 누군가를 용서하는 것이 더 쉬워진다는 점이다. 용서란 당신이 다른 사람에게 베푼 치료의 선물이며, 이 선물을 종종 당신에게 똑같이 되돌아오는 선물이 되기도 한다. 거액을 주인에게서 탕감 받은 악한 종의 비유에서, 그 악한 종은 자신의 동료에게 소액을 빌려준 것은 명백한 사실이다. 그러므로 그에게는 반드시 받아야 할 권리가 있는 것이다. 그러나 그 종의 주인은 자신이 거액의 빚을 탕감해주었음에도 그는 자신의 동료의 소액의 빚을 탕감해주지 않은 것에 대하여 매우 강하게 질책했다. 그러므로 누구나 잘못을 저지르고, 누구나 용서를 받고 용서를 해야 할 이유가 바로 여기에 있다.

어떤 잘못은 누구나가 볼 수 있지만, 또 다른 잘못은 당한 사람의 눈에만 보일 수 있다. 누군가의 입장에서 잘못이라고 생각되는 것이 다른 사람의 입장에서는 잘못이라고 생각하지 않을 수도 있다. 당신이 저지른 일이 잘못인지 아닌지를 결정해야 한다면, 먼저 스스로의 입장에서 냉정하게 판단해 보라! 자신의 내면에서 일어나는 분노와 원망 때문에 매우 "민감하고 예민한" 심리상태라면, 당신은 그것에 관한 분노가 촉발될 것이고 상대에 대한 비난의 수위가 점점 더 강하게 발전하는 것을 느끼게 될 것이다. 이러한 비난의 감정은 정죄와 공격적인 관점의 조리개가 되어 상대를 쉽게 정죄하게 되는 원인을 제공하게 될 것이다. 상대에 대해 성급하게 판단하고 쉽게 공격성을 띠게 된다면, 당신은 결국 너무나도 쉽게 분노에 휩싸이는 존재가 될 것이다. 절제되지 않은 갑작스러운 분노의 표출은 당신이 자신의 감정을 조절하지 못할 뿐 아니라 오히려 감정의 노예로 전락하고 있음을 나타내는 것이다. 이러한 감정적 기제에 의해, 당신은 아주 사소한 일조차도 과다하게 확대 생산하는 결과를 초래하게 되며, 그 상황에 대한 진실을 왜곡하게 되는 것이다.

자신의 잘못을 인정하지 않기 때문에 용서를 받을 필요를 못 느끼는 사람이 있는 반면에, 아예 처음부터 자신의 행위가 왜 잘못인지를 모르기 때문에 용서받을 필요를 못 느끼는 부류도 있다. 이런 사람들을 이해시키고 설득하려는 노력으로 시간을 허비하기 전에 먼저, 당신은 또 다른 예수님의 비유를 통해 대안을 찾을 수 있을지도 모른다. 이 비유는 흔히 "눈 속의 티끌"이라고 불리는 비유이다.

청중들에게 자비를 권면하시기 위해 "너희 아버지의 자비로우심 같이 너희도 자비로운 자가 되라"(눅 6:36)라는 말씀을 전하신 예수님은 제자들에게 특히, 다른 사람의 약점을 살피는 것에 신중할 것을 다시 권면하신다. 예수님은 "먼저 네 눈 속에서 들보를 빼라 그 후에야 네가 밝히 보고 형제의 눈 속에 있는 티를 빼리라"라고 제자들에게 자신의 약점에 대한 성찰의 중요성을 강조하신다. 이 말씀은 실체로서의 진실, 진실처럼 보이지만 진실이 아닌 것이라는 앞선 우리의 논의를 떠올리게 한다. 다른 사람의 눈 속에 티끌이 있다는 것은 진실인가? 그렇다! 그것은 명백한 진실이다. 그러나 이것 못지않은 실체적인 진실은 당신의 눈 속에는 대들보가 있다는 것이다. 당신의 눈 속에 대들보를 빼내지 않는다면, 다른 사람의 눈 속에 있는 티끌을 절대로 빼낼 수가 없다는 것이 당신에게 훨씬 더 강력한 실체적인 진실인 것이다.

당신에게 잘못을 저질렀다는 사실을 애초부터 깨닫지 못했기 때문에 그가 자신의 잘못을 인정하거나 책임을 시인하지 못하는 사람들이 존재할 수 있다는 것을 당신이 먼저 인정할 수 있어야 한다. 그들이 자신의 잘못을 깨달을 수 있도록 그 문제에 대하여 명확하게 인지시키기를 원한다면, 당신은 먼저 자신의 잘못을 확인해야 하며, 그 상황의 진실을 냉정하게, 그리고 공정하게 판단해야 한다. 오해로 점철되고 단절된 관계의 대부분에서, 내가 발견할 수 있는 것은 도처에 널린 오만한 티끌과 대들보들이었다. 누군가 한 사람이 명백하고 확실한 잘못을 저질렀다고 인정다 하더라도, 그 잘못은 결국 또 다른 많은 사람들이 저지를 수 있는 것들이고, 누구나가 비난을 받을 수 있는 것에 지나지 않는다. 당신도 그런 상황에서 -눈에 "대들보"를 가진 사람으로서- 잘못을 저지를 수 있다는 것에 대하여 인정할 수 있다면, 다른 사람의 눈 속에 "티끌"이 있다는 것을 말해주는 것이 훨씬 더 쉬워질 수 있을 것이다.

누군가가 과거에 당신에게 잘못을 저질렀다는 것은 명백한 진실일 것이다. 당신에게 잘못을 저지른 누군가가 자신의 잘못에 대한 책임을 받아들이지 않거나 용서의 필요성을 인정하지 않는다면, 당신은 자신의 내면적인 치료를 위해 용서할 대상을 선택할 수 있을 것이다. 이것은 당신이 용서해줄 의사가 있는 사람과의 관계를 새롭게 모색하고자 하는 것을 의미하는 것이 아니다. 마태복음 18장에서 예수님이 비유로 말씀하신 것처럼, 그들이 자신의 잘못을 시인하지 않음으로 당신과의 관계가 단절되는 것은 당연하고 자연스러운 것이다. 당신과의 단절은 머지않아 그들에게는 후회로 나타나게 될 것이다. 그들이 자신의 잘못을 시인하고 돌아온다면, 예수님이 말씀하신 것처럼 그들은 "형제를 얻은" 사람이 될 것이다(마 18:15). 당신은 그들이 자신의 잘못을 진정으로 뉘우치고 참회할 때까지 기다리면서, 용서라는 은총을 베풀어줄 수 있는 선택권자가 될 것이다.

용서의 실천은 자신도 모르게 상대방의 참회와 관계의 복원이라는 연속적인 반응을 이끌어내는 능력을 가지고 있다. 용서가 즉각적이고 연속적인 효과를 나타내지 않은 것처럼 보인다고 해서 아무런 일이 일어나지 않고 있는 것이 아니다. 용서에 대하여 당신이 알아야 할 가장 중요한 점은 용서와 기도는 무엇보다도 당신의 존재를 변화시킨다는 것이다. 용서와 기도가 당장에 다른 사람을 변화시키는 현실적인 현상이 나타나지 않을지라도 무한히 잠재적인 가능성을 내포하고 있는 것이 된다. 넨시 리 디모스(Nancy Lee DeMoss)는 자신의 책 『용서의 선택: 자유를 향한 여행』(Choosing Forgiveness: Your Journey to Freedom)에서 "당신이 용서의 결과를 보지 못하고 있을 때에도, 하나님이 당신에게 원하시는 바를 당신이 여전히 행하고 있다는 것을 깨닫게 될 것이다"라고 말하고 있다. 당신뿐만 아니라 그 누구라도 용서를 받아들이는 것에 순종하는 사람이라면, 하나님의 거룩한 권능이신 용서는 상상할 수 없는 엄청난 변화를 그들에게 가져다 줄 것이다.

**내가 누군가를 용서한다면, 내게 상처를 준 그에게 꼭 무언가를 해야 한다는 것을 의미하는 것일까?** 당신이 누군가와 일정한 관계를 유지하고 있다면, 그 관계는 항상 당신에게 손상을 줄 수 있는 관계라는 것을 명심해야 한다. 왜냐하면, 인간의 본성이 그러한 결함을 항상 가지고 있기 때문이다. 용서는 언제나 관계의 회복을 담지하고 있다. 당신은 어쩌면 용서를 통해 관계가 회복된다면 다시는 과거와 같은 상처와 손상이 일어나지 않을 것이라는 것을 보장받기를 원하겠지만 현실은 결코 그렇지가 않다는 것을 말하고자 한다.

그러나 용서를 통해 관계가 회복된다면, 그 관계는 관계의 건강한 유지를 위하여 당신이 지켜낼 수 있는 영역과 한계를 분명하게 설정하는 계기가 주어질 것이라는 것은 분명하다. 이러한 한계와 구분을 분명히 한다고 해서 관계에서 발생하는 모든 고통을 다 해소할 수는 없지만, 과거보다는 훨씬 더 빠르고 명쾌하게 그 문제의 핵심을 파악해 낼 수 있는 능력을 가지게 될 것이다. 이것은 변화를 원하는 사람들에게 주어지는 혜택이다. 미리 그의 행동이 어떻게 당신에게 상처를 주게 되는지를 당신이 깨닫게 되더라도, 그러한 그의 행위가 "당장에 중지" 되지는 않을지도 모른다. 그러나 당신의 편에서 본다면, 서로의 변화의 능력은 좀 더 많은 인내심과 노력과 시간과 좀 더 많은 용서와 관용을 요구하는 관계가 될 것이다.

나의 생각으로는, 하나님이 우리에게 용서를 위한 너무나도 즉각적인 변화를 요구하지 않는 것이 얼마나 감사한 일인지 모른다. 하나님은 우리의 죄를 용서하여 주시고 우리에게 관용을 베풀어 주신 예수님의 방식처럼, 당신도 또한 자신의 목표를 예수님의 방식으로 이루시고 행하시기를 원하시고 그 길을 허락하신다. 하나님은 자신이 누구이신지를 너무나도 잘 아시고 계신 분이시기 때문에 우리에게 이렇게 요구하실 수가 있다. 하나님은 당신과 깊은 교제를 나누시기를 원하시며, 그는 자비와 용서가 많으신 분이시며, 심지어 당신과의 교제에 필요하시다면, 491번이라도 기꺼이 당신의 죄와 잘못을 용서할 생각을 하고 계시는 분이시다.

==누군가가 나에게 잘못을 용서해 주겠다고 한다면, 당신은 기꺼이 그에게 용서를 요청할 용의가 있는가?== 마태복음 18장의 말씀을 정말로 마음에 받아들인다면, 당신이 네! 라고 대답해야 한다. 하나님은 당신에게 잘못을 용서해 달라고 요청하는 사람에게 기꺼이 그렇게 하기를 원하신다. 당신이 다른 사람을 용서하는 평가와 판단은 사실은 하나님의 판단이며, 하나님의 이러한 판단과 평가는 당신에게도 똑같이 적용되는 것이다. 나의 잘못과 죄를 당신에게 털어놓을 수는 없지만, 하나님께로 나아가 기도를 통해 그분에게 나의 죄와 잘못을 털어놓을 수는 있는 것과 같은 것이다. 매 순간 나는 그분에게 용서를 구하면, 그분은 나의 기도를 들어주시고 나에게만 용서를 이루어 주신다. 요한일서 1:9의 말씀에서 하나님은 "만일 우

리가 우리 죄를 자백하면 그는 미쁘시고 의로우사 우리 죄를 사하시며 우리를 모든 불의에서 깨끗하게 하실 것이요"라고 말씀하신다. 하나님이 당신의 죄를 용서하시는 것에 신실하신 분이시라는 것을 당신이 인정한다면, 당신도 또한 다른 사람을 용서하는 것에 신실한 존재가 되어야 한다. 이러한 의미의 맥락은 이 장의 서두에서 인용한 갈라디아서 3:13을 용서의 의미에 보다 적합하게 적용한 것이다.

**더 이상 관계를 지속하지 않는 대상도 용서의 대상이 될 수 있는가?** 과거에 당신에게 저질렀던 자의 잘못을 용서하지 않는다면, 당신은 여전히 그와의 관계를 계속하고 있는 셈이 된다. 즉 그의 잘못이라는 고리에 걸린 채 계속적으로 끌려가고 있는 것이다. 그의 잘못을 용서하지 않음으로, 여전히 발생하는 분노의 고리에 걸린 채 끌려가는 비극적인 관계가 되고 있다. 그 사람과 다시 만나거나 서로 이야기를 하지 않더라도 여전히 그 관계의 고리는 연결되어 있는 것이다.

이런 상황은 특히 사망한 부모나 친척을 둔, 장성한 자녀들에게서 빈번하게 나타나는 실제적인 현상이다. 그들에게 잘못을 끼친 부모들은 이미 죽어서 원망의 대상이 사라졌다 하더라도, 그들의 의식 속에 잠재된 분노와 원망은 결코 쉽게 사라지지 않는다. 자신의 분노와 원망을 해소할 대상이 자신들의 곁에서 사라짐으로, 상처와 분노는 오히려 더 다양한 양상을 띠면서 내면에서 심각하게 곪아가게 된다.

산송장이나 다름없는 분노와 해결되지 않은 원망이 무슨 의미가 있겠는가? 당신에게 잘못을 저지른 사람이 죽었지만, 내면에 해결되지 않은 분노와 원망이 당신을 계속적으로 고통스럽게 하고 있다면, 이 문제를 푸는 최고의 방법은 그를 용서하고 당신의 마음에 속박된 고리를 풀어 망자의 자리로 돌려보내는 것이다. 고통의 크기가 너무 크고 깊어서 용서하기가 결코 쉽지 않다면, 먼저 그를 이해하려는 것에 마음을 쏟아야 한다.

정신적 외상의 정도를 이해하기 위한 치료과정과 상담에 참여한 한 여성에게, 유년기 때 부모가 자신에게 저지른 잘못들에 대해 기억을 떠올려 보기를 나는 요청했다. 장성한 성인들의 부모로부터 받은 손상은 대부분 유년기로 거슬러 올라가게 된다. 그곳은 자신에게 어떤 끔찍한 일들이 일어났었는지, 장소는 어디였었는지, 또는 그런 잘못을 저지른 사람이 누구인지가 고스란히 저장되어 있는 곳이기도 하다. 순수한 한 영혼이 어떻게 훼손되고 뒤틀리게 되었는지의 비극적인 이야기가 기록된 곳이다. 이런 종류의 유년기적인 손상은 말로 다할 수 없는 엄청난 상실감을 초래하게 된다. 뒤틀리고 병든 영혼에 의해 저질러진 악행으로 말미암아 절망의 올가미에 희생양이 되고만, 안타까운 한 여자의 비극적인 유년기가 지워지지 않은 채, 층층이 저장되어 있다. 때때로 이 저장된 기억들은 분노와 원망의 깊은 골을 개방하고 반드시 헤쳐 나가야 할 과제로서 용서와 이해의 빛을 우리에게 제시해줄 수 있는 비밀의 공간이기도 하다.

유년기의 무의식 속에 저장된 분노와 원망의 대상이 더 이상 존재하지 않는다면, 당신은 용서라는 능력을 실천할 수 있게 될 것이고 내면화된 고통도 사라지게 될 것이다. 본래의 열등하고 상처받은 자신이 아닌 항상 다른 사람인 것처럼 행동하거나, 실제의 자기 존재보다 또 다른 누군가로 변장하려는, 그리고 내면 깊은 곳에 너무나 뿌리 깊게 자리 잡아서 이제는 마치 그것이 사실로 착각하게 만드는 유년기적 허상을 당신은 과감히 버려야만 한다. 유아적이며, 퇴행적인 자기 존재의 왜곡된 이미지를 해체하는 것만이 자기 존재의 진실을 제대로 볼 수 있고, 잠재되었던 유아기적 의식을 떨쳐 버릴 수가 있게 된다.

**나에게도 책임이 있다면, 용서의 바람을 철회해야만 하는 것인가?** 이것은 당신에게도 일정 부분 잘못에 대한 책임이 있다고 생각하는 사람들이 주장하는 논리이다. 나에게 책임이 없다는 사실을 완전하게 해명하지 못하게 된다면, 그는 당신의 잘못에 대한 부분이나 영역을 점차 확대함으로 비난과 책임을 당신에게 전가시키려고 할 것이다. 책임과 비난을 회피하기 위해 그는 잘못의 이해관계의 외연을 점점 더 확대시키고자 할 것이다. 이런 비열한 시도는 흔히 목격할 수 있는 것일 뿐 아니라, 누구나 걸려들 수밖에 없는 함정이 된다. 누구나 자기 몫의 책임이 있기 마련이다. 또한 누구나가 자기 몫의 잘못을 인정할 수밖에 없게 된다.

잘못이 있다면, 당신은 자신의 잘못을 솔직히 인정하고, 받아들이고, 그리고 그에게 용서를 빌어야 한다. 그러나 당신이 잘못을 인정하는 것이 곧, 당신에게 잘못을 끼친 사람이 용서를 구하지 않아도 된다는 것을 의미하는 것은 아니다. 당신보다 훨씬 더 크고 엄청난 잘못을 저지른 사람이 자신의 잘못을 방어하고 덮기 위해서 상대적으로 사소한 당신의 잘못을 침소봉대하고 강한 비난과 책임을 전가하려는 비열한 태도를 결코 간과해서는 안 된다. 만약 누군가가 당신에게 이런 비열한 시도를 한다면, 그는 자신의 책임을 감당하지 않으려는 매우 야비한 인간임이 틀림없다. 그들은 진실을 자기의 것으로 받아들일 준비가 전혀 되어있지 않은 사람이다. 그가 당신과 이견이 없이 자기의 잘못을 시인하고 책임을 인정하는 사람이라면, 그는 진실을 수용할 준비가 된 사람일 것이다.

**누군가를 용서할 의향이 없다면 무슨 일이 생기게 되는 것일까?** 당신의 의향이 정말로 그렇다면, 차라리 그런 마음을 솔직하게 인정하는 편이 훨씬 더 나을지도 모른다. 자신의 마음을 정직하게 인정하고 그런 생각이 당신을 지배하고 있음을 시인하는 것이다. 용서는 실현을 위해 기도와 숙고와 실천을 필요로 하는 어려운 일이다. 그러므로 상처와 고통이 깊으면 깊을수록, 용서를 실천하는 데는 더 많은 시간을 필요로 한다.

용서란 거룩한 하나님의 역사하심이기 때문에, 어쩌면 당신과 하나님 사이의 문제일 수도 있다. 용서는 영혼의 거룩함을 지향하는 성찰이다. 먼저 당신은 하나님 앞에 닫아놓은 마음의 문을 열어야 한다. 그리고 다른 사람들과 함께 이 용서의 여정을 걸어가기로 작정해야 한다.

에베소서 4:2의 말씀은 "모든 겸손과 온유로 하고 오래 참음으로 사랑 가운데서 서로 용납하는" 능력을 당신이 갖출 것을 요구한다. 용서를 위해 당신이 꼭 필요로 하는 이 강력한 수용력과 인내를 위해 희생하는 시간은 결코 당신을 배신하지 않을 뿐만 아니라, 머지않아 당신을 목적지에 도달하게 하는 귀중한 도움이 될 것이다. 누군가가 지금 당장 당신에게 용서를 받아야 할 필요성을 못 느끼고 있다면, 또한 당신에게 용서를 구하기 위한 시간이 필요하다고 말하고 있다면, 이것은 그가 당신과의 관계를 회복하거나 복원을 위해 준비 작업을 하고 있다는 매우 중요한 신호가 될 것이다.

**용서에 반성은 무슨 역할을 하는 것인가?** 당신에게 용서를 위한 인내의 시간이 필요하다면, 용서를 받아야 하는 사람에게는 자신의 행동을 반성하는 시간이 필요할 것이다. 용서를 위해 감당해야 하는 가장 힘든 것 중의 하나는 가해한 상대방과 그의 행동을 용납하는 것이다. 그에게는 자신의 악행과 그것에 의한 고통의 정도를 이해하고 그것을 마음속에 수용하는 시간을 필요로 한다. 반성을 의도하지 않는 시간의 소비는 결국 아무것도 얻지 못하게 한다. 즉 시간이 필요하다는 것은 반성을 위한 숙고와 자신의 잘못을 이해하는 시간을 필요로 한다는 것을 의미한다.

이것은 바로 하나님이 당신을 다루시는 방법이다. 하나님이 어떤 분이신지, 얼마나 거룩한 분이신지를 더 많이 배우고 깨달을수록, 당신은 자신이 얼마나 낮고 천한 존재인가를 더 많이 깨닫게 된다. 그러나 하나님은 이런 일로 당신을 정죄하지 않으실 뿐 아니라 오히려 당신이 자신에 대하여 더 많이 성찰하고 회개할 수 있는 시간을 허락하신다. 베드로후서 3:9의 위로 말씀에 귀를 기울여야 한다. "주의 약속은 어떤 이들이 더디다고 생각하는 것 같이 더딘 것이 아니라 오직 주께서는 너희를 대하여 오래 참으사 아무도 멸망하지 아니하고 다 회개하기에 이르기를 원하시느니라" 반성과 회개는 관계의 회복과 화해를 이루게 한다. 이것은 매우 귀중하고 복된 삶의 목적이 된다. 그러므로 반성과 회개는 기다릴 만한 가치가 있다. 용서를 향한 아름다운 여정을 묵묵히 걸어가게 될 때, 마침내 누군가가 자신의 잘못을 온전히 깨닫고 용서를 구하기 위해 당신에게로 나오는 일이 생기게 될 것이다. 화해와 관계의 회복은 용서와 회개의 조우를 통해서 이루어진다.

안타깝게도, 자신이 당신에게 저지른 악행에 대하여 절대로 회개하지 않는 사람들도 있다는 것도 사실일 것이다. 그들은 자신의 악행에 대하여 결코 인정하지 않을 뿐 아니라 결국은 자기 기만적인 존재가 된다. 이런 일들은 명백히 당신의 용서의 여정을 저지하려 들겠지만, 절대로 용서의 여정을 포기해서는 안 된다. 그에게 반성과 회개는 불가능한 일일지는 모르지만 용서와 이해의 능력은 언제나 당신의 것이 될 것이다. 그는 자기기만과 완고함의 진창에 남아있는 삶을 선택하는 것이지만, 당신은 모든 분노와 비탄에서 해방된 존재가 될 것이다.

**나는 정말로 악을 용서하기를 요구하는가?** 악은 절대로 용서받을 수 있는 것이 아니다. 악은 반드시 악이라고 말하고 우리가 싸워서 이겨야 할 대상이다. 악은 결코 정당화되거나 경시될 수 없다. 악한 행위는 파멸적인 결과를 초래한다. 악은 하나님과 양립될 수 없다. 악은 용서를 통해 공존할 수 있는 것이 아니다. 악은 결코 용납될 수 없다. 단지 악은 부딪쳐서 싸워야 하는 것이고 제거해야 하는 것이다.

당신은 죄의 원천으로서의 악과, 악을 저지르는 사람 사이를 구분할 수 있는 사람이 되기를 바란다. 에스겔서에서는 악을 저지르는 사람들에 대해 경고의 말씀을 선포하고 있다. 우리는 악한 사람이 저지른 악행 때문에 그는 구제할 수 없는 악인이라고 생각하기 쉽다. 그러나 이것은 성경의 관점은 아니다.

아래에 인용된 말씀을 읽으면서 특히 당신에게 악을 행한 사람을 생각해보는 시간을 가져보자! 당신이 보기에 너무나 악하고 도저히 구제할 수 없다고 생각하는 사람을 떠올리면서 이 말씀을 읽어보도록 하자! 아래에 인용된 말씀은 하나님의 관점을 대변하고 있다.

> "그러나 악인이 만일 그가 행한 모든 죄에서 돌이켜 떠나 내 모든 율례를 지키고 정의와 공의를 행하면 반드시 살고 죽지 아니할 것이라 그 범죄한 것이 하나도 기억함이 되지 아니하리니 그가 행한 공의로 살리라 주 여호와의 말씀이니라 내가 어찌 악인이 죽는 것을 조금인들 기뻐하랴 그가 돌이켜 그 길에서 떠나 사는 것을 어찌 기뻐하지 아니하겠느냐"(겔 18:21-23).

그렇다! 악은 결코 용서될 수 없다. 그러나 악을 저지른 사람은 용서받을 수 있다. 역대하 7:14에서 말씀하신 것처럼 악을 행한 사람이 그 악한 행실을 버리고 회개한다면, 그는 용서받을 수 있는 것이다. 당신에게 악을 행한 사람을 본다면, 당신은 아마도 복수하려는 마음으로 불타오를 것이다. 그러나 하나님은 복수로 그 행위를 갚으려 하지 않으시고 회개하기를 원하신다. 하나님은 악인이 그 행위와 삶을 버리고 하나님께로 돌아설 때, 한없이 기뻐하신다.

당신에게 악을 행한 사람에게 복수를 택할 것인지 회개를 요구할 것인지를 생각할 때, 당신은 요나가 아니라 하나님의 방식으로 해야만 한다. 선지자 요나는 하나님으로부터 부름을 받아 니느웨 백성들이 자신의 죄를 회개하도록 권면하는 소명을 받았다. 이것은 선지자로서 매우 설레며 흥분되는 소명이지만 요나는 하나님의 명령을 거역했다. 그러므로 요나는 바다로 도망가게 되었고 하나님의 징계를 받아 큰 물고기에게 삼켜지고 어두운 고기 뱃속에서 몇 날을 지내면서 하나님의 부르심에 거역한 자신을 다시 한번 돌이키는 계기를 가지게 되었다.

요나가 고기 뱃속에서 육지에 토해 내어졌을 때, 그는 여전히 하나님을 원망하고 있었다(욘 4:1). 요나는 왜 하나님을 원망하고 있었을까? 그는 이스라엘의 원수인 니느웨에게 회개를 기대한 것이 아니라 복수하기를 원했기 때문이다. 그는 니느웨가 구원받기를 원하지 않고 하나님의 형벌로 파괴되기를 원했던 것이다. 불만이 가득한 요나는 햇빛이 내리쬐는 광야에 앉아서 "여호와여 내가 고국에 있을 때에 이러하겠다고 말씀하지 아니하였나이까 그러므로 내가 빨리 다시스로 도망하였사오니 주께서는 은혜로우시며 자비로우시며 노하기를 더디하시며 인애가 크시사 뜻을 돌이켜 재앙을 내리지 아니하시는 하나님이신 줄을 내가 알았음이니이다"(욘 4:2) 라고 끝없이 하나님을 원망하고 불평하고 있었다. 당신은 요나처럼 하나님 앞에 불평을 쏟아 놓는 존재가 아니라, 하나님을 어떤 때라도 찬양할 수 있는 존재로서의 영적인 태도와 믿음의 골격을 갖추고 있어야 한다.

하나님은 요나가 실체적인 진실을 체험하고 깨닫게 하기 위하여, 땡볕에 노출된 그에게 덩굴나무를 보내시고 그 나무가 급격하게 자라서 햇볕을 가릴 수 있도록 해 주신다. 그리고 그렇게 빨리 자란만큼 또한 벌레가 갉아서 급격하게 덩굴이 말라죽게 만드신다. 그러자 요나는 덩굴이 급격이 말라서 햇빛을 피할 수 없게 된 것에 대해 하나님께 맹렬하게 화를 낸다. 화를 내는 요나를 보신 하나님은 요나서 4:9에서 "네가 이 박넝쿨로 말미암아 성내는 것이 어찌 옳으냐"라고 요나의 태도를 책망하시자 요나는 "내가 성내어 죽기까지 할지라도 옳으이다"라고 불만이 가득 찬 태도로 하나님의 말씀에 결사적으로 반박한다. 요나는 지금 하나님이 하시는 모든 것에 불만이 가득하다. 덩굴을 말라죽게 한 것도, 니느웨를 멸하심으로 그들의 악행을 징계하지 않으시고 오히려 그들을 구원하시려는 것도, 자신을 복수의 화신으로 삼지 않으시고 니느웨가 회개하도록 하나님의 경고의 말씀을 전하는 선지자로 삼으신 것조차도 요나는 참을 수 없는 분노가 되고 있다. 그는 너무나 화가 나서 차라리 죽기를 하나님께 요구했다.

요나가 더 이상 할 말이 없게 되었을 때, 하나님은 그에게 하나님의 뜻을 깨달을 수 있는 시간을 허락하셨다. "여호와께서 이르시되 네가 수고도 아니하였고 재배도 아니하였고 하룻밤에 났다가 하룻밤에 말라 버린 이 박넝쿨을 아꼈거든 하물며 이 큰 성읍 니느웨에는 좌우를 분변하지 못하는 자가 십이만여 명이요 가축도 많이 있나니 내가 어찌 아끼지 아니하겠느냐 하시니라"(욘 4:10-11). 인간이 아무리 악행을 저지른다 하더라도 하나님은 언제나 그들에게 긍휼과 자비를 베풀기를 원하신다는 것을 요나가 깨닫고, 자신의 분노를 내려놓기를 원하신다.

그렇다! 악은 결코 용서될 수 없다. 그러나 악을 저지른 사람은 용서받을 수 있다. 그들은 하나님의 긍휼의 대상이다. 그들이 회개라는 엄청난 기적을 그들의 삶에서 경험할 수 있도록 하나님은 친히 역사하시고 개입하시며, 탄식하신다. 악은 모양이라도 용납할 수 없고 혐오스러운 것이지만, 지적도 분간하지 못하는 어리석음과 그들의 패역한 행위로 말미암아 창궐하는 악과 죄로 말미암아 절망의 노예가 되는 것을 불쌍하게 여겨야 하는 것이 바로 우리의 소명이다.

우리에게 악을 행하고 죄를 저지르는 많은 사람들을 살리고 회개하도록 해야 하는 것이 바로 하나님의 계획하심이며 섭리인 것이다. 악은 절대로 용납될 수 없지만, 악을 행한 인간은 구원받을 수 있는 기회를 가질 수 있어야 한다. 이것은 하나님의 구원사역의 핵심적인 섭리이다. 나는 당신이 자신에게 악행과 죄를 저지른 사람들이 회개하고 변화할 수 있음을 깨닫고 실제로 체험하는 은혜로운 존재가 되기를 간곡히 바라며, 전심으로 기도하고자 한다. 당신이 자신에게 악을 행한 사람과 동행하는 것은 그저 악을 행하고 있는 그와 재결합되는 것이 아니라 하나님의 구원사역 안에서만 가능한, 진정한 회개와 화해를 통해서 이루어지는 거룩한 일이다.

## 자신을 용서하기

**어떻게 자신을 용서할 수 있는가?** 이 작업을 해온 지난 수년간 자신을 귀하고 은혜로운 존재로 인정하는 것에는 실패한 여자들이 다른 사람을 용서하고 엄청난 사랑을 쏟아 붓는 것을 보면서 어떻게 저런 일이 일어날 수가 있는지 나는 놀라지 않을 수가 없었다. 그들은 다른 사람을 축복하면서도 자신에게는 저주를 퍼부었다. 이것은 하나님께서 원하시는 바가 아니다. 야고보서 3:10에서 "한 입에서 찬송과 저주가 나오는도다 내 형제들아 이것이 마땅하지 아니하니라"라고 말씀하신다. 어떻게 하나님을 찬미하는 입에서 타인을 저주하는 일이 일어날 수가 있는가라는 것에 대한 반문이다. 이 말씀은 다른 사람을 용서하고 축복하면서도 자신에 대해서는 끊임없는 비난과 자책과 수치심을 일으키는 저주를 일삼는 부정적인 자의식에도 여전히 적용될 수 있다.

앞장에서, 당신은 완벽주의의 저주에 관한 내용을 읽어본 적이 있을 것이다. 완벽주의는 당신에게 결코 휴식을 허락하지 않는다. 완벽주의에 대한 불굴의 의지와 요구는 결코 느슨해질 수가 없다. 완벽주의는 자신의 불완전함을 결코 용서하지 않고 끊임없이 앞으로 전진하기 위해 자신을 채찍질하게 된다. 너무나 냉혹하게도 자신에게 조금의 여유도 부여하지 않으려고 한다. 완벽주의를 이루기 위한 압박은 너무나도 냉혹하다. 이것은 결코 조금의 여유나 휴식이 존재하지 않는다.

이러한 압박은 결국 분노와 절망을 자신에게 안겨준다. 이러한 분노와 절망은 종종 외부로 표출되기도 하지만, 자신의 내면에도 심대한 영향을 끼치게 된다. 완벽주의는 자신을 저주하게 만드는 원인으로 작용한다. 어떻게 하면 자신을 용서할 수 있는가를 배우는 것은 완벽주의의 저주로부터 자유함을 얻을 수 있는 좋은 방법이 된다. 마치 하나님의 축복과 은총처럼, 당신을 사랑하시는 하나님은 당신이 자신을 저주하는 삶을 살기를 원하지 않으신다. 하나님은 용서와 호의와 관대함으로 자신의 존재와 진실을 수용하고 사랑하기를 진정으로 원하신다.

내재된 완벽주의를 인정하고 그 진실을 수용해야 할 또 다른 명백한 이유가 있다. 자신의 삶이 완벽하지 않을 수 있다는 진실을 받아들일 수만 있다면, 반드시 이루고야 말겠다는 집착어린 과거의 꿈과 허상의 삶에 대한 강력한 전략적 행위를 과감히 포기할 수도 있다. 나는 당신이 이런 전략적인 의도를 포기하는 사람이기를 원한다. 당신이 추구하는 완벽주의는 결코 진실이 아니다. 이런 집착은 과거에도 진실이 아니었고 오늘날에도 진실이 아니며, 미래에도 결코 진실이 될 수 없다. 그것들에 집착하면 할수록, 그것들은 나의 시야에서 점점 더 멀어질 뿐이다. 온전한 진실과 진실처럼 보이는 것 중에서 진실한 것처럼 보이는 당신의 집착과 욕망된 모든 것들을 폐기하고 온전한 진실을 받아들이기를 갈망해야 한다.

자신을 용서하는 것처럼 누군가를 용서하는 것이 더 쉽다고 생각된다면, 한번 실천에 옮겨보라! 자신의 잘못을 자책하는 것에 너무나 익숙해진 당신이라면, 누군가를 용서할 기회는 그만큼 많이 생기게 될 것이다. 끊임없이 실천하고 또 실천해보라! 그리고 요나에게 하신 하나님의 말씀을 상기해보자! 용서받을 수 없는 니느웨 사람들은 하나님의 긍휼로 용서함을 받게 되었다. 하나님은 수백, 수천 명의 니느웨 사람들 각자에게, 요나에게 허락하셨던 넝쿨나무를 허락하시고 자라나게 하셔서 그들을 덮으셨다. 하나님은 니느웨 사람들조차도 회개하기를 원하셨다. 당신도 또한 하나님 앞에는 한 사람의 범죄한 인간에 지나지 않는다. 그럼에도 불구하고 하나님의 자비와 긍휼과 사랑을 받게 되었다. 하나님은 당신을 창세 전에 택하셔서 부모의 뱃속에 착상되게 하시며(시 139편) 자라나게 하셨다. 하나님은 당신에 대한 관심이 많으시다. 하나님은 당신을 사랑하시며, 그가 이미 당신의 죄를 다 용서하신 것처럼 당신도 자신을 용서하시기를 원하신다.

## 자신에게 쓰는 메모

이제 용서를 실천할 때가 되었다. 나는 당신이 자신에 대한 용서를 삶 속에서 실천하기를 바란다. 삶을 되돌아 보면서 당신이 저질렀던 실수와 악행, 누군가에게 상처를 주었던 태도를 찬찬히 생각해보는 기회를 가져보기를 바란다. 누군가가 나의 행동으로 말미암아 상처받았던 것부터 생각해보라. 어떤 내용과 항목을 작성할 것인가는 전적으로 당신이 결정해야 할 사안이다. 자신의 행위에 대한 다른 사람의 생각과 판단을 들은 후, 그것에 대하여 자신이 어떻게 느꼈는가에 따라 결정해야 할 사안이다. 자신의 과거 행위와 행적에 대해 정직해야 한다. 그렇게 한다면 그러한 상황에 다른 사람의 행위도 또한 적용할 수 있을 것이다.

보다 구체적이 되도록 해야 한다. 왜, 언제, 그리고 무엇이 자신에게 일어나게 되었는지를 구체적으로 서술해야 한다. 누군가에게 상처를 주었다고 믿었던 행동의 일반적인 형태나 특별한 사건을 선별해야 한다. 후회가 되거나 반성해야 하는 일에 대하여 자신의 마음을 솔직하게 개방해야 한다. 과거의 행동이나 잘못을 생각할 때, 정말로 미안하거나 후회스러운 것은 무엇인가? 지금 한번 작성해보도록 하자.

### 왜 나는 누군가로부터 용서를 받아야만 하는가?

1.
2.
3.
4.
5.

위에 작성된 사안들을 살펴보면서 잘못을 저질렀던 사람에게 가서, 그에게 잘못을 용서해달라고 요청할 수 있는지를 한번 생각해보라. 만약 당신이 그에게 잘못을 용서 빌었을 때, 그가 어떤 반응을 보일 것이라고 생각하는가? 그에게 용서를 빌지 못한다면, 무엇이 장애물이 된다고 생각하는가? 두려움, 분노, 수치, 죄책감 등 무엇이 원인이라고 생각하는가? 아래에 한번 적어보도록 하자.

### 용서를 구하고자 할 때 부딪치는 내적인 장애물

1.
2.
3.
4.
5.

위의 장애물들을 살펴보면서, 나는 당신이 각각의 장애물과 문제 극복을 위한 실행 계획들과 대안을 준비해 보기를 원한다. 준비는 아래와 같은 과정을 내포해야 할 것이다.

- 자신만의 기도로 준비해야 한다.
- 이러한 장애물을 극복하기 위해 진정으로 당신을 도울 수 있고 협력할 수 있는 기도의 동역자를 찾아야 한다.
- 용서를 요청하기 위해서 그에게 어떻게 나아갈 것인지를 결정하라! 전문적인 치료사, 상담 목회자, 신뢰할 만한 친구와의 협력 등, 이 과정을 성공하기 위한 지혜로운 상담자가 반드시 당신에게 필요하다.
- 그에게 용서를 요청함으로써 당할 수 있는 고통이나 어려움을 담담하게 받아들여라!

그중에는 당신이 더 이상 용서를 요청할 수 없는, 사망했거나 관계가 단절된 사람들도 있을 것이다. 이런 경우, 그들로부터 받아야 하는 용서를 당신이 대신 용서해야 한다. 당신은 그들에게 용서를 요청하는 사람이면서 동시에 그들을 대신해서 자신을 용서할 수 있어야 한다. 그러나 이런 시도를 할 때 명심해야 하는 것은, 당신에게 악행을 당한 사람이 당신을 용서하는 과정보다 당신이 자신을 용서하는 과정이 훨씬 더 힘들고 가혹할 수 있다는 것을 각오해야만 한다. 삶 속에서 때때로 우리는 자신의 잘못이나 과오를 연민을 가지고 용서해야만 하는 힘들고 곤욕스러운 과정이 존재할 수 있다. 이런 과정을 통해서 우리는 자신을 진정으로 사랑하고 용서하는 것을 배우게 된다.

다른 사람은 모르거나 말할 수 없는, 그러나 자신 속에서 격렬하게 반목하거나 갈등을 일으키는 내면적인 모순과 대립적인 것들을 한번 생각해보라! 이것은 당신이 자신 속에 존재하는 어떤 것에 대해 매우 싫어하는 것이거나, 자책하는 것이거나, 반목하는 어떤 것이기도 하다. 하나님은 당신이 다른 사람을 싫어하거나 가학하지 않기를 원하듯이, 자신을 혐오하거나 정죄하는 삶을 살지 않기를 원하신다. 십계명은 네 이웃을 네 몸과 같이 사랑하라(레 19:18)고 말씀하고 있다. 이 십계명의 말씀은 역설적으로 네 이웃을 사랑하는 것을 마치 네 몸을 사랑하듯이 하라고 말씀하고 있는 것이다.

**용서해야만 하는 내 자신의 어떤 것들**

1.
2.
3.
4.
5.

하나님은 당신을 포함한 모든 인간을 사랑하시고 긍휼을 베푸시기를 원하신다. 하나님은 당신을 포함한 모든 인간이 자신에 대한 용서와 회개를 통해 하나님께 나아오기를 원하신다. 만약 당신이 하나님께 용서를 빌기만 하면, 하나님은 언제나 당신을 용서하실 것을 약속하셨다(엡 1:7). 당신의 죄를 용서하시는 능력이 하나님께 있는 한, 당신은 자신에 대한 하나님의 용서를 거역할 수가 없다. 자신의 잘못을 용서하지 않는 행위는 예수님의 구원사역을 부정하는 것이며, 하나님의 섭리와 뜻을 배반하는 것이다. 당신의 죄책과 수치를 용서할 수 있어야 한다. 하나님의 용서를 수용하고 그 힘이 자신의 것이 되도록 해보라. 하나님의 위대하시며 영원하신 긍휼하심으로 돌봄을 받고 자라가는 존귀한 자녀들과 영혼처럼 하나님의 긍휼하신 안목으로 당신 자신을 살펴보라!

자신을 정죄하지 않고 용서하는 위대한 능력과 하나님의 용서하심을 인정하며 충만하게 이해함을 통해 나는 당신이 자신에게 잘못을 저지른 모든 사람에게도 이와 같은 은혜를 나눌 수 있기를 바란다. 나에게 화해가 일어날 수 있을지를 가늠해 보라! 그리고 아래의 질문에 대답해보라!

- 나에게 잘못을 저지른 그는 그의 행위에 대해 책임을 감당할 수 있는 사람인가?
- 나는 나의 고통의 아픔과 깊이에 관해 그에게 한 번이라도 언급해본 적이 있는가?
- 내가 누군가에게 용서를 구한다면, 그는 어떤 반응을 보일까?
- 내가 누군가에게 용서를 구할 수 없다면, 무엇 때문일까?
- 내가 지금 누군가에게 용서를 구하지 못한다면, 나중에라도 용서를 구할 수 있는 기회를 다시 가질 수 있을까?
- 내가 용서를 구해야 하는 그 사람이 더 이상 이 세상 사람이 아니라면, 내가 해야 할 일은 무엇일까?
- 진정한 용서를 위해, 그가 좀 더 깊은 참회의 시간을 갖도록 기다려야만 하는가? 시간이 필요하다면, 그에게 얼마의 시간을 더 허락해야만 하는가?
- 만약 그가 나에게 저지른 잘못을 깨닫지 못하거나 이해하지 못한다면, 그와의 관계를 지속하기 위해 과거의 상처를 묻어두고 그를 용납해야만 하는가? 그렇게 할 의향이 없다면, 앞으로 나는 어떻게 해야만 하는가?
- 앞으로 현실적으로 가능한 참회와 반성, 그리고 진정한 화해를 위해서 지금 내가 해야 할 일은 무엇인가?

나는 당신이 진정한 참회와 화해가 당신의 삶 속에서 어떤 영향력을 행사하는지 좀 더 깊게 생각해보는 시간을 갖기를 바란다. 위의 질문에 대해 자신의 생각을 굳히기 전에, 조금 더 심미안적이고 미학적인 대답을 고려해보라. 당신은 마치 예술가처럼 용서의 삶에 관한 미학적이며 예술적인 심미안으로 그림을 그리고 사진을 촬영할 수 있다. 즉 당신의 내면에서 창조되는 용서의 서정을 묘사함에 있어서 연속적이며, 연관된 의미의 미학적인 사진을 창조해낼 수가 있다. 당신이 경험하고 느낀 용서의 서정이 얼마나 매력적인 것인가를 표현하기 위해 아름다운 시를 이용할 수도 있다. 시는 음악 속에 녹여져 노래로 창조되기도 한다. 창조적이고 예술적인 측면을 이용하여 당신의 마음속에 발현되는 용서의 서정을 구축하는 방법을 찾아보라! 어떤 측면에서는, 이러한 방법이 이번 장에서 당신이 시도한 다른 어떤 방법보다도 더 깊고 섬세하게 당신의 영혼을 어루만지는 체험이 될 수 있을 것이다. 당신 속에 잠재된 이해와 해석의 문을 개방하고 용서에 관한 창조적인 능력이 발휘될 수 있도록 자신을 개방해 보라!

용서를 향한 여정을 통해 당신이 이룩한 성과를 자신의 느낌과 감정에 좀 더 충실하게 표현될 수 있도록 시도해보자. 자신의 의지로 용서를 가로막고 있는 장애물을 제거하는, 담력과 용기, 그리고 동기를 자신에게 적극적으로 부여하도록 하자. 미래를 향해 나아가며, 자신에게 집중하는 창조적인 동력원으로서 용서에 대한 자신의 강력한 의지를 실천적 힘으로 사용될 수 있도록 해보자!

마지막으로, 나는 당신이 자신을 거울에 비춰보기를 바란다. 진정한 자신의 실체를 확인해 보기를 바란다는 의미이다. 자신의 눈으로 직접 자신의 실체를 확인해 보는 것이다. 하나님의 사랑스럽고 존귀한 자녀로서 자신을 상상하고 사유해 보라! 그리고 이렇게 크게 외쳐보라! "나는 이제 나를 완전히 용서할 수 있다."

> 거룩하신 하나님 아버지, 저에게 죄를 지은 자를 용서하는 것처럼 자신을 용서할 수 있는 자가 되게 하여 주옵소서. 심지어 자신에게 악을 행한 자에게조차 긍휼과 자비를 베푸시는 당신의 긍휼과 자비를 배울 수 있도록 은혜를 베풀어 주옵소서. 어떻게 자신을 용서하고 완벽주의의 감옥에서 해방될 수 있는지를 깨달을 수 있도록 저를 도와주옵소서. 저의 약함의 진실을 수용할 수 있는 능력을 주시

옵고 자신의 영혼을 진정으로 용서할 수 있는 자가 되게 하여 주옵소서.

하나님 아버지, 저에게는 감당할 수 없는 원수가 있음을 고백합니다. 저는 그들이 저에게 저지른 악행을 용서하지 못하고, 잊지 못해서 여전히 고통 속에 살아가고 있음을 고백하고자 합니다. 예수님 당신의 사랑이 없이는, 나의 원수와 관련된 어떤 것에서도 제가 그들을 사랑할 수 없는 무능한 존재임을 다시 한번 고백합니다. 가능하다면, 설령 제 자신이 자기를 허무는 위험한 원수의 노릇을 했다 하더라도 용서할 수 있는 자가 되게 하여 주옵시고, 저의 원수들과 진정으로 화해할 수 있는 능력을 저에게 허락하여 주옵소서. 언제나 제가 하나님의 은총과 자비와 용서의 삶을 살아갈 수 있도록 저에게 긍휼을 허락하여 주옵소서.

# 긍정, 희망, 기쁨의 힘으로 살기

> "소망의 하나님이 모든 기쁨과 평강을 믿음 안에서
> 너희에게 충만하게 하사 성령의 능력으로
> 소망이 넘치게 하시기를 원하노라"(롬 15:13)

과거의 분노를 지우고 자신의 진실을 수용하며 당신에게 상처를 준 누군가를 용서하게 되었다면, 당신은 마침내 능력 있는 삶의 주인이 된 것이다. 고통과 분노의 삶에서 회복된 것이며 새로운 동력을 갖게 된 것이다. 긍정과 희망, 그리고 기쁨이 주관하는 매력적인 삶이 당신 앞에 열려져 있는 것이다.

조안(Joan)은 공항의 안내방송을 듣기 위해 읽고 있던 책에서 잠깐 눈을 뗐다. 스피커로 들리는 장내방송은 정비 문제로 비행기 탑승시간이 지연되고 있다는 소리였다. 경쾌하고 상냥한 목소리의 안내방송은 가능한 빨리 문제를 해결하고 이륙할 수 있도록 하겠다는 멘트를 남겼다.

그녀는 탑승을 기다리면서 벌써 한 시간째 공항에 앉아 있었다. 짜증이 날만도 했지만, 그녀는 그래, 산책 겸 주위를 둘러보는 것도 기다리는 좋은 방법이라고 자신을 위로했다. 지갑과 가방을 챙기고 일어났을 때, 벌써 여기저기서 탑승지연에 대한 불만이 거친 목소리와 함께 터져 나오기 시작했다. 격분한 한 남자는 탑승구의 항공사 여직원에게 탑승지연이 마치 그녀 때문인 것처럼 따지며 화를 내기 시작했다. 그 모습을 보면서 자신도 그런 상황에 휩싸일 것 같은 두려운 생각이 들었다.

조안은 자신의 약속을 상기했다. "그래, 더 이상 그렇게 살 수는 없는 거야!" 다시는 분노와 격분의 함정에 빠지지 않기로 자신과 맹세한 것이 떠올랐다. 이륙을 기다리면서 잠깐 동안 면세점에 들러서 시간을 보내는 것이 바람직한 방법이 될 것이라고 그녀는 자신을 다독거렸다.

그녀는 걸으면서 생각했다. 이런 일이 발생했을 때, 왜 빨리 탑승하지 못하는가에 대해 분노하는 것보다, 조금 지연되더라도 충분하게 정비한 후에 안전하게 비행하는 것이 훨씬 더 나은 것이 아닌가라는 긍정적인 생각을 하기로 했다. 이렇게 생각을 정리한 그녀는 딸에게 전화를 걸어 예상치 못하게 일어난 상황에 대해 이야기를 나누었고 걱정할 상황은 아니라고 말했다.

가까운 면세점을 하나씩 둘러보면서 그녀는 손수 물건들을 살펴보는 여유롭고 자유로운 시간을 가질 수가 있었고, 자신이 고른 선물들을 조심스럽게 가방에 담을 수 있었다. 항상 눈으로만 쇼핑하던 그녀에게 전혀 예상치 못한 기회가 온 것이다. 비행기를 빨리 이륙하게 하기 위해서 자신이 할 수 있는 일이 아무것도 없으며, 예상치 못한 탑승지연에 대하여 화를 내는 것은 오히려 비행을 더욱더 지연시키는 결과만을 초래할 뿐이다.

여행 관련 도구와 읽을거리를 살펴보는 중에 그녀의 마음에 문득 떠오르는 생각이 있었다. 지난 몇 주 동안 연락이 뜸했던 친구가 갑자기 생각이 난 것이다. 시계를 보면서 지금 시각이면 그녀가 가족들과 저녁 식사를 하는 시간이라고 판단되었다. 면세점을 나온 그녀는 공항 문을 빠져 나오면서 재빨리 핸드폰으로 전화를 걸기 시작했다. 세 번쯤 벨이 울렸을 때, 그녀의 밝고 반가운 목소리가 핸드폰 속에서 흘러나왔다. 공항으로 돌아온 그녀는 스마트 폰으로 최근 뉴스와 가족, 아이들, 일에 관한 것들을 검색하는 동안, 비행기는 수리를 끝마치고 15분 안에 탑승할 수 있게 되었다. 그리고 조안은 전화를 걸어, 탑승이 지연되었던 시간이 꼭 그렇게 나쁜 것만은 아니었다고 딸에게 말해주고 싶었다.

## 충만한 삶

비탄과 분노와 같은 부정적인 것들에 의해 지배당하는 삶이 아니라, 긍정과 희망, 그리고 기쁨이 충만한 삶을 살겠다는 강한 의지와 집념을 가질 때, 당신은 결국 그런 삶의 주인이 될 수 있게 된다. 자신에 대한 긍정적인 의식이 만들어 내는 놀랍고 위대한 성취이다. 과거의 비통하고 불행했던 삶이 기쁨과 희망의 삶으로 바뀔 수 있다는 확신을 내면에 확립하는 것은 정말로 놀라운 일이 아닐 수 없다. 새로운 사람으로 거듭날 수 있을지, 혹은 자기 삶의 주인이 될 수 있을지에 대하여, 항상 회의적이었던 사람이 이제 자신에게 기쁨과 희망이 공존하는 긍정적인 삶을 유지할 수 있는 것은 또한 놀라운 일이 아닐 수 없다.

지난 몇 장에 걸쳐 어렵게 실행해 온 성찰적인 과정을 통해, 자신 속에 오랫동안 내재 되어왔고 당신의 삶을 지배하고 있던 분노를 당신은 진정으로 청산할 수 있는가? 라는 질문에 대답해야 할 때가 온 것이다. 당신은 진정으로 자신의 분노를 청산하기를 원하는 희망과 긍정의 사람이라고 자신을 주장할 수 있는가?

그동안 당신의 삶의 강력한 지배자는 분노, 원한, 비탄, 응어리 같은 부정적인 것들이었다. 그것들은 당신의 삶을 뒤틀리고 왜곡되게 만들었다. 그것은 곧 당신 자신이 되었고 당신의 모든 감정을 뒤덮고 있는 어두운 그림자가 되었다. 다시 한 번 질문에 대답해 보자! 당신은 진정으로 자신의 분노를 청산하기를 원하는 희망과 긍정의 사람이라고 자신을 주장할 수 있는가? 누가복음에서 예수님은 이렇게 말씀하시고 계신다.

> "못된 열매 맺는 좋은 나무가 없고 또 좋은 열매 맺는 못된 나무가 없느니라 나무는 각각 그 열매로 아나니 가시나무에서 무화과를, 또는 찔레에서 포도를 따지 못하느니라 선한 사람은 마음에 쌓은 선에서 선을 내고 악한 자는 그 쌓은 악에서 악을 내나니 이는 마음에 가득한 것을 입으로 말함이니라"(눅 6:43-45).

당신은 부정적인 것들을 끝없이 쌓아가는 삶을 살 것인지, 아니면 긍정적인 것들을 자신의 자산으로 만들어가는 좋은 삶을 살 것인지 결단해야만 한다. 어떤 이유로든지 간에, 분노의 지배를 받는 삶은, 당신에게 발생되는 부정적인 일들을 극복하기 위한 수단이 되어 결국에는 당신을 치명적인 위험에 빠뜨리게 될 것이다. 그러한 치명적인 위험을 사전에 예방하기 위해 당신은 긍정, 희망, 기쁨이라는 삶의 좋은 요소들을 내면에 채워 넣어서 악한 것이 침투하지 못하도록 방어하는 방파제로 삼아야 할 것이다. 하나님은 악에 대항할 수 있는 유일한 힘을 가지고 계신 분이시다. 로마서 12:21은 "악에게 지지 말고 선으로 악을 이기라"라고 말한다. 선한 것으로 자신의 내면을 채우지 않으면, 당신의 내면은 악에 의해 지배를 당하게 될 것이다.

내가 가족 상담을 하면서 때때로 느끼는 것은, 악이 세대를 거쳐 유전되고 있다는 것이다. 불행하게도, 끔찍한 선대의 악에 의해 죄 없는 가족들이 상처를 입고 고통을 당하게 된다는 것이다. 그 고통은 남은 가족들에게 쏟아지는 분노, 원망, 비탄, 격노의 샘을 이루게 된다. 용암처럼 뜨거운 분노는 여타의 모든 다른 관계까지도 손상을 입게 만드는 격렬한 부정적인 힘을 가지게 된다. 분노의 격렬한 파괴적인 힘은 자신이 당한 고통과 상처를 결국 자신이 사랑하는 사람에게 다시 쏟아붓게 되는 악순환의 고리를 형성하게 된다. 자신이 일으킨 분노로 손상을 입은 그에게서 또다시 똑같은 보복을 당하게 되는 것이다.

당신은 다른 사람에게 상처만 주는 가시넝쿨 같은 존재는 아닌가? 사람들이 당신을 만나는 것을 마치 가시나무를 향해 돌진하는 것과 같은 위험한 모험처럼 느끼고 있지는 않은가? 지인들과 친구, 가족들이 달콤한 무화과나무 열매와 즙이 풍부한 포도를 기대하면서 당신을 만나려고 할 때, 날카롭고 위험한 미늘로 가득한 당신의 성격 때문에 긁히고 찔린 그들이 달아나려고 하지는 않는가? 만약 그렇다면, 아직도 자신에게 일어났던 불행했던 과거에서 당신은 벗어나지 못하고 있는 것이다. 당신의 마음에는 지금까지도 소멸되지 않은 부정적인 것들로 가득 차 있다. 당신의 삶은 분노의 독성물질로 가득한 독성폐기물 처리장이 되어있는 것이다. 이제야 말로 당신의 마음과 영혼을 세척해야 할 때이다.

## 남겨진 이야기

너무나 오랫동안 당신을 지배하고 있던 분노를 제거하는 것은 놀라운 결과이다. 그러나 이것으로 모든 것이 끝난 것은 아니다. 예수님은 비유를 통해 부정적인 것들의 제거에 관한 중요한 교훈을 우리에게 주신다. 예수님이 귀신을 쫓아낸 한 사람이 있었다. 그 사람에게서 나간 귀신은 광야를 헤매다가 거할 곳이 없자, 다시 그 사람에게로 되돌아가기로 결정한다. "더러운 귀신이 사람에게서 나갔을 때에 물 없는 곳으로 다니며 쉬기를 구하되 쉴 곳을 얻지 못하고 이에 이르되 '내가 나온 내 집으로 돌아가리라' 하고 와 보니 그 집이 비고 청소되고 수리되었거늘 이에 가서 저보다 더 악한 귀신 일곱을 데리고 들어가서 거하니 그 사람의 나중 형편이 전보다 더욱 심하게 되느니라 이 악한 세대가 또한 이렇게 되리라"(마 12:43-45). 이 비유가 우리에게 주는 교훈은 단지 부정적인 것들을 우리의 마음에서 몰아내는 것만이 최종적인 해결책이 아니라는 것이다. 즉 부정적인 것들이 사라진 자리를 그냥 비워놓는다면, 악한 것이 다시 자리 잡게 되어 과거보다 훨씬 더 좋지 않은 상황이 될 것을 말하고 있다.

삶을 충만하게 채우는 것에는 두 가지 방법이 존재한다. 악한 것을 당신의 내면에서 반드시 몰아내는 것이 선행되어야 하지만, 또한 그곳을 채워야 하는 좋은 것들에 대해 의욕적으로 갈망해야 하며, 그 일을 위하여 하나님과 동행해야만 한다. 물론 이것은 그동안 분노가 지배했던 삶을 산 사람에게는 매우 힘든 도전이 될 수도 있다. 더 이상 분노의 삶을 살지 않아야 한다고 마음으로만 결심하는 것에 그칠 수도 있다. 그러므로 당신은 또 한 번 새로운 차원의 강력한 결단을 해야 할 필요가 있다. 자신의 진정한 삶의 전환을 위하여 어떤 변화를 주어야 하는지를 당신도 잘 알 것이다. 분노에 의해 만들어진 장애물들을 하나씩 제거하고, 약화된 자리에 긍정, 희망, 기쁨에 민감한 감정이 깃들 수 있도록 마음의 집을 만드는 것이다.

귀신을 쫓아낸 사람에 대한 예수님의 비유는 자기중심적인 완벽주의자의 삶의 위험성과 비극적인 결말에 대하여 경고하고 계신다. 귀신을 몰아낸 사람의 영혼은 깨끗하게 청소되고 정돈된 채로 비어 있었다. 이것은 그의 심령이 깨끗해지고 말쑥해졌으며, 잘 정리된 완벽한 상태를 의미할 수 있다. 그러므로 누군가가 그곳을 점령하고 싶어지는, 심지어는 악한 것일지라도 수용될 수 있을 것이라는 생각과 유혹에 빠지게 만드는 환경이 된 것이다.

악마 같은 분노를 제거하면서 광풍처럼 휘몰아친 격렬한 후폭풍으로 심령 속에 있는 잔해들을 완전히 치운 후에, 당신의 감정은 "잘 정리된 상태"가 될 것이다. "그래, 이것으로 모든 것은 완전히 정리된 것이야!"라고 당신은 매우 만족해할 것이다.

분노가 만들어 냈던 모든 부정적인 감정들이 치워진 당신의 "비어있는" 내면은 그것만으로도 격정의 분노가 지배하던 자리를 대신하는 충분한 대안이 될 것이라고 당신은 생각하게 된다. 그러나 이것이 진실이라고 생각한다면, 비유가 말하고 있는 것처럼 당신은 오히려 더 심각한 위험에 빠지게 될 것이다. 완벽주의자에게 문제가 되는 것은 정리된 부분이 아니라 비어있는 내면의 위험성이다. 비어있는 곳은 반드시 다시 채워지기 마련이다. 이미 조성된 길과 방법이 있기 때문에, 그곳을 재빨리 다시 점유하는 것은 과거에 어떤 것이 되기 쉽다.

오랫동안 당신을 지배하고 있었던 분노가 비어있는 자신의 내면에 다시 자리 잡는 것을 막아내는 것은 매우 힘든 일뿐 아니라 거의 불가능하다는 것을 당신이 잘 알아야만 할 것이다. 오히려 당신은 분노를 제거하는 것에 그치는 것이 아니라 내면을 완성하기 위해 계속적인 노력이 필요하다. 종착점에 다 도달한 것이 결코 아니다. 해결해야 할 일이 조금 더 남아있다. 분노를 추방한 것이 종착점이 아니라 당신의 내면에 선을 초청해야 할 필요가 남아있는 것이다. 즉 좀 더 많은 긍정적인 것들과 좀 더 많은 선한 것들을 자신의 삶에 초청함으로, 부정적인 것들이 틈 탈 기회를 주지 말아야 한다.

앞에서 우리가 언급했던 타인에 대한 판단에 대한 중요한 교훈인 누가복음의 말쓤을 다시 한번 상기해보자! "비판하지 말라 그리하면 너희가 비판을 받지 않을 것이요 정죄하지 말라 그리하면 너희가 정죄를 받지 않을 것이요 용서하라 그리하면 너희가 용서를 받을 것이요 주라 그리하면 너희에게 줄 것이니 곧 후히 되어 누르고 흔들어 넘치도록 하여 너희에게 안겨 주리라 너희가 헤아리는 그 헤아림으로 너희도 헤아림을 도로 받을 것이니라 또 비유로 말씀하시되 맹인이 맹인을 인도할 수 있느냐 둘이 다 구덩이에 빠지지 아니하겠느냐"(눅 6:37-39). 이 말씀은 다시는 부정적인 것들이 당신의 마음에 틈타지 못하도록 당신을 격려하고 용기를 불어넣으며 긍정적인 마음을 갖도록 촉구하는 말씀으로, 어떻게 하면 당신이 자신의 삶 속에서 좋은 것들을 채워 넣을 수 있는지를 말씀해주고 있다. 우리가 결코 걱정하거나 염려할 필요가 없는 것은 긍정, 희망, 기쁨의 요소가 당신 속에서 그 자체로 끊임없이 지경을 넓히며 확장되는 능력을 가지고 있다는 것이다. 이 긍정적인 요소들은 당신의 삶과 심장에 가득 채워지는 능력을 가지고 있으며, 설령 부정적인 것과 분노가 당신에게 다시 돌아오기를 원한다 하더라도 어느 곳에서도 결코 발을 붙이지 못하게 될 것이다.

그렇다면, 분노가 사라지고 정돈된 자신의 내면의 곳곳에 어떻게 하면 선한 것으로 가득 채워진 충만한 삶을 만들어 갈 수가 있을까? 자신의 내면에서 제거해야 할 것이 무엇인지를 확인하고 결정하는 것처럼, 자신의 내면을 무엇으로 채워야 할 것인가를 위해 숙고하고 강렬한 열정을 가져야만 한다는 것이 그 대답이다. 무엇을 채울 것인가에 대해 고민하고 있는 사람들에게 도움이 되는 내용 몇 개를 여기에 제시한다. 반드시 제거해야 되며, 절대로 채워서는 안 되는 것들이 아닌, 자신의 삶에 꼭 필요하고 반드시 채우기를 원하는 것들의 항목을 한 번 생각해보도록 하자!

- *"오직 성령의 열매는 사랑과 희락과 화평과 오래 참음과 자비와 양선과 충성과 온유와 절제니 이같은 것을 금지할 법이 없느니라"(갈 5:22-23).* 앞선 장에서 이미 언급한 바 있는 말씀이지만, 이 말씀은 아무리 강조해도 모자람이 없

는, 우리의 마음에 채워야 하는 귀중하고 가치 있는 것들이다. 성령의 열매는 하나님의 뜻대로 사는 자에게 하나님이 약속하신 성령의 선물이다. 자신의 힘으로는 성령의 열매를 맺을 수 있을 것이라고 생각되지 않더라도 실망할 필요는 없다. 당신의 힘으로는 결코 성령의 열매를 맺을 수 없다. 하나님 또한 당신의 노력으로 성령의 열매를 맺기를 요구하시지 않는다. 성령의 열매는 하나님께로부터 오는 것이다. 그러므로 당신은 자신의 삶 속에 성령의 열매가 어떻게 나타나는지를 느끼기 위해 늘 영적으로 깨어 있어야 하며, 또한 성령을 수납하기 위해 자신의 마음을 하나님께로 향해야 할 뿐 아니라 성령의 열매를 얻기 위한 뜨거운 갈망을 가져야 한다. 성령의 선물은 인간의 노력으로 이루어지는 것이 아닌 하나님의 기적과 경이로운 임재하심을 통해 성취되어지는 신비로운 하나님의 선물이다.

- *"끝으로 형제들아 무엇에든지 참되며 무엇에든지 경건하며 무엇에든지 옳으며 무엇에든지 정결하며 무엇에든지 사랑 받을 만하며 무엇에든지 칭찬 받을 만하며 무슨 덕이 있든지 무슨 기림이 있든지 이것들을 생각하라"* (빌 4:8). 당신은 이 말씀을 예전에도 읽었을 것이고, 그 의미하는 바를 이미 잘 알고 있겠지만, 다시 한번 이 말씀 앞에 홀로 서 보는 기회를 갖기를 바란다. 이 말씀이 우리에게 주는 메시지는 우리가 어떤 모범된 행위를 하고 있는 가라는 것이 아니라, 하나님 앞에서 우리는 어떤 생각을 하고 있는가? 라는 점이다. 하나님 앞에서 당신의 신실한 행위도 매우 중요하지만, 당신의 마음속에 채우기를 원하는 것이 진정으로 하나님의 뜻에 부합하는 것들인가가 훨씬 더 중요한 것이다.

당신이 만나는 많은 사람들, 접하는 환경 또한, 당신이 어떤 생각과 태도로 반응할 것인가를 결정하고 시험하는 중요한 기회가 된다. 당신에게는 내면의 부정적인 것들을 몰아낼 수 있는 결정적인 계기가 될 수 있다. 이런 기회가 주어질 때마다 자신이 어떤 부정적인 반응을 보이는 가를 가만히 살펴보고, 반복되지 않도록 부정적인 것들의 잔재를 더 밀도 있게 청산하고 그 자리에 긍정적인 반응이 나타나도록 훈련해야 한다. 즉 부정적인 잔재가 떠오르는 곳이 어디인지, 어떤 상황에서 발생하는지를 정확히 파악해야 하며, 자신이 어떻게 대처할 수 있는지를 가늠할 수 있어야 한다. 부정적인 잔재가 떠오르는 과정을 유추해보라. 자신의 내면에 부정적인 잔재가 어떻게 형성되어 있는지를 재구성할 수 있게 될 것이다.

## 낙관주의

부정적인 경향에 매몰된 시대적 상황에서, 낙관주의는 어쩌면 시대착오적인 태도처럼 보일 수도 있다. 그러나 청소년의 시절로 되돌아갈 수 있다면, 무한한 가능성이 잠재된 훨씬 더 순수한 시대가 열릴지도 모르는 것이다. 아이와 같은 순진무구함을 말하는 것이 아닐까? 마태복음 18:3에서 예수님은 어린아이에 대해 말씀하고 계신다. 예수님은 그들이 주인이 되는 천국에 대하여 언급하고 계신다. 또한 마태복음 18:3에서 예수님은 "이르시되 진실로 너희에게 이르노니 너희가 돌이켜 어린 아이들과 같이 되지 아니하면 결단코 천국에 들어가지 못하리라"라고 어린아이들의 순진무구함의 가치를 높게 평가하신다. 낙관주의란 어쩌면 어린 아이의 유치함과 같아 보이지만, 실상은 천국에 들어갈 수 있는 유일한 열쇠가 된다.

낙관주의란 "어떤 행동이나 사건을 자신이 가장 선호하는 구성 안에 담으려는 경향이나 가장 좋은 결과를 기대하는 것"이라고 정의할 수 있다. 또한 낙관주의란 긍정적인 생각의 힘이라고 정의할 수도 있다. 낙관주의는 자신의 내면에 좋은 것들이 많이 저장되어 있을 때 나타나는 태도이다. 낙관주의는 저주가 아니라, 내일 나에게 나타날 하나님의 축복을 믿는 믿음으로부터 오는 힘이다.

그러나 낙관주의를 아직 발견되지 않았고 실현되지 않은 자신이 만든 가상적인 생각과 혼돈해서는 안 된다. 가상적인 희망이란 단지 자신의 욕구와 욕망이 만들어 낸 허상에 지나지 않기 때문이다. 진정한 낙관주의는 진실과 진리의 충실한 이해로부터 시작되어야만 한다. 하나님은 언제나 당신을 사랑한다는 것이 진리이며 진실이다. 이것보다 더 본질적인 진실은 존재하지 않는다. 이러한 진실은 시편에서 다윗의 고백을 통하여 알 수 있다. "여호와는 내 편이시라 내가 두려워하지 아니하리니 사람이 내게 어찌할까"(시 118:6). "내가 하나님을 의지하였은즉 두려워하지 아니하리니 사람이 내게 어찌하리이까"(시 56:11).

분노는 어떤 행동이나 사건을 자신의 기분에 따라 해석하도록 만드는 경향이 있을 뿐 아니라, 최악의 결과를 예측하도록 만들어 자신을 괴로움에 빠지도록 만든다. 강한 의지로 자신의 결정을 낙관주의적인 방향을 향하도록 할 때, 놀랍게도 당신의 심장의 pH(수소이온농도)지수는 부정적인 산성에서 긍정적인 알칼리성으로 바뀐다. 낙관주의적 의식이 강력하게 당신의 마음을 지배하게 되면, 당신의 내면에는 부정적인 의식이 커지거나 자리를 잡을 수 없게 된다.

부정적인 의식이 지배하는 현실에서 낙관주의는 언제나 패배할 수밖에 없다. 오늘 우리가 살아가고 있는 이 사회에 부정적인 의식이 만연하고 있다는 것은 부인할 수 없는 사실이다. 낙관주의적인 의식을 발견하기 쉽지 않은 이유가 바로 여기에 있다. 진정한 낙관주의와 긍정적인 의식은 그 존재하는 곳이 다르기 때문이다. 낙관주의는 희망이라는 정신적인 영토에만 오직 닻을 내릴 뿐이다.

## 희망

희망이란 '분명한 확신에 의지해서 어떤 것이 성취될 것이라는 기대'로 정의할 수 있다. 즉 지금 당장에는 일어나지 않고 있지만, 언젠가는 반드시 성취되리라는 기대와 믿음을 갖는 것을 의미한다. 세속적인 의식으로, 낙관주의란 너무나 근거가 희박한 천진난만한 태도라고 생각한다면, 하나님께 의지하는 희망이란 정말로 제정신이 아닌듯한 망상쯤으로 치부 당할 수도 있다. 그리스도인으로서 나는 이런 세속적인 생각에 결코 동의할 수가 없다. 디모데후서 1:12에서는 "이로 말미암아 내가 또 이 고난을 받되 부끄러워하지 아니함은 내가 믿는 자를 내가 알고 또한 내가 의탁한 것을 그 날까지 그가 능히 지키실 줄을 확신함이라"라고 믿음이 가지는 힘에 대하여 증언하고 있다. 치료사로서 나는, 내담자의 부정적이고 세속적인 가치관과 삶의 태도를 교정하기 위해 끊임없이 그들과 힘겨운 싸움을 벌이고 있다.

세속적인 희망이란 근거 불확실한 주장에 지나지 않는다. 그러나 하나님을 믿는 믿음에 의지하는 희망은 반석과 같은 확실한 미래이다. 희망과 예수 그리스도인의 믿음은 절대로 헤어질 수 없는 연인과 같은 모습이다. 히브리서 11:1은 "믿음은 바라는 것들의 실상이요 보이지 않는 것들의 증거니"라고 믿음의 의미와 가치에 대하여 말씀하고 있다. 하나님을 믿는 믿음이 내일을 소망하는 당신의 확신과 근거가 될 때, 자신을 하나님이 준비하신 능력과 가능성을 향해 마음껏 개방할 수가 있다. 그러나 분노가 당신의 미래를 지배하는 삶의 토대가 된다면, 당신의 의식은 고통과 낙담의 세계 안에 훨씬 더 가까이 나아가게 될 것이며, 끊임없는 실망이 삶을 지배하게 될 것이다.

희망이란 결국 망상에 지나지 않는 것이라고 이 세상은 말하지만, 하나님은 절망의 하나님이 아니시다. 시편 25:3에서 "주를 바라는 자들은 수치를 당하지 아니하려니와 까닭 없이 속이는 자들은 수치를 당하리이다"라고 하나님의 희망적 속성에 관해 말하고 있다. 세속적인 희망이란 비진리적인 허상일 뿐이다. 세속적인 희망이란 항상 권력이나 부와 같은 우리의 욕망을 반영하는 것이기 때문에 실제로 실현될 수 없는 것들이다. 잠언 11:7에서 "악인은 죽을 때에 그 소망이 끊어지나니 불의의 소망이 없어지느니라"라고 자신의 욕망이 빚어내는 허상의 위험성을 경고하고 있다. 세속적인 욕망에 근거한 희망이란 결국 우리에게 아무것도 줄 수 없는 허무한 것일 뿐이다.

하나님께 의지한 희망은 세속적인 희망과는 전혀 다른 재료로 만들어진다. 이것은 강력한 힘과 결코 사라지지 않는 지속성을 동시에 지닌다. 이 희망이야말로 당신의 내면에 가득 채워야 할 필요가 절실한 것이다. 세속적인 망상에 의한 끊임없는 실망과는 달리, 당신의 내면은 기쁨과 활력으로 넘치게 될 것이다. 이에 관한 이사야 40:31의 아름다운 말씀을 귀담아들어 보라! "오직 여호와를 앙망하는 자는 새 힘을 얻으리니 독수리가 날개치며 올라감 같을 것이요 달음박질하여도 곤비하지 아니하겠고 걸어가도 피곤하지 아니하리로다"

세속적인 욕망에 기초한 당신의 희망은 결코 실현될 수 없을 것이다. 오히려 나타나지 않기를 바라는 악한 것들이 자신의 삶에 나타나는 것 때문에 당신의 분노는 점점 더 강력해질 것이다. 당신을 더 무시하고 천대하려는 사람들의 악행 때문에 점점 더 불같은 분노가 끓어오르는 일이 일어나게 될지도 모른다. 당신이 기대하고 소망하는 것과는 전혀 다른 부정적인 결과가 발생되는 것 때문에 당신은 또한 낙담에 빠지게 될지도 모른다. 이것이 바로 당신이 기획하는 희망의 결과이다. 그러나 희망의 초점을 하나님께로 전환한다면, 하나님은 당신에게 수치스럽거나 실망스러운 결과가 초래되도록 내버려두지 않을 것이다.

나는 이러한 원리가 나 자신뿐만 아니라 다른 사람들에게도 동일하게 적용된다는 것을 믿고 있다. 당신에게 하나님을 의지하는 희망의 사람이 되기를 권면하게 될 때, 당신의 삶에 희망을 가지게 하는 것이 얼마나 힘든 일이며, 희망을 소유할 수 없는 고통이 얼마나 깊은지를 깨닫게 된다. 그리고 그때마다 나는 내 자신이 얼마나 부족하고 무능한지를 새삼 절감하게 된다. 하나님이 주시는 희망을 의지하지 못하는 사람들은 이사야의 말씀을 묵상하기를 바란다.

> "네가 길이 멀어서 피곤할지라도 헛되다 말하지 아니함은 네 힘이 살아났으므로 쇠약하여지지 아니함이라"(사 57:10).

삶이 아무리 힘들지라도 포기하지 말고 오직 하나님이 허락하시는 희망의 끈을 놓치지 않아야 한다. 하나님을 의지하며 그의 권능과 능력을 향해 마음의 문을 열기 바란다. 당신에게 임재하시는 하나님의 말씀을 당신은 온전하게 받아들여야 한다.

> "여호와의 말씀이니라 너희를 향한 나의 생각을 내가 아나니 평안이요 재앙이 아니니라 너희에게 미래와 희망을 주는 것이니라"(렘 29:11).

하나님을 의지하는 희망은 단지 자신의 욕망으로만 빚은 허상이 아니다. 하나님이 허락하시는 희망은 의로우신 하나님이 당신을 위해 특별히 준비하신 것이다.

그것은 하나님의 무한하신 자비와 용서와 사랑에 근거한 것이다. 이 희망은 당신을 위한 하나님의 섭리와 계획하심에 근거한다. 이러한 희망은 당신을 긍정의 기쁨을 경험하도록 할 것이다. 하나님이 허락하시는 희망은 모든 것을 새롭게 하며, 당신을 둘러싼 모든 세계를 아름답게 빛나게 할 것이다.

당신의 삶이 하나님이 주시는 희망으로 재구성된다는 것은 어떤 것으로 미화하거나 회칠한 무덤처럼 만드는 것을 의미하지 않는다. 이 희망은 과거의 수치스러운 진실을 건너뛰려는 시도가 아니라 삶의 희망을 미래의 하나님의 약속에 두고자 하는 것이다. 긍정과 희망과 기쁨으로 가득 찬 삶은 자신의 과거 진실을 외면함으로 달성되는 것이 아니다. 또한 자신의 수치와 고통을 최소화하는 것도 더더욱 아니다. 이것은 구원의 능력을 겸비하신 하나님이 당신의 삶의 진실을 완성하시고자 하는 의도이다.

당신이 자신의 진실을 통해 희망을 실현하고자 할 때, 당신은 하나님을 진정으로 영접하게 된다. 하나님은 당신의 과거와 고통을 포함한 삶의 모든 것을 다 알고 계신다. 하나님에 대하여 시편 103편은 이렇게 묘사하고 있다. "네 생명을 파멸에서 속량하시고 인자와 긍휼로 관을 씌우시며 좋은 것으로 네 소원을 만족하게 하사 네 청춘을 독수리 같이 새롭게 하시는도다 여호와께서 공의로운 일을 행하시며 억압당하는 모든 자를 위하여 심판하시는도다"(시 103:4-6). 하나님은 당신이 어떤 사람인지, 무엇 때문에 고통받고 있는지 다 아시는 분이시다. 하나님은 당신이 견뎌야 하는 "고통"이 무엇인지 다 알고 계신다. 그 고통이 당신에게 존재한다는 것을 인정하는 것은 당연한 것이지만, 그 속에 계속 머물러 있을 필요는 없다.

하나님은 당신이 그 "고통"에서 빠져나와, 삶이 회복되고 좋은 것으로 만족해하며, 하나님의 자비와 사랑의 관을 쓰는 자가 되기를 원하신다. 하나님은 이러한 좋은 것들을 당신에게 베푸실 때에도 그는 여전히 당신의 삶과 행위 속에서 공의와 의로움으로 그 일들을 이루시고자 한다. 즉 하나님은 당신이 자기에게 합당한 십자가를 짊어지고 자신을 따라 오시기를 원하신다. 그러나 하나님이 당신의 십자가를 대신 짊어지셨기 때문에 당신의 십자가는 조금도 무겁거나 힘들지 않을 것이다. 하나님이 당신의 십자가를 대신 지심으로, 당신의 영혼은 비로소 자유함을 얻고, 기쁨과 희망과 긍정의 날개로 창공을 향해 솟구치게 될 것이다.

## 기쁨

기쁨은 명사이고 즐겁다는 동사이다. 기쁨은 태도이며 동시에 행위이다. 사도행전 2:26은 이 말에 대하여 이렇게 말씀하고 있다. "그러므로 내 마음이 기뻐하였고 내 혀도 즐거워하였으며 육체도 희망에 거하리니" 당신이 마음에 담을 수 있는 가장 귀한 것 중의 한 가지는 기쁨에 대한 수용력이다. 기쁨은 적극적이다. 독점적인 감정은 선한 것을 붙잡으며, 그 가치는 모두를 격동시킨다.

갈라디아서 5장에 나오는 성령의 열매 중 두 번째로 언급된, 기쁨은 자신에게 주어진 환경과 삶에 대한 정열적인 태도를 의미한다. 사도 바울은 매우 간결하고 간명하게 기쁨에 대하여 언급하고 있다. "주 안에서 항상 기뻐하라 내가 다시 말하노니 기뻐하라"(빌 4:4). 기뻐하는 행위는 고립된 자아로부터 생성되는 것이 아니라, 연합된 존재로서 느끼는 체험이다. 사도 바울이 말하는 항상 즐거워함에서 항상이란 수많은 삶의 영역을 다 포괄하는 것이다.

기쁨의 삶을 추구하고 유지한다는 것은, 자신에게 주어지는 사람들, 상황, 환경에 대하여 당신이 어떻게 반응할 것인가를 무엇보다 우선적으로 생각한다는 것이다. 즉 당신의 홈페이지의 시작화면을 기쁨으로 설정하는 것과 같은 것이다. 과거의 당신이 항상 분노의 렌즈로 모든 것을 보고 판단했다면, 이제는 기쁨의 렌즈로 사물을 보게 된다.

과거의 당신은 분노를 통해 삶의 동력을 얻는 삶을 살았다. 자신의 삶을 유지하고 자기 앞에 닥치는 장애물을 헤쳐 나가는 도구였다. 그러나 지금 당신은 자신을 동력화하고 열정이 되게 하는 전혀 다른 힘의 원천을 발견하게 될 것이다. 하나님은 당신이 세속적인 삶에서 얻은 것으로 살아가는 것을 기뻐하지 않으신다. 우리가 하루하루를 영위하기 위해 무엇보다도 강한 동력이 필요하다는 것을 하나님은 잘 알고 계신다. 분노도 또한 우리가 삶을 영위하기 위한 강한 동력을 제공한다. 하나님은 전혀 다른 방법을 우리에게 제공하신다. 분노가 아니라 기쁨이다. 느헤미야 8:10은 "근심하지 말라 여호와로 인하여 기뻐하는 것이 너희의 힘이니라"라고 말씀하신다. 시편 28:10에서 다윗은 "여호와는 나의 힘과 나의 방패이시니 내 마음이 그를 의지하여 도움을 얻었도다 그러므로 내 마음이 크게 기뻐하며 내 노래로 그를 찬송하리로다"라고 하나님이 주시는 기쁨에 대하여 말하고 있다.

물론 기쁨이 힘이 되는 삶이 결코 쉬운 것은 아니다. 긍정, 희망, 기쁨의 삶을 이루기 위해서는 그것을 지탱하는 강력한 힘을 필요로 한다. 이러한 삶은 개인적인 기호와 문화적인 호감 속에 체계적으로 구축됨을 통해 이루어진다. 이러한 삶을 살기 위해서는 본능적이며, 필연적으로 찾아오는 저항과 거부감을 극복해야만 가능하다. 긍정, 희망, 기쁨이 지배하는 삶이란 믿음이라는 역기를 들어 올릴 수 있을 때만 가능해진다. 역도선수는 무거운 역기를 어떻게 하면 효과적으로 들어 올릴 수 있을까를 위해 역기와 자신의 몸의 상관관계를 면밀하게 검토하고 가장 효과적인 방법을 끝없이 반복적으로 연습한다.

로마서 12:2에서 사도 바울은 "너희는 이 세대를 본받지 말고 오직 마음을 새롭게 함으로 변화를 받아 하나님의 선하시고 기뻐하시고 온전하신 뜻이 무엇인지 분별하도록 하라"라고 영적인 훈련의 중요성에 대하여 말하고 있다. 이 말씀에서 언급하고 있는 "선하시고, 기뻐하시고, 온전하신 뜻"은 긍정적인 삶을 살기 위한 필수적인 구성요소이다. 긍정적인 미래의 주인이 되기 위해서는, 현실적인 환경을 참고 견디면서 자신의 실제적인 진실을 진정으로 인정하고 수납하는 힘든 과정을 극복해야 하며, 긍정, 희망, 기쁨이 실현될 수 있는 단단한 기반 위에 낙관주의적 삶의 태도를 구축할 수 있어야 한다.

## 수고하는 삶

자신의 삶이 낙관주의적인 삶의 태도가 되도록 반드시 바꾸어야 한다. 자신의 삶이 어떠한 삶이 되기를 원하는지 당신은 반드시 결단해야만 한다. 자신의 삶에 후회가 없도록 좀 더 "신중하게" 삶의 태도를 숙고해야 한다. 야고보서는 당신이 여러 가지 시험을 당할 때에도 "온전하게 기쁘게 여기라"고 당신에게 말씀하고 있다. 그렇다면 삶 속에서 겪는 곤경과 도전, 시련과 문제는 어려움이 아니란 말인가? 물론 그렇지는 않다. 야고보는 우리에게 그것을 대하는 태도에 대하여 말하고 있는 것이다. 당신은 이러한 시련조차도 기쁨으로 여길 수 있게 되어야 한다는 것이다. 당신에게 닥치는 환란과 어려움을 기쁨이라는 망을 통해 걸러낸 후에 잘 살펴보라는 뜻이다. 예수님이 이미 말씀하신 것처럼, 기쁨이라는 망을 통해 시련과 환란을 걸러내는 영적이며 성숙한 안목이 당신에게 존재한다면, 아무리 힘든 시련과 환란이 당신에게 닥친다 하더라도 당신의 삶에 기쁨이 사라지지 않게 될 것이다.

  야고보는 왜 우리에게 이런 이해하기 힘든 요구를 하고 있는 걸까? 야고보는 우리가 겪고 있는 시련이 우리를 단순히 고통에 빠뜨리려는 것보다 훨씬 더 크고 깊은 의미가 있다는 것을 너무나 잘 알고 있기 때문이다. 당신에게 닥치는 환란과 시련은 하나님을 향한 당신의 믿음을 시험하는 것일 뿐만 아니라, 당신의 인내심을 보다 강하게 하고자 하는 뜻이 있다고 야고보는 말하고 있다. 인내는 인격의 성숙과 온전함을 이루게 하는 힘이 있다. 즉 시련으로 고통받는 것이 끝이 아니라, 시련을 겪을수록 우리의 삶 속에서 맺혀지는 아름다운 시련의 열매가 생기게 되는 것이 바로 시련이 기쁨의 원천이 되는 이유이다. 당신을 향한 타자의 잘못과 악행을 포함한 수많은 시련을 당신이 극복했을 때, 그 시련은 인격적인 성숙함, 삶에 대한 능력으로 전환될 것이며, 당신은 당신을 지배하고 고통스럽게 했던 모든 악과의 싸움에서 마침내 승리를 선언할 수 있게 된다. 기쁨의 삶은 당신의 삶에서 비극을 몰고 오던 모든 악을 물리치고 승리의 면류관을 획득한 것이다. 이 싸움에서의 승리는 당신에게 언제나 "온전한 기쁨"과 축복의 원천이 되게 할 것이다.

## 하나님의 기뻐하심

당신이 자신의 삶에서 모든 악한 것들과 비탄과 분노를 다 제거하고 성령의 열매를 주렁주렁 맺는 삶을 살게 된다면, 하나님이 가장 기뻐하실 것이다. 당신은 하나님 앞에서 자신의 확신과 믿음을 확고하게 선언해야 한다. 용서와 긍휼의 삶이 실현되고 이루어질 때마다, 당신은 하나님과 참 인간의 표상이신 예수님과의 교감과 밀도가 점점 더 깊어짐을 느끼게 될 것이다. 물론 이러한 과정이 쉽게 실현되는 것은 아니다. 하나님도 이것을 잘 알고 계신다. 당신이 기쁨의 삶을 추구할 때, 당신은 "나는 세상의 방법이 아닌 하나님의 방법으로 이것을 이룰 것"이라고 세상을 향해 선언할 수 있어야 한다. 이러한 선언은 결국 하나님을 영화롭게 하며, 당신의 삶의 목적이 하나님의 영광을 찬양하는 것이 될 것이다.

언제나 두렵고 불편하며, 항상 소외당해왔던 당신이, 하나님의 방법과 길을 선택하게 되었을 때, 하나님의 무한하신 은총을 받는 사람이 된 것이다. 당신이 어떤 환경에서도 기뻐할 수 있는 능력을 가지게 되었을 때, 하나님도 또한 당신을 기뻐하신다. "너의 하나님 여호와가 너의 가운데에 계시니 그는 구원을 베푸실 전능자이시라 그가 너로 말미암아 기쁨을 이기지 못하시며 너를 잠잠히 사랑하시며 너로 말미암아 즐거이 부르며 기뻐하시리라 하리라"(습 3:17). 분노를 포기하고 긍정과 희망과 기쁨을 선택했을 때, 그 결과에 대해 결코 두려워 할 필요가 없다. 하나님은 그러한 결단을 한 당신과 언제나 함께 계실 것이며, 땅 끝까지 당신을 보호해 주실 것이다. 하나님은 당신 속에 있던 모든 두려움을 잠재우시고 즐거운 노래가 저절로 흘러나오는 기쁨의 사람이 되게 하실 것이다.

## 자기에게 쓰는 메모

용서를 실천하는 능력, 특히 자신을 용서하는 힘을 자신의 내면에 소유하는 것처럼, 긍정과 희망, 그리고 기쁨도 또한 실천할 수 있는 능력을 갖추어야 한다. 이것은 지금까지 당신이 세상을 보는데 사용했던 부정적인 렌즈와는 전혀 다른 렌즈를 필요로 한다. 즉 하나님을 향해 자신의 마음과 영혼을 다시 한번 온전하게 개방해야만 한다.

서두에서 우리가 다루었던 갈라디아서 5:22-23에 언급된 성령의 아홉 가지 열매와 빌립보서 4:8의 "무엇에든지"라는 항목으로 되돌아가서 그 말씀을 다시 한번 묵상해 보기를 원한다. 이 두 구절의 말씀에 언급된 각 항목들을 통해, 하나의 미술작품을 구상해보기를 바란다. 당신이 원하는 도구 -예컨대, 물감, 콜라주(collage), 크레용, 색연필, 데쿠파주(decoupage), 마카펜 등- 를 이용해서 아래의 단어들 중 자신과 관계가 있거나 의미가 있는 단어들을 효과적으로 나타내거나 형상화하는 방법을 찾아본다(사랑, 희락, 화평, 오래 참음, 자비, 양선, 충성, 온유, 절제 그리고 진실함, 경건함, 의로움, 정결함, 사랑스러움, 칭찬받을 만함, 탁월함, 찬사를 받을 만함). 자신만의 시간을 갖고 이러한 시도를 하게 될 때, 미술적인 표현방식을 차용하는 것은 당신에게 매우 권장할 만한 좋은 방법이라고 생각한다. 나는 당신이 자신만의 시간과 공간을 만들고, 이러한 예술적인 표현방식을 통해 자신이 생각을 정리하고 묵상하는 기회를 많이 가져보기를 바란다. 이런 미술적 표현방식은 다른 사람이나 나에게 내가 어떤 존재로 보이기를 원하는지를 살펴보며, 성찰할 수 있는 실용적인 방식이 될 것이다. 이 미술적인 표현방식은 하나님이 당신을 어떻게 보시는지를 좀 더 깊이 깨달을 수 있는, 좋은 방식이며 자신을 차분하게 성찰하는데 매우 많은 도움을 줄 것이다.

이 미술작업을 완성한 후에 다음과 같은 질문에 대답해보기 바란다.

내가 긍정과 희망, 그리고 기쁨의 사람이 된다면, 내 삶은 어떻게 달라질 것인가?

내가 변화된다면, 가족의 삶은 어떻게 변화될 것이라고 생각하는가?

긍정, 희망, 기쁨, 세 가지 중에 가장 구체화하기 쉬운 것은 무엇인가? 그 이유는?

이 세 가지 중 구체화하기가 가장 어렵다고 생각되는 것은 무엇인가? 그 이유는?

지난 시절, 긍정적인 삶을 살지 못하도록 방해한 가장 큰 장애물은 무엇인가?

지난 시절, 희망적인 삶을 살지 못하도록 방해한 가장 큰 장애물은 무엇인가?

지난시절, 기쁨의 삶을 살지 못하도록 방해한 가장 큰 장애물은 무엇인가?

내 삶에서 긍정적인 힘이 보다 강력하게 구체화되게 하기 위해서, 나는 부정적인 태도, 관점, 습관을 반드시 버려야만 한다는 사실을 깨닫게 되었다.

보다 더 긍정적인 삶의 태도를 이룩하기 위해서 내가 반드시 극복해야 하는 한 가지 악습을 선택해야 된다면?

보다 더 희망적인 존재가 되기 위해서 내가 반드시 극복해야 하는 한 가지 부정적인 관점을 선택해야 된다면?

보다 더 큰 영혼의 기쁨을 영위하기 위하여 내가 반드시 버려야만 하는 삶의 태도는 어떤 것인가?

보다 더 강한 긍정적인 삶의 태도를 갖기 위해, 나는 다음과 같이 실천하고자 한다.

1.

2.

3.

보다 더 희망적인 존재가 되기 위하여, 나는 다음과 같이 실천하고자 한다.

1.

2.

3.

보다 더 큰 영혼의 기쁨을 위하여, 나는 다음과 같이 실천하고자 한다.

1.

2.

3.

사랑의 하나님 아버지! 저의 지난 삶 속에서도 은총을 주시고자 항상 예비하시고, 저를 언제나 보호하시고 계신다는 강한 믿음을 저에게 허락해 주옵소서! 그리고 언제나 하나님의 은혜에 보답하는 삶을 선택하는 지혜로운 자가 되게 하여 주옵소서! 아침에 일어날 때마다, 하나님을 향해 "이 날은 여호와께서 정하신 것이라 이 날에 우리가 즐거워하고 기뻐하리로다"(시 118:24)라고 저의 믿음을 진심으로 고백하는 자가 되게 하여 주옵소서! 당신의 전능하신 도우심, 당신의 능력, 당신의 지혜뿐만 아니라 저의 부정적인 악한 것과 분노까지도 깨끗하게 제하여 주시는 당신의 자비와 긍휼하심처럼,

선함과 긍정적인 것들로 가득 찬 삶을 살아갈 수 있도록 저에게 당신의 전능하신 힘을 허락하여 주옵소서! 아직도 저의 본심에는 선한 역사에 대한 회의와 의구심으로 가득함을 고백합니다. 여전히 제 속에 존재하는 부정적인 것들을 포기하지 못할뿐더러 더 이상 변화를 바라지 않는 악한 마음이 여전히 강하게 남아 있음을 고백합니다. 은혜로우신 하나님 아버지! 당신이 저에게 주시고자 하는 것을 온전히 수납하기 위하여 분노로 굳게 움켜진 손을 펼 수 있는 용기를 허락하여 주옵소서!

사랑의 하나님 아버지! 당신은 희망의 절대적인 주관자이시며 주재자이심을 고백합니다. 로마서 15:13에서 당신이 말씀하신 것처럼 저 또한 그런 축복의 존재가 될 것을 온 마음을 다해 소망하고자 합니다. "소망의 하나님이 모든 기쁨과 평강을 믿음 안에서 너희에게 충만하게 하사 성령의 능력으로 소망이 넘치게 하시기를 원하노라"

## 하나님의 능력에 의존하기

"예수께서 그들을 보시며 이르시되 사람으로는 할 수 없으나
하나님으로서는 다 하실 수 있느니라"(마 19:26)

사람들은 그랜드 캐니언(Grand Canyon)의 웅장함이나 태평양의 광대함, 그레이트 스모키 마운틴(Great Smoky Mountains)의 장엄함을 보면서 하나님의 무한하심을 인정하지 않을 수 없다. 그들은 하늘의 수많은 별들을 보면서 우주의 무한함에 넋을 잃게 된다. 시편 19:1은 "하늘이 하나님의 영광을 선포하고 궁창이 그의 손으로 하신 일을 나타내는도다"라고 하나님의 위대하심을 찬양하고 있다. 인간들은 하나님의 손으로 창조하신 것과 그의 역사하심의 광대무변함을 보고 놀라지 않을 수 없다. 그들은 하나님의 만물을 지으신 하나님의 권능의 장대함을 보고 할 말을 잃어버리게 된다.

나 또한 그들과 다르지 않다. 하늘과 땅에는 하나님의 영광을 나타내며, 그 전능하심을 선언하고 있는 것들이 너무나도 많다. 비록 작은 부분이지만 그 속에 역사하시는 하나님의 영광과 전능하심을 나타내는 특권과 소명을 하나님은 나에게도 허락하셨다고 나는 믿는다. 그랜드 캐니언(Grand Canyon)에서도 하나님의 전능하신 창조사역을 확실하게 느끼지만, 나의 조그마한 사무실에서도 나는 하나님의 장대하신 역사하심을 체험하게 된다. 자연 속에 이루신 전능하신 창조를 통해서도 하나님의 권능과 영광을 느끼지만, 인간 존재의 변화를 이루는 삶을 통해서도 나는 하나님의 전능하신 역사하심을 종종 체험하게 된다. 무엇에든지 나는 하나님의 오묘하신 역사하심에 대하여 찬양하지 않을 수 없다.

당신도 또한 하나님의 "손에 의해 지어진" 그의 존귀한 피조물임을 깨닫고 인정할 때가 되었다. 그는 당신의 몸을 창조하셨으며(시 139편), 마음을 변화되게 하셨으며(롬 12:2), 당신을 "지으심이 심히 기묘하게" 하셨다(시 139:14). 당신은 하나님의 존귀한 창조물임을 증언하기 위해 걷고 숨 쉬며 살아있는 것이다. 당신은 그러한 책임을 가진 존재라는 것을 느끼는가? 자연의 어떠한 신비로운 것 못지않게 당신도 경이롭고 신비로운 존재라고 자신의 존재를 인정하고 있는가? 하나님의 전능하신 역사하심과 그의 손길이 당신에게도 임재하고 있다는 것을 당신은 삶 속에서 느끼고 있는가? 당신은 과연 자신이 하나님의 역동적인 창조물인 것을 인정하는가?

아마도 많은 사람들이 이 질문에 "그렇다"라는 긍정적인 대답을 꺼릴지도 모른다. 하늘과 땅을 창조하시고 역사하시는 하나님의 전능하심을 믿고 인정하기는 쉽겠지만, 자신의 문제에서는 언제나 이 점을 인정하기가 결코 쉽지 않다는 것을 느끼게 된다. 하나님의 권능은 바다를 가르시고 바람과 폭풍우도 잠재우시지만, 정작 당신의 완고한 영혼과 심장에 다다르게 되면 그 힘을 잃게 된다. 하나님은 모든 만물을 창조하시고 다스리시지만, 나를 바꾸게 하실 수는 없다.

다시 한번 자신의 마음 깊은 곳을 들여다보라! 어쩌면, 아직도 분노를 자신 삶의 동력으로 살았던 과거와 하나님의 역사하심을 통해 새로운 존재가 되고자 하는 것 사이에 격렬한 투쟁이 계속되고 있는지도 모른다. 하나님은 누구에게나 전인격적인 변화가 일어나게 하시는 능력을 보이시지만, 그 변화가 나에게도 가능하게 될 것이라고 당신은 믿지 않는다. 다른 사람에게는 가능할지 모르지만, 나에게는 불가능하다. 나는 나의 완고한 속성을 너무나도 잘 알고 있기 때문이다. 그러나 자신의 변화가 불가능한 일이라고 당신은 주장하지만, 나는 당신이 그것을 곧 받아들이게 될 것이라고 생각한다. 성경은 완고한 당신에게 적합한 말씀을 주신다. 하나님이 함께 하시면, 나에게는 도저히 불가능해 보이는 것조차도 능히 가능하게 하신다. 하나님과 동행하는 삶을 산다면, 사람들과 어떻게 교감하고 어떻게 자신을 성찰하며, 어떻게 자신의 삶을 살게 되는지, 즉각적인 변화를 포함한 모든 것이 가능하게 된다.

하나님은 당신이 변화될 수 있음을 잘 알고 계신다. 그리고 당신은 이 진실을 반드시 자기 속에 받아들여야 한다. 하나님이 당신을 창조하셨고 또한 당신을 존귀한 존재로 변화시킬 수 있다는 것을 반드시 믿어야만 한다. 시편 138:8의 말씀을 당신은 믿고 마음속에 이렇게 청원해야만 한다. "여호와께서 나를 위하여 보상해 주시리이다 여호와여 주의 인자하심이 영원하오니 주의 손으로 지으신 것을 버리지 마옵소서" 선지자 이사야는 이사야서 64:8에서 당신에게 이렇게 말씀하고 있다. "그러나 여호와여, 이제 주는 우리 아버지시니이다 우리는 진흙이요 주는 토기장이시니 우리는 다 주의 손으로 지으신 것이니이다" 당신을 지으신 하나님은 당신에게 불가능해 보이는 것조차도 가능하게 하시는 전능하신 분이시다.

## 불가능함 뛰어넘기

이 책의 앞부분에서 언급했던 제니스를 당신은 기억하는가? 그녀는 자신의 업무로 인한 스트레스와 분노를 일터에서는 내색하지 않았지만, 집으로 돌아오는 차 안에서 점점 더 강하게 끓이다가 집에 도착하자마자 가족들에게 짜증과 분노를 폭발시키는 사람이었다. 이혼한 전남편에게 심한 정신적인 상처를 받았다고 생각하는 젊은 엄마인 에이미가 자신의 아이들에게 그 분노를 반복적으로 표출하는 이유는 도대체 무엇이라고 해석할 수 있을까? 중년 여성인 메릴린은 겉으로는 모든 것을 다 갖춘 사람처럼 보이지만 남편이나 친구들과 좀 더 긴 시간을 가지게 되면, 그녀는 그 사람들의 약점을 캐내고 공격함으로써 결국은 외톨이가 되는 이유가 무엇이라고 생각하는가?

위에 언급한 여성들은 하나같이 지속적이며 철옹성과 같은 강력한 방어적인 힘과 격렬함을 담은 분노의 소유자이다. 제니스는 자신의 미칠 것 같은 분노를 극복하기 위한 어떤 방법도 이제는 소용이 없을 만큼 자신의 감정은 통제 불능이라고 생각하고 있다. 에이미는 자신의 생활을 벼랑 끝으로 몰아가려는 자포자기한 태도 때문에 전남편에 대한 분노를 도저히 극복할 수 있을 것이라고 생각하지 못하고 있다. 메릴린은 자신의 태도가 크게 문제가 된다고 생각하지 않는다. 그래서 자신에게 변화가 필요하다고 생각조차 하지 않고 있다. 이들에게 변화는 거의 불가능한 것처럼 보인다.

그들의 입장에서 보면 그들의 문제는 나름대로 다 타당한 이유가 있다. 그러므로 변화는 불가능해 보인다. 그들은 자신에게 변화가 필요하다고 생각하거나 변화의 필요를 이해하지 못하기 때문에 변화는 불가능한 것이다. 그들의 내면은 언제나 분노에 개방되어 있지만, 변화에는 닫혀 있다. 그들은 결국 자신의 분노에 고착된 상태가 된 것이다. 그러나 제니스, 에이미, 메릴린에게 불가능해 보이는 이 변화는 하나님을 만나게 됨으로 가능성을 찾을 수 있게 된다.

하나님의 도우심을 힘입어, 제니스는 일터에서 자신이 인정받고 가치 있는 존재가 되기 위해 모든 것에 "예"라고 대답할 필요가 없다는 것을 배우고 깨닫게 되었다. 그녀는 자신의 업무와 일터가 아니라 다른 곳에서도, 또한 다른 누군가에게도 가치 있고 소중한 존재가 될 수 있다는 사실을 깨닫게 된 것이다. 그녀는 비로소 하나님을 자신을 진정으로 사랑하시는 영원하고 진정한 영혼의 아버지로 바라볼 수 있게 된 것이다. 자신의 가족과 친구들이란 하나님이 그녀에게 허락하신 은혜와 축복의 존재라는 것을 새삼 깨닫게 된 것이다. 그녀는 비로소 자신에게 주어진 일이 얼마나 보람 있는 일이며, 설령 기대만큼 성과를 내지 못한다 하더라도, 자신의 일에 최선을 다한다는 것이 얼마나 만족스러운 지를 깨닫게 되었다. 일에 대한 압박과 스트레스를 더 이상 받지 않게 된 그녀는 자신의 동료를 문제를 일으키는 존재로 보지 않게 되고 인격적인 존재로 바라볼 수 있는 관점의 전환을 경험하게 되었다. 동시에 그녀는 가족들을 자신을 괴롭히고 끊임없이 무언가를 요구하는 성가시고 불편한 존재가 아니라 안락함과 동력의 원천으로 바라보게 되었다.

하나님의 역사하심을 통하여, 에이미는 자신을 한 사람의 엄마로서, 독립적인 여성으로서 자신을 바라볼 수 있는 기준점을 마련할 수 있게 되었다. 분노의 원천이었던 전남편에게 불만과 원망의 보따리를 짊어지게 하지 않고도 그녀는 자신의 삶의 길을 찾아갈 수 있게 된 것이다. 자신의 모든 관계에 대한 태도를 새롭게 정립하기 위해 자신의 잘못을 용서하고 전남편조차도 용서하는 방법을 배우기 시작한 것이다. 서로가 인정하는 자녀들에 대한 애정을 기반으로 삼아, 서로가 어떻게 하면 보다 긍정적인 대상이 될 것인가를 생각하고 배우기를 시도했다. 하나님의 은혜를 통해, 원망과 분노의 또 다른 대상이었던 아버지를 용서하게 된 에이미는 자신의 반복적인 분노의 대상이 되었던 아이들의 깊은 상처와 손상을 살피고 돌볼 수 있는 마음의 여유가 생기기 시작하였다. 자신이 회복되고 치료받은 방식으로 아이들의 손상과 마음의 상처를 살피고 좀 더 좋은 도움을 주기 위하여, 에이미는 먼저 자신을 치료하고 마음을 바꿀 수 있는, 분노에서 해방된 존재가 되었다.

하나님의 은혜를 입은 메릴린은 분노가 얼마나 자신의 삶에 악한 영향을 미치는지를 깨닫게 되었다. 그녀는 자신의 마음속에 파괴적이고 부정적인 것들이 깊게 뿌리내리고 있었다는 것을 깨닫게 되었고, 마침내 그것들을 몰아낼 수 있었다. 하나님의 능력이 아니라 자신의 판단과 시각으로 안전함과 안락함을 추구하려고 했던 냉혹하고 이기적인 관점과 안목을 결국 벗어버릴 수 있었다. 메릴린은 진정한 안식과 평화를 찾게 된 것이다. 그녀의 마음에 평화로움을 찾게 되자 그녀를 둘러싼 모든 사람들도 평화로움을 얻을 수 있게 된 것이다.

전문적인 상담자로서 걸어온 지난 시절을 돌이켜 보면, 이 책에서 언급했던 제니스, 에이미, 메릴린과 같은 수많은 여성들과 함께 한 나의 삶은, 그들의 마음의 병을 치료하고 회복시키기 위해 고투를 벌여온 삶이었다고 생각한다. 그들의 고통, 상처, 환경 등 모든 것이 다 달랐지만, 한결같이 가고자 하는 종착지는 결국 분노의 어두운 그림자에서 벗어나 사랑으로 이루어지는 삶을 성취하는 것이었다.

이제 결단의 시간이 다가왔다. 당신은 지금까지 살아온 것처럼, 여전히 분노의 노예로 계속 살아갈 것인가? 아니면 하나님이 통치하시는 하나님 나라에서 기쁨으로 살 것인가? 이제 결단해야만 한다. 하나님의 거룩하심과 자신의 욕망으로 인한 분노는 공존할 수 없다. 그것은 양립 불가능한 세계이며 가치이다. 하나님이 주시는 기쁨의 삶을 소유하기 위해서는 분노의 삶을 버려야만 한다. 마태복음 6:24은 똑같은 의미는 아니지만 이 의미를 충분히 적용해볼 만한 말씀이다. 이 말씀은 돈과 하나님에 대한 결단의 말씀이지만, 돈에 지배를 받는 인간의 문제처럼, 분노의 지배를 받는 여성에 대해서도 적용할 수 있다고 생각한다. 이렇게 적용해보면 어떨까? "한 사람이 두 주인을 섬기지 못할 것이니 혹 이를 미워하고 저를 사랑하거나 혹 이를 중히 여기고 저를 경히 여김이라 너희가 하나님과 '분노'를 겸하여 섬기지 못하느니라"

자신의 분노에 굴복하는 것은 고통과 후회, 비탄과 슬픔만을 당신에게 선사할 뿐이다. 그러나 하나님은 당신에게 사랑과 희락과 화평과 오래 참음과 자비와 양선과 충성과 온유와 절제의 능력을 부어주신다. 하나님은 언제나 분노로 얻은 모든 이익을 압도하시는, 당신의 진정한 주인이시다.

분노가 자신이 당한 불의와 부당함과 악에 관한 것이라면, 하나님은 반드시 합당하게 보상해 주실 것이다. 분노가 비현실적인 욕망과 욕심에 의해 좌절된 것이라면, 하나님은 당신이 그 진실을 인정하고 이해하며, 직시할 수 있는 마음을 허락하실 것이다. 분노가 두려움, 수치심, 죄책으로부터 일어나는 것이라면, 하나님이 친히 그 상처를 다루시고 치료하실 것이며, 담대함과 수용, 그리고 마음의 평안을 당신에게 허락하실 것이다.

분노가 너무 깊은 내면에 잠재되어 있어서 그 원천과 원인이 무엇인지 도저히 파악할 수 없을 때도, 하나님의 전능하신 역사하심은 그 분노의 심원이 밝혀지는 계기를 허락하시고, 마침내 그 뿌리를 완전히 제거할 수 있도록 당신을 도우실 것이다. 분노의 제공자가 이제는 더 이상 현실에 존재하지 않는다면, 그래서 당신의 분노를 해소할 수 있는 방법을 찾지 못해 억울하고 비통해한다면, 하나님은 당신에게 마음의 눈을 열게 하셔서 당신을 향한 영원한 축복의 약속과 무한한 가능성의 길을 보여주실 것이다. 이 모든 일이 발생되기 위한 필수적인 요소는, 하나님이 당신의 삶에 절대적인 통치자이며 주권자라는 "믿음"이다. 이 모든 일이 당신의 삶 속에 지속적으로 실현되기 위한 필수적인 사항은 자신의 믿음을 "실천"하는 것이다.

자신의 힘으로 변화를 실현하기는 어렵지만, 하나님을 의지하면 쉬워진다. 당신이 하나님의 권능과 말씀에 철저히 순종하게 되면, 삶이라는 어렵고 힘겨운 여정의 책임을 하나님이 대신 감당해 주신다. 나의 힘으로는 도저히 감당할 수 없을 것 같은 어려운 난관도 하나님이 함께 하시면 능히 이겨낼 수 있게 된다.

> "너희 안에서 행하시는 이는 하나님이시니 자기의 기쁘신 뜻을 위하여 너희에게 소원을 두고 행하게 하시나니"(빌 2:13).

더 이상 자신에게 쓰는 메모는 없다. 과감하고 담대하게 나가서 지금까지 느끼고 체험한 바를 삶에 실천하는 것 밖에 남지 않았기 때문이다. 이제 직접 몸으로 부딪치며 행동으로 실천해 보자.

- 작은 것부터 하나씩 실천에 옮겨보자.
- 의욕과 열정을 가지고 도전하자.
- 긴장감과 경계심을 늦추지 말라.
- 당신이 자신에게, 그리고 다른 사람에게 말하고자 하는 바가 무엇인지를 진실하게 듣기를 힘써라.
- 도저히 화를 참을 수가 없다면, 차라리 하나님을 원망의 대상으로 삼아라.
- 하나님의 이름을 욕되게 하는 불의한 일이 당신에게 일어난다면, 분노를 삭이고 하나님께 기도하라. 그리고 그가 심판하시도록 그에게 맡기라. 그때가 언제일지 알 수 없어 답답하다 하더라도.
- 긍정적인 생각과 감정이 내면에 착상될 수 있도록 생활 속에서 익숙해지는 훈련을 시도하라.

- 당신과 당신의 주변 사람들의 삶과 관계에 대하여 항상 감사하는 태도를 가져라.
- 사소한 염려는 대범하게 잊어버리는 태도를 취하라.
- 아무리 큰 잘못이라고 하더라도 과감하게 용서하자.
- 하나님이 친히 분노와 심판하실 수 있는 여지를 남겨두자.
- 분노를 사랑으로 바꿀 수 있는 열정과 실천적인 힘을 겸비하라.

## 사랑의 능력으로 살기

　자신을 하나님께 온전히 맡기는 삶을 살게 될 때, "하나님은 곧 사랑"이라는 요한일서 4:16의 말씀처럼, 자신도 모르게 당신은 사랑의 능력을 겸비하며 실천하는 삶을 살게 된다. 아직도 분노가 자신의 감정과 삶을 지배하고 있다고 생각하는가? 만약 그렇다면, 분노가 이미 당신의 감정적인 레퍼토리(repertoire)가 되어있음을 반증하는 것이다. 그러므로 당신은 이 분노의 감정적인 레퍼토리가 사라지게 되기를 하나님께 간절히 간구해야 한다. 그러나 당신이 사랑의 삶을 살기를 원한다면, 언젠가는 자신의 삶 속에서 분노가 사랑으로 바뀌는 놀라운 체험을 하게 될 것이다. 다시는 분노가 자신의 삶에 개입하는 일이 없어지게 될 것이다. 관대함과 온유함, 용서와 긍휼과 같은 소중한 가치가 당신 삶의 기반이 될 것이다. 이러한 가치의 융합으로, 분노는 더 이상 그 의미를 상실하고 내면의 중심에서 점차 사라지게 될 것이다.

　사랑은 분노의 유일한 적수다. 고린도전서 말씀은 사랑이 우리에게 어떤 의미와 가치를 부여해주고 있는지를 증거하고 있다.

> "사랑은 오래 참고 사랑은 온유하며 시기하지 아니하며 사랑은 자랑하지 아니하며 교만하지 아니하며 무례히 행하지 아니하며 자기의 유익을 구하지 아니하며 성내지 아니하며 악한 것을 생각하지 아니하며 불의를 기뻐하지 아니하며 진리와 함께 기뻐하고 모든 것을 참으며 모든 것을 믿으며 모

든 것을 바라며 모든 것을 견디느니라 사랑은 언제까지나 떨어지지 아니하되 예언도 폐하고 방언도 그치고 지식도 폐하리라"(고전 13:4-8).

그러므로 사랑을 행동하고 실천하는 것은 당신의 몫이다. 사랑을 실천하고 행동하는 삶을 성공함으로써, 하나님이 당신에게 허락하시는 긍정과 희망, 그리고 기쁨, 성령의 역사와 충만한 삶을 살아가기를 소망한다. 물론 이것은 감히 우리가 감당할 수 없는 엄청난 기대와 소망이다. 그러나 당신의 멘토(Mentor)이신 하나님은 우주만물을 능가하시는 전지전능하신 분이시다. 그는 당신이 소망하는 어떤 것이라도 실현되게 하시는 권능의 하나님이시다. 그러므로 그분은 당신이 소망하고 꿈꾸는 것들을 반드시 이룰 수 있도록 언제나 곁에서 당신을 도우실 것이다.

무엇보다도 중요한 것은 마음을 열고 당신의 존재와 삶을 바꾸시는 하나님을 영접하는 것이다. 어떤 어려움이라도 참고 견디면서 사랑의 삶을 살기를, 당신의 모든 정념을 다해 갈망하라! 또한 다른 사람들의 잘못과 실수를 기꺼이 용납하는 사람이 되라. 그리고 자신의 잘못에 대해 죄책에 시달리며 고통받는 자가 되지 말고, 자신을 용서하며 사랑하는 사람이 되라! 우리를 온전케 하시는 우리 주님 예수 그리스도를 온전히 바라보자. 그러면 그는 당신을 새로운 능력을 가지는 존귀한 존재로 회복되게 하실 것이다.

**마음치유 1**

## 분노조절하기 (Controlling Your Anger Before It Controls You)

| | |
|---|---|
| **초판 인쇄** | 2015년 07월 06일 |
| **초판 발행** | 2015년 07월 13일 |
| **2쇄 발행** | 2017년 06월 05일 |
| **지은이** | 그레고리 L. 얀츠, 앤 맥머리 |
| **옮긴이** | 이유선 |
| **발행인** | 장사경 |
| **교정** | 박상민 |
| **편집디자인, 표지 Illust** | 박소린 |
| **발행처** | Grace 은혜출판사 (Grace Publisher) |
| **등록번호** | 제 1-618호 |
| **등록일자** | 1988년 1월 7일 |
| **주소** | 서울특별시 종로구 종로 65길 12-10 |
| **전화** | (02) 744-4029  **팩스** 744-6578 |
| **홈페이지** | www.okgp.com |

**ISBN** 978-89-7917-961-3   03230
ⓒ 2017 Grace Publisher, Printed in Korea

이 출판물은 저작권법에 의해 보호를 받는 저작물이므로 무단 전재와 무단 복제를 할 수 없습니다.

「이 도서의 국립중앙도서관 출판예정도서목록(CIP)은 서지정보유통지원시스템 홈페이지(http://seoji.nl.go.kr)와 국가자료공동목록시스템(http://www.nl.go.kr/kolisnet)에서 이용하실 수 있습니다.(CIP제어번호: CIP2015018218)」